筑摩選書

山田英春
Yamada Hideharu

ストーンヘンジ

巨石文化の歴史と謎

巨石構造物と円形の堀と土手

ストーンヘンジは巨大な石組みと
それを取り巻く円形の堀と土手でできている。
（↓48頁、56頁）

写真01▶ストーンヘンジの北東の入口方向から見た姿。最も損傷が少ない部分。手前は「生贄の石」と呼ばれる石。かつては立てられていた。

写真02（上）▶上空から見た姿。ストーンヘンジは直径約100メートルの円形の堀と土手に囲まれている。
写真03（下）▶南側から見た姿。外側の巨石のサークルはほとんど崩れている。

サーセン石とブルーストーン

ストーンヘンジには
巨大な石組みに使われている
サーセン石と
その内側に並んでいる
背の低いブルーストーンという
二種の石が使われている（→48頁）。

写真04▶ストーンヘンジの内側から見た朝日。夏至には朝日がサークルの中心から見て、この写真の中央の石柱の間に昇ってくる（61頁）。

石の成形と特異な建造技術

石は四角く成形され、表面を平滑に削られている。
石の組み立てにはほぞとほぞ穴を組み合わせる独特な技術が使われている。
（→49頁）

写真05▶北北西から見た姿。中央奥の三石塔の左側の支柱53番に青銅の斧と短剣の彫刻があることが発見され、以後、他の支柱からも多く見つかっている（66頁）。

巨石の回廊

離れて見ると大きさが実感しにくいストーンヘンジだが、中に入ると、狭い面積に巨大な岩が密集し、圧倒されるような質量感がある（↓45頁）。

写真06▶外側のサーセン石の環と三石塔の間は回廊のような構造になっている。

写真07（上）▶入口方向から見た冬の夕日。

謎めいた石の来歴

ブルーストーンと呼ばれる斑状のドレライトは
遥か西ウェールズでしかとれない石で、
なぜはるばる遠くから石を運んだのか、
さまざまに議論されてきた（→54頁）。

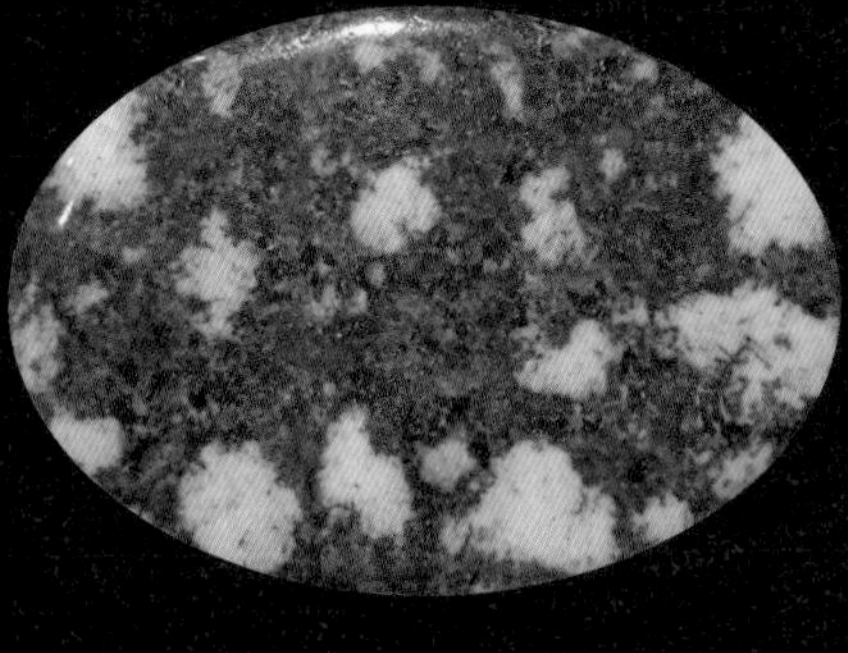

写真08（上）▶研磨された斑状ドレライトのブルーストーン。青緑色と白い結晶が美しい。
写真09（左上）▶凹凸の残ったままの石柱。人の顔のように見えるため、あえて成形せずこのまま残したと考える人もいる。
写真10（下左）▶入口の外側にあるヒールストーン。成形されていない自然のままの形。悪魔が投げた石という伝説がある（156頁）。

写真11▶夜明け前のストーンヘンジ

集落をのみこむ
世界最大のストーンサークル

ストーンヘンジの北約28キロにあるエイヴベリーには
直径約420メートルにもおよぶ巨大なヘンジに囲まれた
ストーンサークルがある。
さらにこのサークルを中心として、長い石の列が連なっている。
（→232頁）

写真12（左）▶エイヴベリーのサークル全景。周囲はヘンジで囲まれている。ヘンジの堀と土手の高低差は13メートル以上もあった。
写真13（下）▶エイヴベリーのサークルはストーンヘンジと同じ、サーセン石でつくられている。大きなものは重さ60トンにおよぶ。

写真14▶夜明け前のエイヴベリーのストーンサークル

写真15▶エイヴベリーはユネスコの世界遺産に指定されているが、
現在も放牧地として利用されている。

写真16▶シルベリーヒルの築山。墳墓ではないかとの考えから、1968～70年に大規模な発掘調査が行われたが、中には何もなかった。

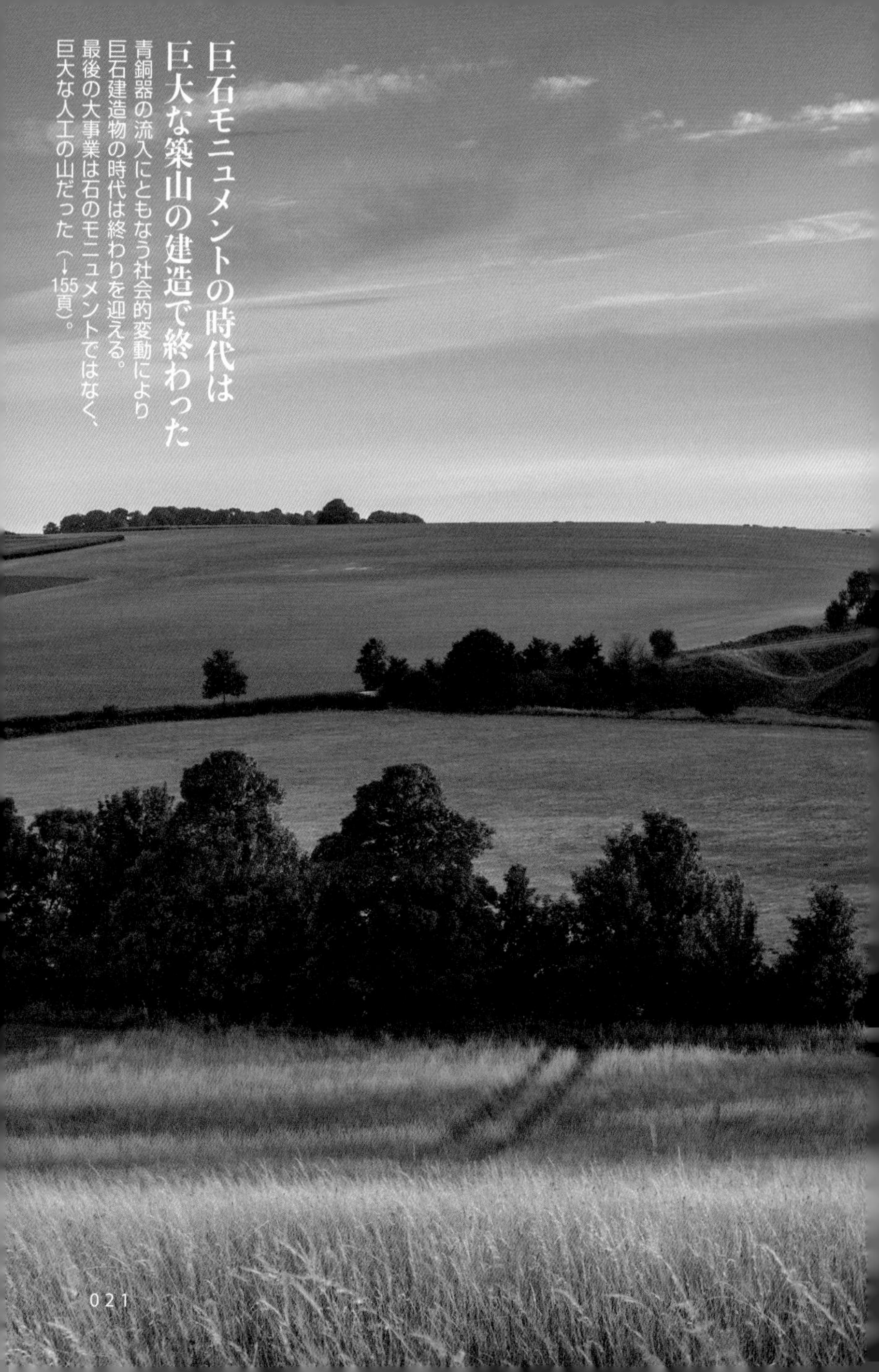

巨石モニュメントの時代は巨大な築山の建造で終わった

青銅器の流入にともなう社会的変動により巨石建造物の時代は終わりを迎える。最後の大事業は石のモニュメントではなく、巨大な人工の山だった（→155頁）。

さまざまなストーンサークル

ブリテン諸島には現在1300を超えるストーンサークルがある。
破壊されたものを含めるとおそらく倍以上はあったと考えられる。
大きさや形を変えながら、1500年以上にわたってつくられ続けた（→223頁）。

写真17（右上）▶スコットランドには横長の石を置いた独特なスタイルのサークルがある。石の配置は月の運行の周期と関連があると考えられている（107頁）。
写真18（右下）▶スタントン・ドゥルーのサークル。ストーンサークルがつくられる前には木の柱を9重に同心円状に並べた、ブリテン島最大のウッドサークルがあったことが地中の探査でわかった（233頁）。
写真19（左上）▶珍しい同心円状のストーンサークル。デヴォン州、イエロー・ミード。
写真20（左下）▶左下：湖水地方、キャッスルリッグの大きなサークル。一部に囲われたスペースがある。

写真21▶スコットランド、アウターヘブリデス諸島ルイス島のカラニッシュのストーンサークル。
これを古代ギリシアの文献に出てくる「ヒュペルボレオイ」と関連づける見方もある（111頁）

写真22▶スコットランド、オークニー諸島・本島のストーンズ・オブ・ステネスのサークル。最古のストーンサークルともいわれる（224頁）。

写真23（右）、写真24（左上）、写真25（左下）▶スコットランド、オークニー諸島・本島のリング・オブ・ブロッガーのサークル。サークルの外側はヘンジで囲まれている。ストーンサークルもヘンジもオークニーが起源ではないかという見方がある（224頁）。

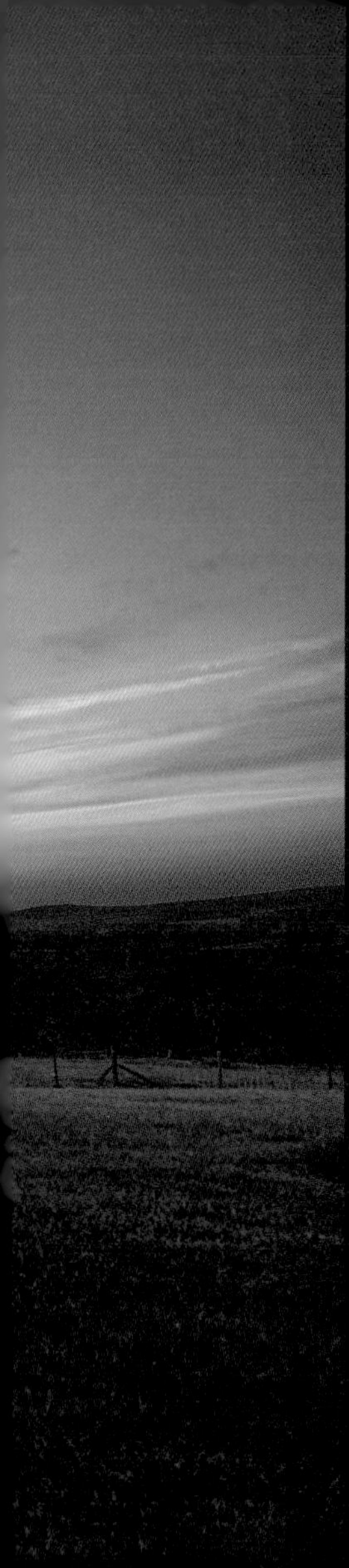

さまざまな巨石モニュメント

ブリテン諸島にはドルメン（支石墓）や列石など、
さまざまなタイプの巨石モニュメントがある。

写真26（上）▶西ウェールズ、プレセリ丘陵の中腹にあるペントレ・アイヴァンのドルメン。ブルーストーンで出来ている。
写真27（右上）▶エイヴベリーのストーンサークルの東約6キロにあるデヴィルズ・デンのドルメン。石に「悪魔」の名がついているものは多い。
写真28（右下）▶イングランド、コーンウォール地方に残る穴あき石、メン・アン・トル

写真29▶イングランド、ヨークシャー地方の列石、デヴィルズ・アローズ。元は4本立っていたが、1本が破壊され、現在は3本だけ残っている。

目次

第五章❖始まりの地から終末へ　213

オークニー諸島
スカラ・ブレイ
リング・オブ・ブロッガー
メーズ・ハウ
ストーンズ・オブ・ステネス
ネス・オブ・ブロッガー
スコットランド
ボイン渓谷
ニューグレンジ
ナウス
アングルシー島
アイルランド
ウェールズ
プレセリ山地
イングランド
エイヴベリー
ロンドン
スタントン・ドゥルー
ストーンヘンジ
ブルターニュ地方
フ ラ ン ス
ガヴリニス島
カルナックの列石
ロクマケリアール

ストーンヘンジ

巨石文化の歴史と謎

はじめに

ストーンヘンジは不思議な遺跡だ。

世界で最も有名な先史時代の遺跡のひとつだが、「こういうものだ」と簡潔に説明するのは難しい。その姿にはどこか合理的な解釈を拒むようなところがある。石が組み上げられているから建造物には違いないけれど、いわゆる「建物」ではない。一見、どこが入口なのかもわからない。屋根がつけられるような構造ではないし、その痕跡もない。何らかの宗教施設、神殿なのだろうと昔から言われてきたが、石の柱に刻まれた神像もなければ、装飾を施した祭壇のようなものも見当たらない。供物《くもつ》のようなものも出土していない――。

細長い石のブロックを組み合わせた構造は、現代の芸術家がシンプルな形と幾何学だけを用いて作った抽象的な立体作品のような趣もある。眺めていても、作り手の心性や社会の姿がイメージできるような具体的な手がかりが見当たらないのだ。いつの時代のどの世界からやってきたものなのかわからないような、なんともいえない不可解さに包まれている。

この、巨石が立ち並ぶ重厚な存在感とまったくつり合わない、具体性や自らを語るものの欠如こそが人びとの関心をひきつけてきた。

建築家や考古家、学者たちは、なんとかしてその起源をもとめようと、世界中に似たものを探した。

ローマ時代の建築に似たところがある、ヴァイキングの故郷にあるものと似ている、ギリシアのミノア文明の建造物に似ているのではないか、むしろエジプト文化の影響が強い――。さまざまな仮説が提示されてきたが、大勢が納得するような「似た様式」は見つかっていない。

では、純粋にブリテン島の中で生まれた様式なのだろうか。それにしても、不思議なことに周辺にも、この形状に至るまでのプロトタイプのようなものはない。

いったいこれは何なのか――。もしかしたら私たちが知らない太古の文明の産物、いや、異星から訪れた者たちが残したものではないか――こんな本やテレビ番組や動画が溢れている。こうした極端な見方は現代に限ったものではない。歴史書に記録が残っている中世からずっと、巨人が作ったものだ、有名な魔法使いが組み立てたものだ、悪魔が一晩で立てたものだ、伝説のケルトの祭司ドルイドが生贄の儀式を行った場所なのではないか、アトランティス人の末裔《まつえい》が作ったのだ、いや、これはエデンの園の名残であり、最初の人間・アダムが作ったものなのだ……と、ありとあらゆる想像、物言いがこの「巨大な不可解」に投げ込まれてきた。世界中でこれほど多様なイメージの歴史、文化史といえるものを背負っている先史時代の遺跡は他にない。ストーンヘンジに対する語りには、時代ごとのさまざまな歴史観、世界観が織り込まれてきたのだ。

学術的な調査も一七世紀から連綿と行われてきた。ストーンヘンジは世界で初めて、単独で一冊の書籍のテーマになった遺跡であり、現在も新しい論文、書籍が数多く発表され続けている。この遺跡はそもそも世界の始まりはいつごろなのか、人間の歴史はどれだけ深いのか、というテーマとも深くかかわってきた。キリスト教の教義と学問が不可分だった時代、旧訳聖書に記される大洪水とストーンヘンジはどういう関係があるのかは真剣な議論の対象になりえた。紀元前後にブリテン島を支配したローマ人が作ったものなのか、その前に鉄器の民ブリトン人が作ったものかという議論も長く続いた。有閑貴族や考古家たちは測量をし、土を掘り、人骨や土器や石器のかけらを記録して、何か「答え」を導く手がかりを探し求めた。

近代考古学が誕生し、人間の歴史が従来考えられていたよりもずっと長いことがわかってくると、鉄器が誕生する前、青銅器を使っていた人たちのものだろうと考えられるようになる。放射性炭素を調べることで年代を知る方法が開発されると、巨石が置かれた年代は一気に紀元前一八〇〇年頃までさかのぼった。それが紀元前二〇二〇年頃、紀元前二三〇〇年頃とたびたび修正され、紀元前二五〇〇年頃に、石器と鹿の角と木材とロープと人力だけで作られたものなのだとわかったのはつい最近のことだ。ストーンヘンジは手をのばすたびに歴史の深奥へと遠ざかって行ったのだ。現在も学者たちは、石にレーザー光をあて、薄片を顕微鏡でのぞき、出土した骨をCTスキャンにかけ、遺伝子情報や歯のエナメル質の同位元素を調べ、いつ、どういう人たちが、どうやって作ったのか、探りつづけている。

巨石遺跡の魅力に憑かれた人は「メガリソマニア（巨石マニア）」と呼ばれる。私もその一人だ。くり返しブリテン諸島に赴き、巨石遺跡を訪れ、写真を撮り歩いた。ブリテン諸島には紀元前三〇〇〇年代初頭から二〇〇〇年以上におよぶ巨石文化の歴史がある。巨石文化は同時代のヨーロッパ、さらには世界各地にみられるものだが、ブリテン諸島は異様なほどその密度が高く、モニュメントの数は数千におよぶ。間違いなく、彼らこそが人類史上もっとも極端なメガリソマニアなのだ。

見晴らしの良い平原に延々と並ぶ巨大な岩塊を眺めていると、どうして人間はこういうものを作らずにはいられないのかとつくづく思う。人が創造行為や文化と呼んできたもの、人が人であることを主張する、原初の発語ともいうべきものを目の当たりにするような気持ちになるのだ。

その中でもストーンヘンジはどこか異質だった。ブリテン諸島におびただしい数残っているストーンサークルの一種のようだが、大きな違いがある。

「ストーンサークルの話をするとき、ストーンヘンジからはじめるのは、鳥類の話をするのにドードー鳥の話から始めるようなものだ」と言った人がいる。生物が進化の系統樹の一端で極端な姿を獲得し、そのまま行き詰まって絶えてしまうことがあるが、ストーンヘンジもそうしたものだったのだろうか。シンプルな構造物であったストーンサークルが、より複雑な新しい形を得たものの、それ以上展開することなく、「ドードー鳥」として終わったのだろうか。だとしたら、何がその「異形」の獲得を促し、何がその道を閉ざしたのだろう。

本書ではこの不可解な遺跡をさまざまな角度から見ていきたい。

まず、ストーンヘンジが今どういう姿をしていて、元はどういうものだったのか、最新の研究に基づいて解説する。過去数十年、複数の考古学者によって発表されてきたテーマだが、今世紀に入って、年代についても造成のプロセスについても大きく改訂されている。

次に、この遺跡を人びとはどう見て、どういう歴史観、世界観を投影してきたのかを辿《たど》る。ブリテン諸島の巨石文化には長い歴史があるが、巨石について考え、語る「巨石文化にまつわる文化」の歴史も深く長い。私はその両方を合わせて広い意味での巨石文化として考えたいと思う。人びとは「先史時代」というものをどうイメージしてきたのか、そのイメージは時代とともにどのように変化していったのか――。「文明以前」の世界を野蛮なものとして嫌悪しつつ、他方ではそれを純粋な文化として讃美するアンビバレントな心性や、風景、古代の建造物の廃墟などを巡る美意識の変化、「先史時代」をどのようにナショナリズムやオカルティズムに利用してきたのかなどについても紹介したい。

さらに、考古家や学者たちがどういう調査を行い、何を知ってきたのか、現在は支持を失った学説なども含めて紹介したい。真っ暗な穴に手を入れて、何が入っているか探るようなところから始まった考古学がどのような道を辿ったのか、ストーンヘンジの調査史を辿ると、その推移がわかる。同じものを触っているつもりでも、受け止め方は異なるし、解釈は多様だということもよくわかるのだ。

そして最後に、今世紀に入って新たにわかってきたことを中心にまとめたい。巨石を作った農耕民はどこから来たのか、彼らと先住民であった狩猟採集民とはどういう出会い方をしたのか、農耕社会にどういうことが起きたのか、そして最後にどういう運命が待っていたのか――。

近年、従来の見方を揺るがすような大きな発見が相次いでいる。このモニュメントの背景からは、人口の増大が環境に与える負荷、気候変動が社会に与えるインパクト、集団内の権威・権力やテリトリーを巡る競合、人種間の対立といったテーマも浮かび上がってきている。

第一章

ストーンヘンジはどういう遺跡か

イギリス、ロンドンの西約一三〇キロ、見渡す限り平坦なソールズベリー平原に残るストーンヘンジは、年間約一〇〇万人が訪れる世界有数の歴史遺産だ。だが、同時に「世界のがっかりした観光名所」のトップ3に入り続けている。『行ってはいけない世界遺産』というタイトルの本にも収録されている。「払うコストに見合うものではない」と——。これから読んでいただこうというときに、こんな始め方もないと思うが、私も最初に訪れたときは、少々ガクっときたのを憶えている。

こうした感想を抱く人が多い理由のひとつは、現在見ることができるストーンヘンジがほぼ廃墟だからだ。半分もその原形をとどめていない。写真でよく見る姿は最も保存状態の良い面を撮ったものが多く、裏側は乱雑に崩れている。子どもが床の上で時間をかけて作った積み木の建物を、猫が蹴飛ばして壊してしまった——そんな姿だ。

もうひとつの理由は、現在一般の見学者は遺跡の中には入れず、離れた見学路から眺めることしかできないということだ。ストーンヘンジの周囲は平原の広がるさっぱりとした環境で、大きさが比較できるものがない。離れて見るととても小ぢんまりとして見えるのだ。「岩が転がってるだけじゃないか」といった落胆の声が少なくない。

真上から見た姿

だが、許可を得てひとたび石の環の中に入ると印象は大きく変わる。石の柱は見上げるほど高く太く、狭い面積にひしめいているため、その重量感に圧倒される。回廊のようになっている部分に立つと、一種荘厳な雰囲気に包まれ、かつてここは神聖な場所だったに違いないと実感される。半壊した状態でもこうなのだから、建造当時の威容と、それが見る者に与える驚き、感慨、そして畏怖はどれほどだっただろうか。

南側上空から見た姿

ストーンヘンジはどのような姿だったか

ストーンヘンジの現在の姿のほとんどの部分は、紀元前二六二〇〜紀元前二〇二〇年頃、新石器時代の末期から青銅器時代初期につくられたものだ。エジプトで三大ピラミッドが建造された時代とも重なる。元はどのような姿をしていたのだろうか。

ストーンヘンジの復元モデルは図面にとどまらず、ミニチュアから実物大の模型まで、さまざまな形でつくられてきた。細部においては意見のわかれるところがあるが、現在概ね、46頁のような姿だったと

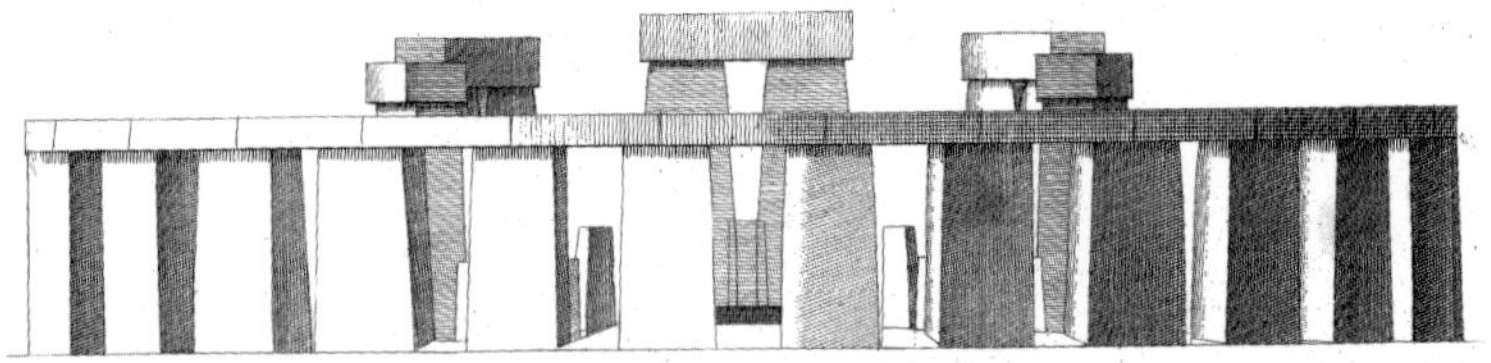

上：18世紀にウィリアム・ステュークリ（84頁）が測量に基づいて描いた横から見た復元図。
サーセン石の大きさ、配置については現在考えられているものとほぼ変わらない。

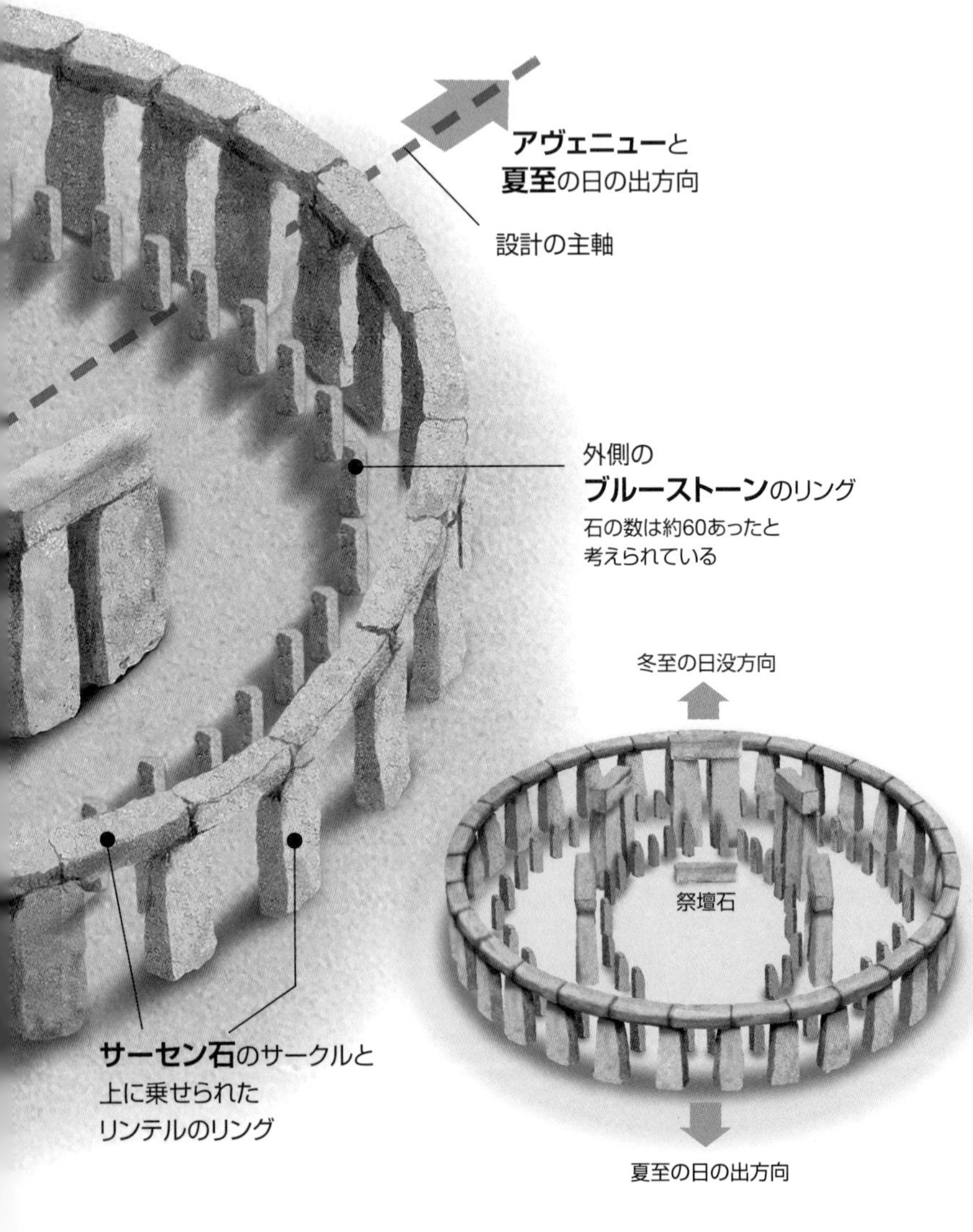

ストーンヘンジの復元図

紀元前2620～紀元前2020年頃に造られた石組み。

現在のストーンヘンジの石組みは、紀元前2620 ～紀元前2020年頃に造られた構造物が廃墟になったものと考えられている。ただ、ブルーストーンの数など、厳密にはわかっていない。

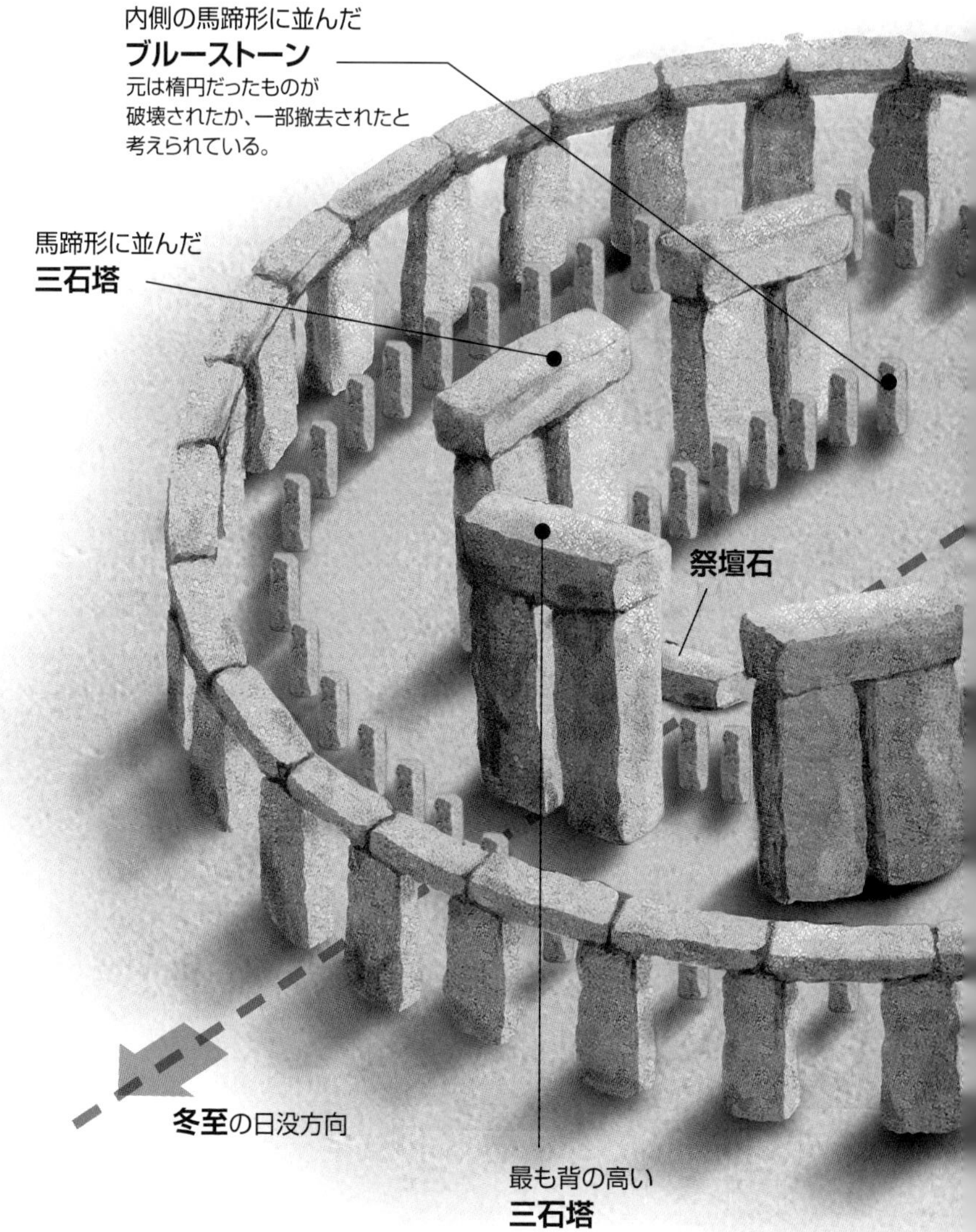

考えられている。

　主構造部は直径約三〇メートルの円形をしていた。最も外側には円形に配置された高さ約四メートルの巨石柱がほぼ均等に三〇並び、その上部には石柱同士をつなぐようにして水平な石、リンテル（まぐさ石）が三〇個乗せられ、文字通り石の環が形作られていた。石はサーセン石と呼ばれる灰色の石で、ブロック状に成形されている。

西オーストラリアに造られた原寸大のレプリカ。内側から見た姿。

　サーセン石の石柱とリンテルという石組みは、外側のサークルだけでなく、内側にもみられる。「三石塔」だ。二本の石柱とその上部に、石柱の幅にきっちりと合わせるようにして乗せられたリンテルがつくる門のような形は、ストーンヘンジのシンボルともいえる。三石塔は五組、北東方向に開く形で馬蹄形《ばていけい》に配置されていた。三石塔は外側のサークルより少し高くつくられている。特に中央のひとつは最も高く設計されていて、現在残っている石柱は高さ約六・五メートルある。外側から見ると、石の環の上に中央の三石塔がはっきりと頭を出している形になっていた。

　サーセン石のリングの石柱のうち、現在立った状態で残っているのは一七で、九個が倒れ、四個が失われている。リンテルは七個しか残っていない。三石塔で現在組み上げ

ストーンヘンジの石の大きさの比較

ブルーストーンは1m以下のものから2.5mを超えるものまで高さにばらつきがある。形も四角く成形されているもの、丸みのあるものなど、一定しない。

られた形で残っているのは三組、残り二組は石柱のひとつだけが立っていて、他のパーツは倒れ、砕けている。

リンテルは石柱の上にただ乗せられているのではない。石柱の上部に彫り出された突起「ほぞ」とリンテルの底面にある「ほぞ穴」が、ちょうどレゴブロックのようにはめられることで固定されていた。さらに、上に乗ったリンテルも隣り合ったものが突起と窪みでつながれていた（51頁）。ブリテン諸島には同時期につくられたストーンサークルが数多くあり、ストーンヘンジもそのひとつに分類されているが、これは石を円形に配置しただけのストーンサークルとは次元が異なる、厳密に設計された建造物なのだ。

ストーンヘンジの威容を印象づけるのはなんといってもこれらの巨大なサーセン石の石組みだが、使われている石はこれだけではない、さらに多くの、より小さな石の配置がある。ブルーストーンと呼ばれる石だ。外側の石の環と三石塔の馬蹄形の配置の間にはブルーストーンが円形に並べられていて、元は約六〇個ほどあったと考えられている。現在残っているのは一九個、地中に一部埋まっているものが九個ある。さらに、三石塔の馬蹄形の内側にはブルーストーンが馬蹄形、もしくは円形に配置されていた。また、サーセン石の最大の三石塔の内側に「祭壇石」とよばれる砂岩がひとつ、おそらく平らに置かれていた。

精緻な加工技術

石が凹凸によって接続されていること以外にも、この建造物にはさまざまな加工が施されている。サーセン石の石柱は下から上に向かって細くなるように成形されていて、側面は微妙に内側にカーブしている。これはエンタシスと呼ばれる古代ギリシアの神殿建築の柱に用いられた技法と似たもので、下から見上げると側面が平行である場合よりも安定感が増し、高さが感じられる効果を生んでいる。外側のサーセン石のリングの上のリンテルも直方体ではなく、弧をなすように微妙にカーブがつけられている。また、三石塔のリンテルは底部よりも上部の幅が少し広くなっている。これも、リンテルの側面が下から見上げたときに垂直に見えるように工夫されたものだという見方がある。三石塔の石柱の内側を向いた面の上部の縁は少し高く加工されていて、上に乗ったリンテルにはこれに対応した溝が彫られていた。横ずれを防ぐための加工とみられている。また、ストーンヘンジが立つ土地は東側が少し低くなっているが、リンテルの高さが全体に水平になるよう、石柱の高さは地中に埋める深さを調整することによってそろえられている。

サーセン石は表面が平滑に加工されている。この仕上げの度合いは石によって差があり、概ねサークルの内側に向いた面が外側の面よりもスムーズに加工されている。内側から見た姿が重視されてい

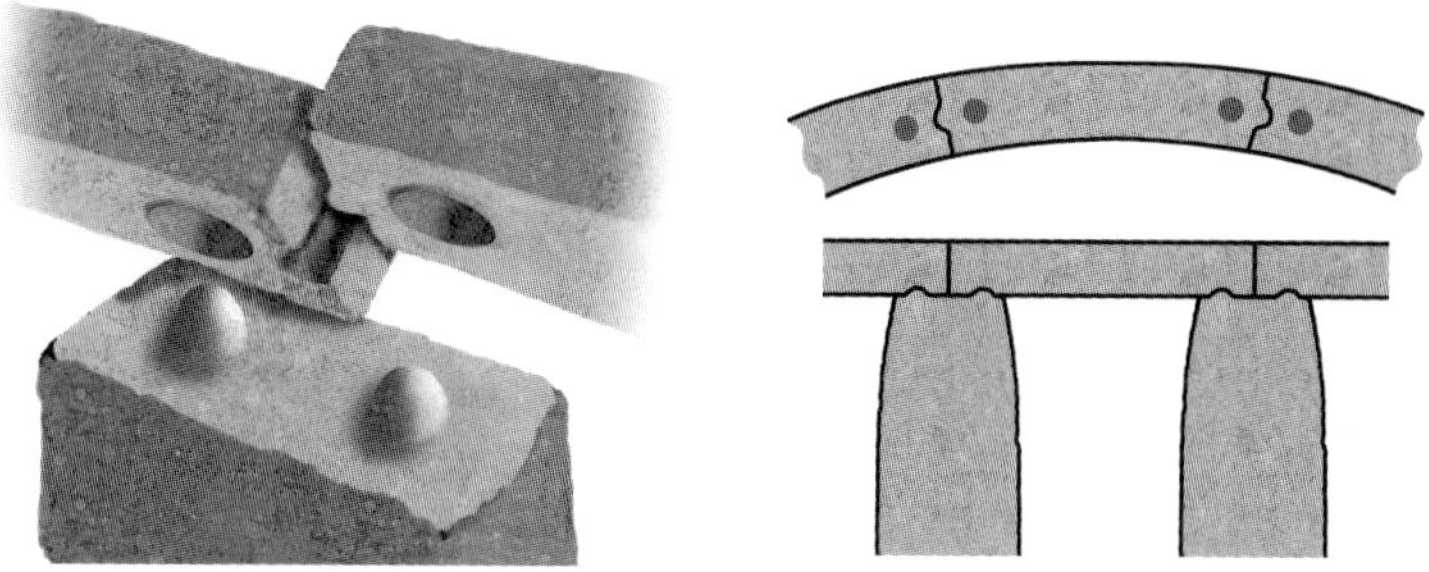

石柱とリンテルは、石柱の上部のほぞとリンテル下部に彫られたほぞ穴をはめることで固定されていた。現在残っているサークルのリンテルは隣り合ったもの同士が凹凸で接合されていたが、失われたものが多く、全てがそうなっていたかはわからない。サークルのリンテルは円弧の一部になるようにゆるくカーブがつけられていた。

現在のストーンヘンジの石の配置

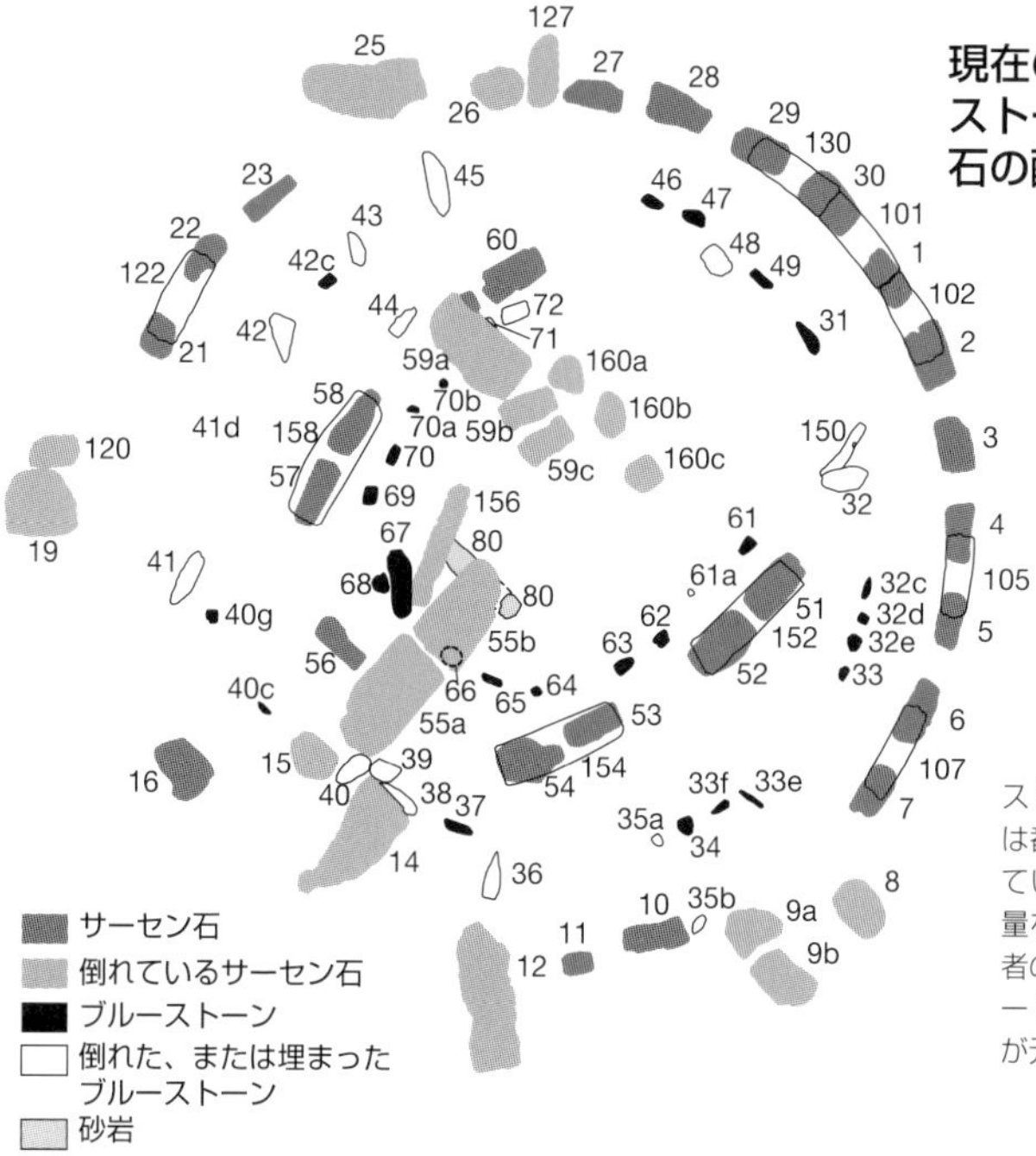

ストーンヘンジの石には番号が割り当てられている。1877年に測量を行ったエジプト学者のフリンダーズ・ピートリーが決めたものが元になっている。

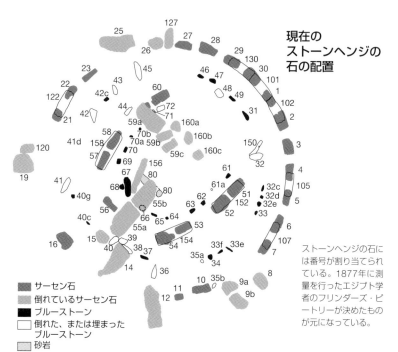

たのかもしれない。また、全体に北側のほうが南側よりも滑らかに仕上げられている。北側の石組みが現在もオリジナルの形状を残していて、南側は崩れていることをみると、建造にかける労力や技術が減衰していって、南側は最後の方に作られたと考えられるかもしれない。

また、片面は全面的に滑らかに仕上げられているが、反対面の加工は下半分だけ、というものも少なくない。これは横倒しにした状態で片面を仕上げ、石を立てた後で、下から仕上げていったことを示していると考えられている。ちょうど手の届く範囲くらいまで仕上げられているからだ。

三石塔はサークルの内側から見ると、左側の石柱のほうが滑らかに仕上げられており、右側は自然の凹凸を残しているようにも見える。この違いが意味のあるものなのか、作業が中断されたままなのかわからない。男性性と女性性を表しているという説もあるが、確かな根拠はない。

ブルーストーンの多くはブロック状に割れる節理《せつり》がある石で、角柱状にするのは比較的容易だったはずだ。残っている四三の内、一七は表面加工されていて、いくつかは上部が細く成形されている。また、サーセン石と同じように上部にほぞが彫られていたり、側面に溝が彫られているものがある。ストーンヘンジが最終的な形になる前に、ブルーストーンによる三石塔、さらには石柱同士をつなぎ合わせた構造物があったのではないかと考えられている。

二つの石の来歴

巨大なサーセン石は、シリカ（水晶と同じ成分）を多く含むシルクリートと呼ばれる堆積岩《たいせきがん》で、とても硬い。名前はイスラム教徒、さらには広く異教徒をさす「サラセン」から来ていると考えられているが、由来は定かでない。ストーンヘンジは長年キリスト教以前の、異教徒による産物とされていたため、こうした名になったのかもしれない。

イングランド南部、東部に広く分布しているが、大きな岩が切り出せる規模の大きな産地などはなく、岩塊《がんかい》として草地や森の中に点在している。このため、ストーンヘンジに使われているものがどこから運ばれたのか特定が難しいが、二〇二〇年に三石塔の支柱のひとつから採取されたコアサンプルを分析したところ、ストーンヘンジ近郊のマールバラの町の南西のウエスト・ウッズという場所で採取されたものであることがわかった。ストーンヘンジとの距離は約二五キロほどだ。だが、すべてのサーセン石がこの場所のものとは限らない。適当な大きさのものが複数の場所から運ばれたかもしれないし、いくつかはストーンヘンジの近くにあった可能性もある。

とても硬いサーセン石の加工にはかなりの労力を必要としたはずだが、その分耐久性も高い。数千年を経ても風化で崩れずに残っているものがあるのはこのためでもあるだろう。ストーンヘンジに使われているものは平均二〇トン、大きなもので三五〜四〇トンという重量があり、加工前のものはもっと重かったはずだ。

この重い石をどうやって運搬したかについては諸説あり、さまざまな実験も行われてきた（70頁）。人力では困難と言われた時代もあったが、同じように車輪などの技術をもっていなかったイースター島の人たちが二〇〜八〇トンの重さのモアイを数百も運び、立てたことや、フランスのブルターニュに立っていた三〇〇トンを超える巨石（230頁）のことを考えれば、ストーンヘンジの建造がとび抜けて困難だったとは言えないだろう。

謎の多いブルーストーン

ストーンヘンジのシンボルは巨大なサーセン石だが、より多くの謎を秘めているのは小さな石、ブルーストーンのほうだ。小さいといっても、重さは一〜三トン、大きなものは高さ二・五メートルほどある。かつては八〇個ほどあったと考えられているが、はっきりとはわからない。

ブルーストーンという名は、石の種類を指すものではない。実際は玄武岩の仲間、流紋岩、砂岩など複数のタイプの石があるが、現存する四三の内二七が青緑がかった斑状の（粗く大きな鉱物粒子の入った）ドレライトであることからついた、あだ名のようなものだ。磨くと青緑色の中に白く大きな結晶がきらめく美しい石だ（写真08）。現在ストーンヘンジにあるものは風化などでくすんでいるが、かつては表面が美しく磨かれていたかもしれない。

この石には謎が多い。もっとも不可解なのは、これが遠く西ウェールズのプレセリ丘陵でしか採れないもので、産地とストーンヘンジとは直線距離で二二〇キロも離れているということだ。ヨーロッパ全体でみても、石器時代の遺跡に使う石材がそれほどの遠距離から運ばれた例はないのだという。

車輪もない時代にそんなに遠くから石を運ぶなどという不合理なことがあるはずがない、氷期に氷河によって運ばれてきたものが近くにあったのだろう、という考えが主に地質学者から主張されてきた。だが、これを裏づける具体的な証拠は出ていない。

また、運んだとしても、運搬は陸路でなく、ウェールズの沿岸を海路で運び、最後は川を遡上するルートを辿ったのではないかという見方が優勢だった。日本でも古墳や城の石垣に使われる石は海路

ブルーストーン運搬のルート

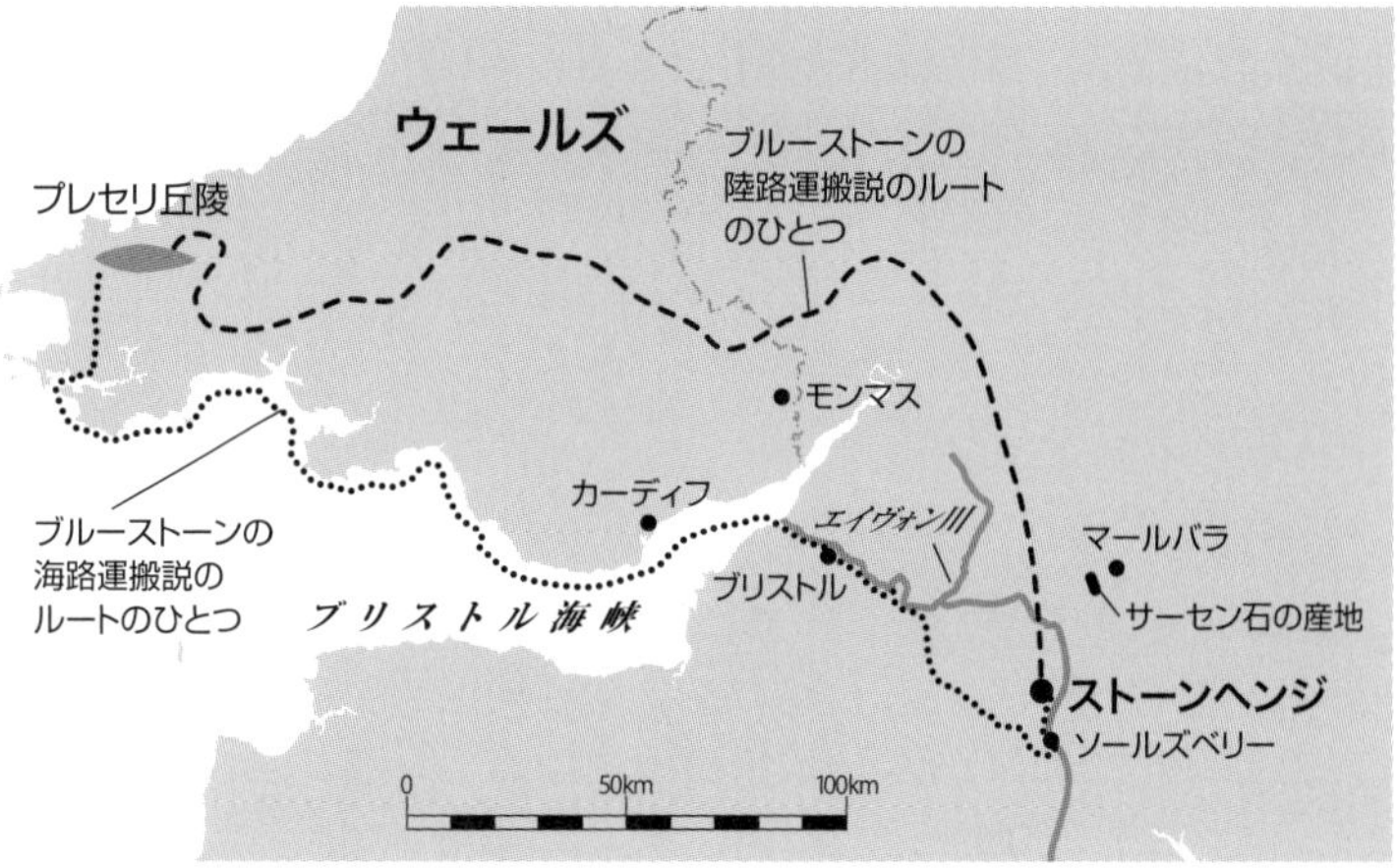

を使って運ばれた例が多い。起伏の多い陸路を通るよりも、筏《いかだ》や舟に乗せ、浮力を活かして運ぶほうがたやすい場合が少なくないのだ。

ただし海路なら容易かというと、そうでもない。事実、西暦二〇〇〇年の記念行事としてブルーストーンを人力と木材のみで海路でストーンヘンジに運ぶ「ミレニアム・ストーン」プロジェクトが企画されたが、石は西ウェールズの港町ミルフォード・ヘヴンで海に出たところで沈み、イングランドにすら持ち込めなかった。タブロイド紙に「石器時代人は八四個、現代人はゼロ」と揶揄《やゆ》されることになる。

これに対し、近年陸路運搬説の支持者も増えている。石の採掘が行われた場所が複数厳密に特定されたからだ（215頁）。いずれも従来の海路説で考えられていたルートに乗せるには難しい場所だった。そこからならば、陸路のほうがずっと容易だろうとされ、現在のA40号という高速道路とほぼ重なるルートだったのではないかとも考えられている。昔も今も、起伏が少なく安定して移動できるルートの選択肢は自ずと限られてくるだろうという考えだ。そして、なぜ、どういう人たちが遠く西ウェールズから運んだのかということについても、近年興味深いことがさまざまにわかってきている。これについては第五章で詳しく述べる。

堀と土手、円形の囲い地

以上がストーンヘンジの「ストーン」の部分だ。では、「ヘンジ」とは何か。

ストーンヘンジは石組みを中心として、直径約一〇〇メートルの円形の堀と土手に囲まれている。外側に堀があり、そのすぐ内側に土手が作られていた。堀は幅約六メートル、深さ約一・二〜二メートルほどあったと考えられている。

こうした円形の堀と土手によって囲われた施設はブリテン島各地にみられる。ただ、多くは内側に堀、外側に土手という形で、ストーンヘンジのそれとは逆になっており、そうしたタイプのものを考古学用語でヘンジと呼ぶ。ややこしい話だが、ヘンジという言葉はストーンヘンジから生まれたものであるにもかかわらず、ストーンヘンジの堀と土手はヘンジではない、ということになっている。

堀と土手の土木事業に使われた道具は石器と鹿の角のピック（写真61、62）だ。巨大な石を運び、組み上げる作業が大変だっただろうことは言うまでもないが、こうした土木工事もまた大人数による継続的な作業を要するものであったに違いない。ストーンヘンジ周辺の土地は、少し掘るとすぐに白い石灰層が露わになる。硬い石灰層に達してからは、掘る作業は土を掘るよりもずっと大変だっただろう。堀と土手は石灰で覆われて白く照り映えていたと考えられている。

円形の囲いの内側には肉眼では確認しにくい痕跡がいくつも残っている。最も多いのは穴の跡だ。まず、土手の内側に沿って円形に配置された五六個の穴が確認された。一七世紀にストーンヘンジを初めて考古学的視点で調査し、この穴の存在に気づいたジョン・オーブリーの名をとって、オーブリーホールと呼ばれている。円形の穴の配置は他にもある。石組みの外側をとりまくように、内側からYホール、Zホールと呼ばれる穴がそれぞれ約三〇個確認されている。

また、石のサークルの外側にステーションストーンと呼ばれる独立したサーセン石が四つ置かれ（現在残っているのは二つ）、そのうち二つは周囲に円形の堀がある小さなマウンドの上に立っている（63頁図）。ストーンヘンジはアヴェニューというやはり堀と土手でつくられた道につながり、この通路は北東方向に真っすぐに延び、東に大きくカーブしてエイヴォン川につながっている。このアヴェニューとストーンヘンジの囲い地の接続部には生贄の石とよばれるサーセン石が横倒しになっている。また、この少し外側にはヒールストーンと呼ばれる大きなサーセン石が立っている。

ストーンヘンジ建造と改造の歴史

ストーンヘンジの主な石組みは紀元前二五〇〇年前後につくられたものだが、実はこれは歴史のごく一部でしかない。その歴史は紀元前三〇〇〇年頃にまで遡り、その後、実に一〇〇〇年以上にわたって、さまざまに姿を変えてきたことがわかっている。どのように始まり、どのように作り替えられてきたのか。過去さまざまに議論されてきたが、これについても近年の調査によって年代が修正され、新たな見方が定着しつつある。おおまかに五段階に分類されている。

【ステージ1　紀元前三〇〇〇～紀元前二六二〇年頃】

最初につくられたのは円形の堀と土手の囲い地だった。紀元前三〇〇〇～紀元前二九二〇年という年代が特定されている。現在残っているものとほとんど同じ形で、北東に大きな出入口、南側に小さな出入口があけられていた。

同時代に土手の内側に沿ってオーブリーホールも掘られており、中から大量の火葬された人骨が見つかっている。未発掘の部分も考えると二〇〇人以上の遺骨が埋葬された可能性がある。堀からも散骨されたものが多く出ている。骨の多くはストーンヘンジ建造初期のもので、ストーンヘンジは、少なくとも最初の五〇〇年ほどは埋葬地として使われていたことがわかっている。

オーブリーホールからは副葬品とみられる職杖《しょくじょう》の頭、香炉の破片も出ている（写真63）。また、堀の底からは雄牛の下あごの骨が出土している。明らかに意図的に置かれたものらしい。堀の造成時に新たに屠《ほふ》られたものではなく、置かれたときにはすでに数百年という時間が経過したものだった。

オーブリーホールに関しては論争がある。穴に骨などが入れられた後に埋められたのか、それとも木の柱や石柱が立てられたのか、ということだ。一九一九～二六年に初めてオーブリーホールを発掘したウィリアム・ホーリーは、この穴にはブルーストーンが立てられていたと主張した。ストーンヘンジは最初は直径約八七メートルのストーンサークルだったのだと。だが、彼はすぐにこの考えを引っ込め、木の柱が立っていたと訂正している。

一九五〇年代に発掘を主導したリチャード・アトキンソンは、穴には何も立てられず、掘られた直後に埋められた儀礼用の穴だったと主張している。これに対し、近年再びブルーストーンが立てられ

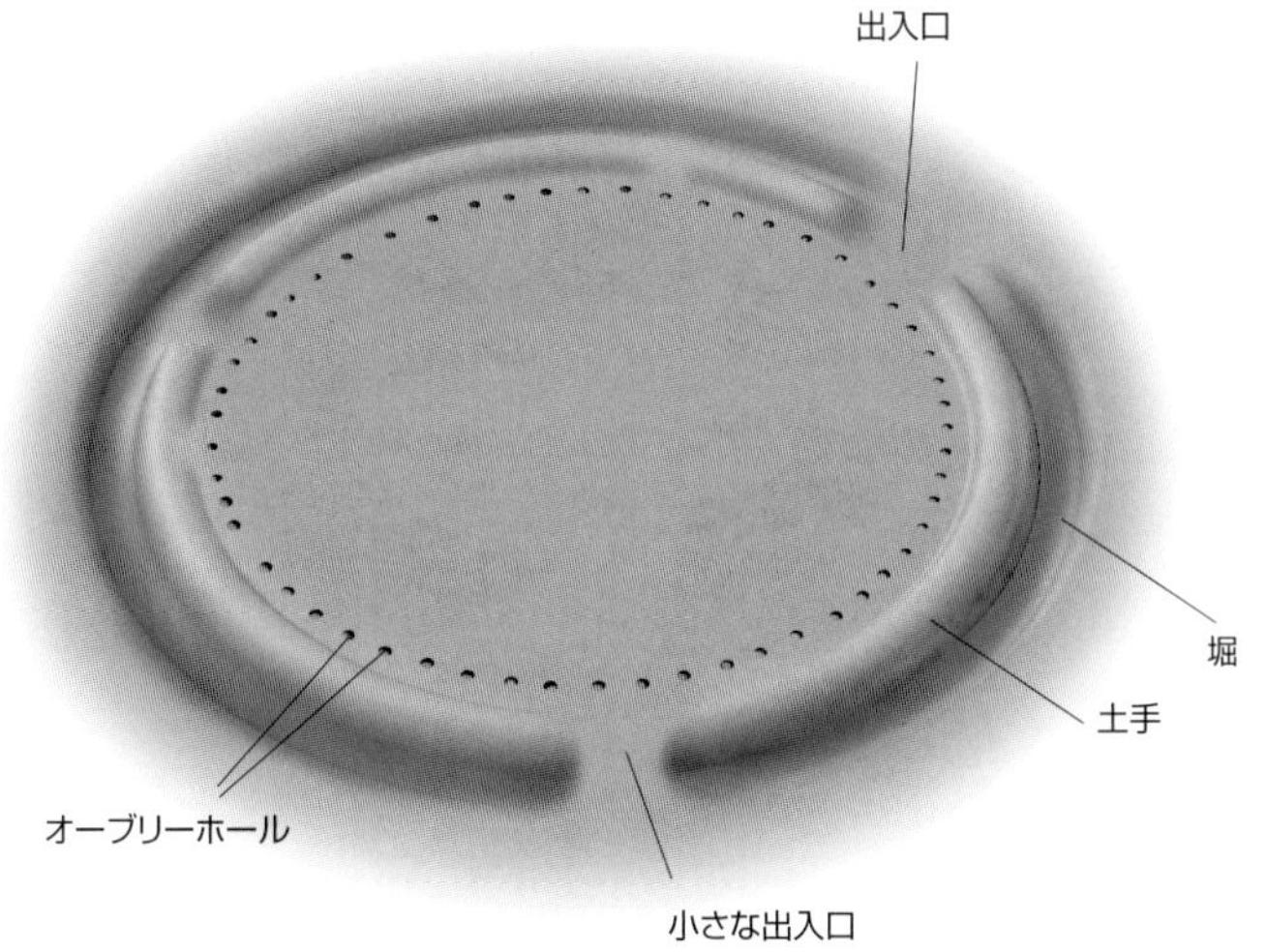

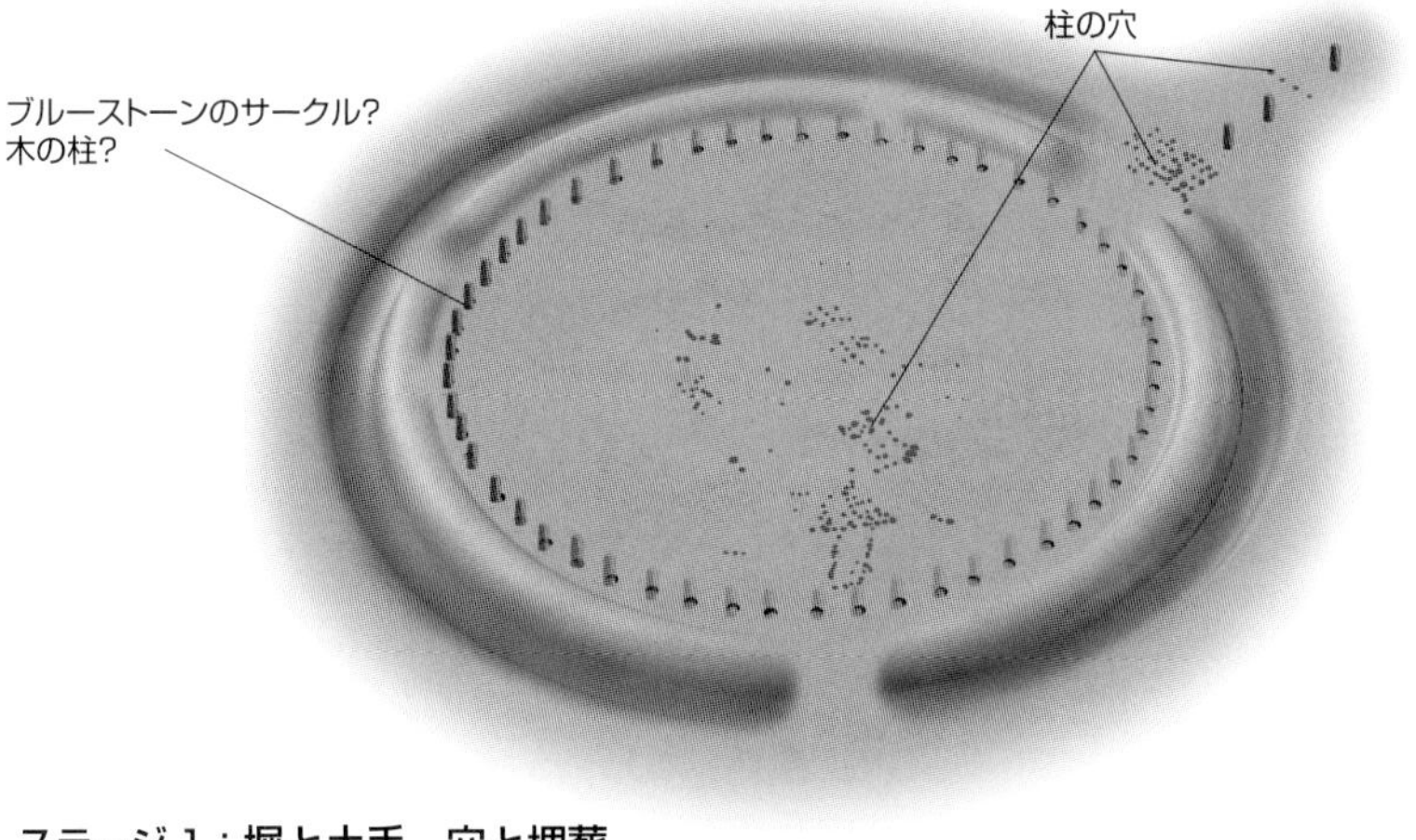

ステージ 1：堀と土手、穴と埋葬

紀元前3000年頃、円形の土手と堀の囲い地がつくられる。内側の円周沿いに56個の穴、「オーブリーホール」があけられ、骨の埋葬が行われる。それぞれの穴に木の柱もしくはブルーストーンが立てられていたかもしれない。土手と堀は後の段階でも継承される。

ていたという説が浮上している。これについては第四章で紹介する。

この時代に、囲い地の中に多くの木の柱を立てられていた跡も発見されている。小さな四角形に配置されたものが複数あり、何らかの建造物があったようにも見えるが、確かなことはわからない。

木の柱の跡は北東の囲い地の入口付近にも集中している。ちょうど入口を塞ぐような形で、数列の同じ方向に並べられた柱の痕跡がある。細い通路が二つ開いた門のような構造物があったかもしれないという見方があるが、これもまた想像でしかない。囲い地内の柱の穴も入口の穴も、北西―南東方向に並んでいるものが多い。柱の配置は月の軌道と関係した方角を示しているという見方もあるが、特異な方角ときっちり一致する配列は今のところ見つかっていない。

さらに、囲い地の入口の外に、三つの石が最終形のアヴェニュー（64頁）に沿う形で北東方向に並べて置かれていた痕跡がある。うち一つは現在ヒールストーンと呼ばれているものとみられている。この三つの石の一番遠いものと中間のものの間にも、四本の木の柱の列の跡がちょうど石の列と直角になるように配置されていた痕跡がある。アトキンソンはここに「日本の版画でおなじみの神社の門」つまり鳥居の形に組まれた木製の門があり、その木組みの技法がのちに石の構造に応用されたと考えたが、彼自身も「机上の論」としているようにそれを裏付ける根拠はない。

【ステージ2　紀元前二六二〇〜紀元前二四八〇年頃】
ステージ2は、巨大なサーセン石のサークルと三石塔が設置された、ストーンヘンジの姿が最も劇的に変化した時代だ。また、紀元前二五〇〇年頃には銅が大陸から持ち込まれ、短期ではあるが、

「銅器時代」とも呼ばれる。このステージ以降、ストーンヘンジ内での埋葬は行われなくなる。

オーブリーホールにブルーストーンが立てられていたかについては議論があるが、この時代にブルーストーンが持ち込まれていたことは確実視されている。サーセン石のリングと三石塔の馬蹄形の間に、二重のアーチ状もしくは不規則な二重のサークル状に配置されたとみられている。アーチ状の場合、馬蹄形のサーセン石の三石塔とは逆に、南西側に開いた形をしていたと考えられる。ブルーストーンの三石塔も複数つくられた痕跡がある。

北東の入口付近にあった三つの石の配置も変えられ、入口に三つ、北東に少し離れてヒールストーンがこの前のステージから少し移動した位置に置かれたとみられている。ヒールストーンはもう一つの石とペアであったかもしれない。入口近くにあった三つのうち一つは現在「生贄の石」と呼ばれているものだ。これらは全てサーセン石だったとみられている。

ストーンヘンジの石組みと全体の構造には、あきらかな軸線がある。石のサークルの中心から見ると、夏至の朝日がちょうど北東につくられた入口の方向、後に作られるアヴェニューの先から登ってくるようになっているのだ。太陽はヒールストーンの少し左から昇るため、ヒールストーンにはかつてペアになる石があり、その二つの石の間から朝日が昇っていた可能性も考えられている。このことから、ストーンヘンジは太陽崇拝の施設だという考えが生まれ、今でもそのイメージは強い。

また、サークルの中心から見ると、この軸の反対側、一番大きな三石塔の窓の中に冬至の夕日が沈むようになっている。冬至は他の同時代の巨石施設でも重視されていた形跡がある。また、二一世紀に入ってからの周囲の発掘調査により、冬至の重要性が際立ってきている。これについては第四章で詳しく述べたい。

この時期に四つのステーションストーンも設置されたと考えられているが、四つ結んだ四角形の北東―南西方向の二辺が夏至の日の出・冬至の日没方向に合っていること、さらに残りの二辺が月が最も南側から昇る方角と最も北側に沈む方角と合っているのも意図的な配置かもしれない。

【ステージ3　紀元前二四八〇～紀元前二二八〇年頃】

ステージ3は新石器時代が終わり、青銅器が使われるようになった時代だ。青銅器とともに新しい人と文化が大陸から入ってきた時代でもある。平底の「鐘状ビーカー」と呼ばれる土器を使う人たちで、彼らは「ビーカー人」とも呼ばれてきた。紀元前二八〇〇年頃からヨーロッパ各地に広がり、約五〇〇年ほど続くが、ブリテン島では紀元前一八〇〇年頃まで用いられた。この大きな変化の時代にもストーンヘンジは形を少し変えつつ、使われ続けた。

この時期は新石器時代特有の大規模なモニュメントの造成の最後の時代だ。ストーンヘンジの北にシルベリーヒルという巨大な土の山が築かれ、これが数千人規模の人手で大規模なモニュメントをつくる最後のものとなった。

ステージ2でつくられたサーセン石の巨大な構造はこの時代に手を加えられていない。この時代に変化があったのはブルーストーンの配置だ。新たに二四、五個のブルーストーンが追加され、ステージ2の二重のブルーストーンの配置はそのままにして、サーセン石の三石塔の内側、西寄りに、ブルーストーンのサークルがつくられた可能性がある。

ステージ２：サーセン石の石組みとブルーストーンの配置

サーセン石の三石塔とリング、ブルーストーンの二重の馬蹄形、もしくはサークルがつくられる。ステーションストーン、ヒールストーン、生贄の石なども置かれる。

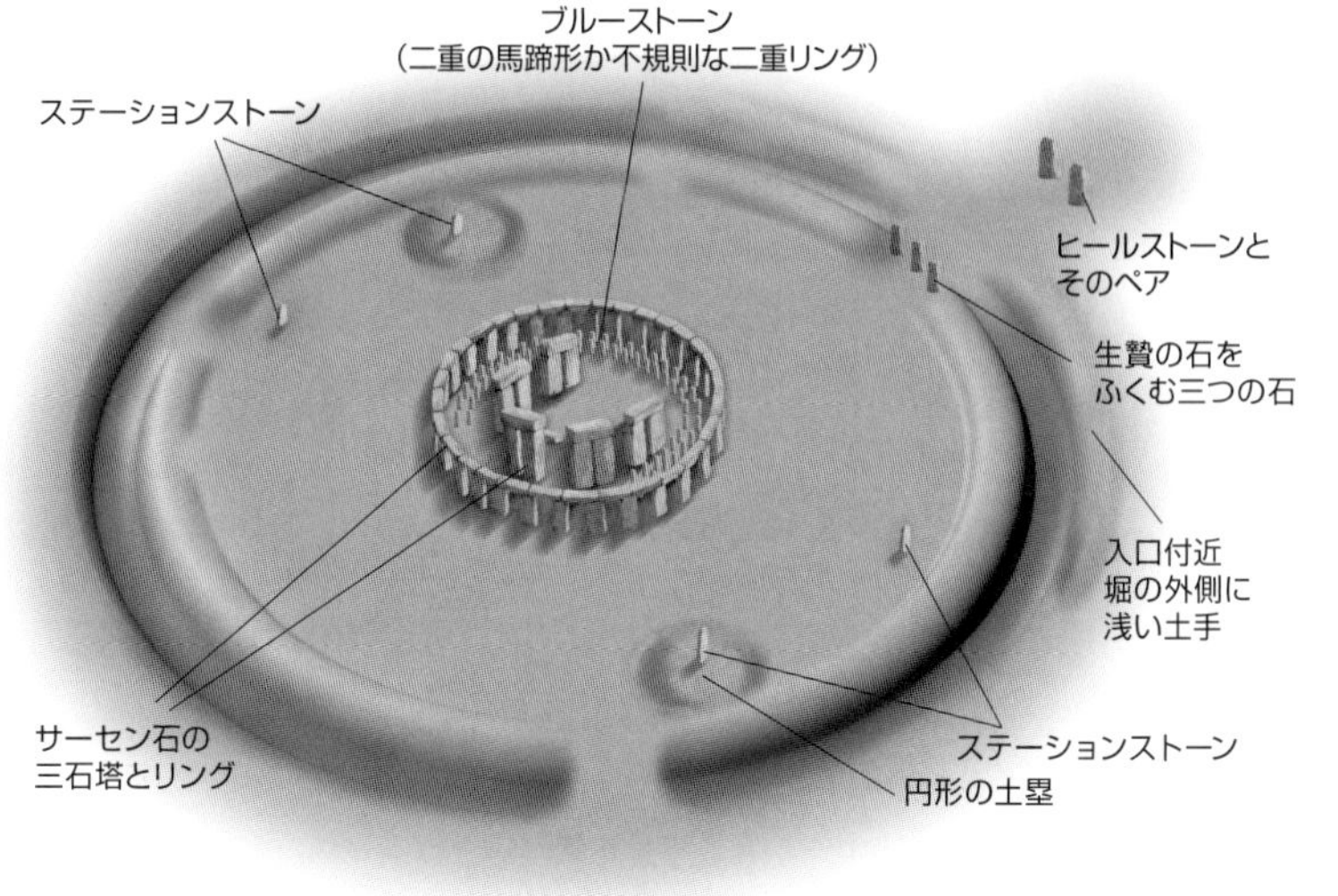

ステージ３：ブルーストーンの再配置とアヴェニュー

サーセン石の石組みはそのままに、三石塔の内側にブルーストーンの小さなサークルがつくられる。入口につながる道、アヴェニューがつくられる。

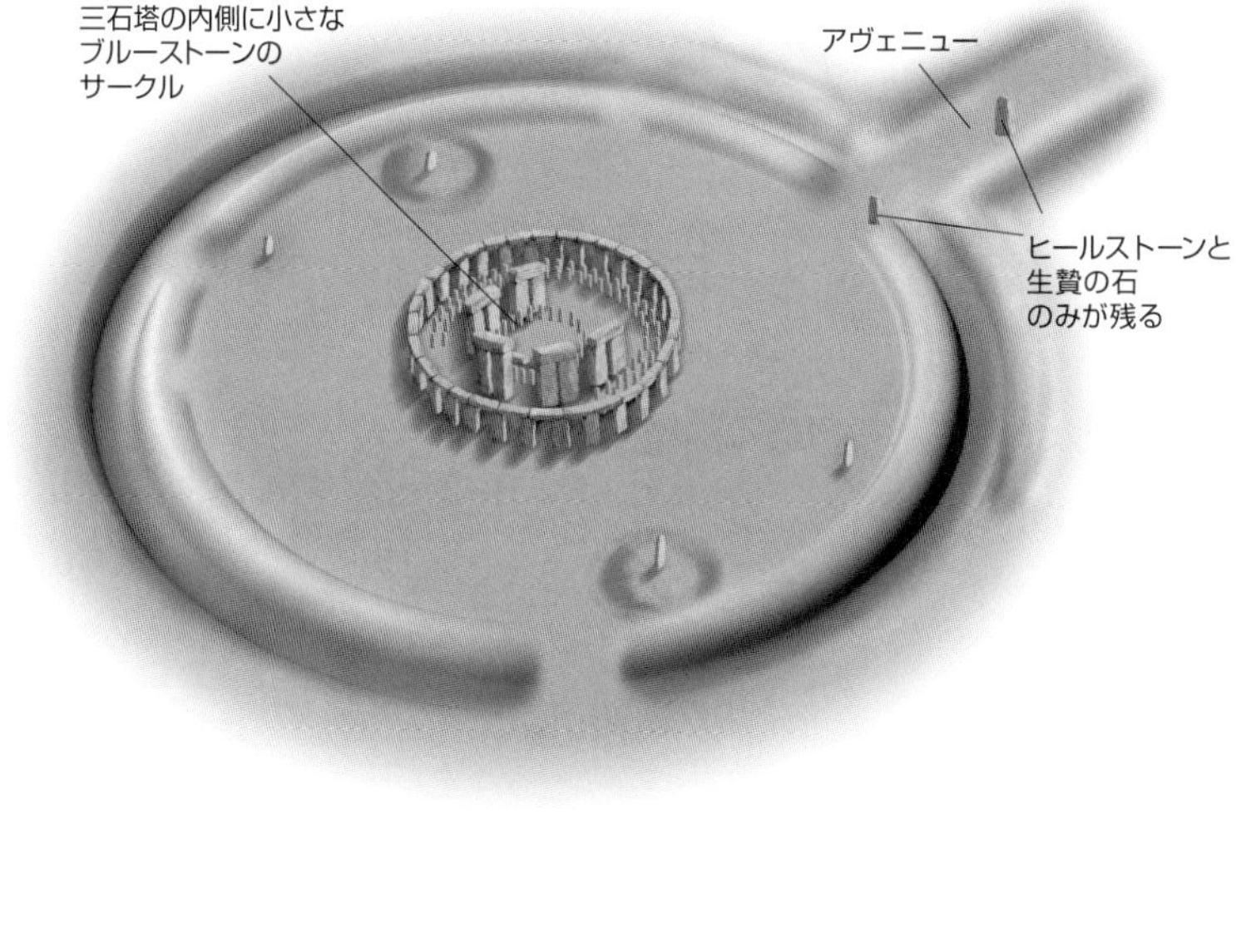

石だけでなく、この時代に円形の囲い地の堀が掘りなおされた。また、ストーンヘンジの入口から北東に延び、東に曲がってエイヴォン川につながる道＝アヴェニューもつくられる。アヴェニューはそれ以前も通り道としてあった可能性が高いが、この時期に幅一二メートルの大きな道として造成された。道の両サイドには内側に堀、外側に土手がつくられ、かつてはそれぞれ一メートル以上の深さ・高さがあったと考えられている。

入口の石組みが変更され、三つ置かれていたサーセン石は二つ撤去されて、現在の「生贄の石」だけが残った。ヒールストーンも移動している。もしペアで置かれていたとしたら、片割れは撤去されたことになる。

【ステージ4　紀元前二二八〇～紀元前二〇二〇年頃】

ブリテン島で青銅器の本格的な使用が広がっていった時期だ。ブリテン諸島全体をみると、まだストーンサークルなどをつくる文化は続いていたが、明らかに小規模化している。

ストーンヘンジではこの時期はブルーストーンの配置が大きく変わったと考えられている。サーセン石の外側のリングと三石塔の間にサークル状に置かれ、三石塔の内側に楕円形に置かれた。内側のブルーストーンの配置は後に馬蹄形に変化するが、意図的に変えられたというよりも、後代に破壊されたものかもしれないという。

この時期からブリテン島では火葬した骨を墳墓に埋葬することが行われなくなった。有力者とみられる個人、少数の者が副葬品とともに小さなマウンドに土葬されるようになる。そうした墓がストー

ストーンヘンジの石、穴の配置と特異な方角

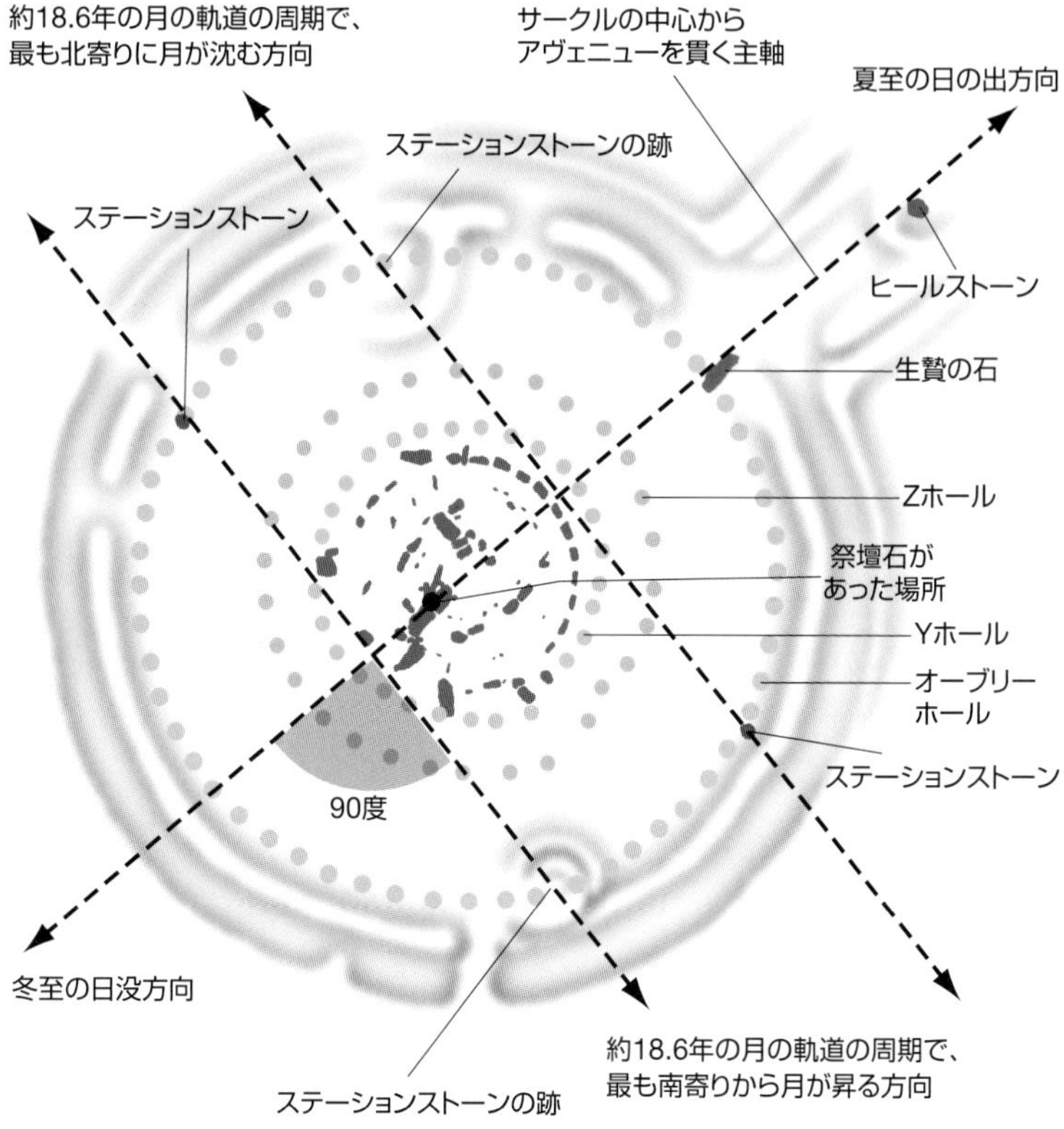

最終的な石・穴の配置の模式図。設計の主軸が夏至の日の出と冬至の日没の方角を結ぶものであることに加え、4つのステーションストーンを結ぶと主軸と直角に交わるラインができ、それは月の18.6年の周期において特異な方角を指している。この月の軌道と石の配置はブリテン島北部のストーンサークルにもみられるものだが（108頁）、意図的な配置と考えられている。

ンヘンジの周辺に数多く残っている。明らかに大陸から渡ってきたビーカー人のものも見つかっているが、全てがそうした人たちのものかはわからない。ただし、広範囲なDNAサンプルの分析により、新石器時代の終わりに関する、ある衝撃的な結果が出ている。これらについては第四章、第五章で詳しく紹介したい。

【ステージ5　紀元前二〇二〇~紀元前一五二〇年頃】

この時代、ストーンヘンジの構造に大きな改変はなかった。おそらくほとんど使われていなかったのではないかと考えられているが、サーセン石のリングの外側にYホール、Zホールと呼ばれる円形に配置された穴が二九か三〇個掘られている。穴は掘られたものの、石や木の柱が立てられることもなく、自然に埋まっていったと考えられている。石か木の柱を立てようと準備しつつ、頓挫したのかもしれない。

この時期には、ストーンヘンジにそれまでなかったものが加えられた。彫刻だ。短剣や青銅の斧頭《ふとう》の浅い彫刻が多数、サーセン石の表面に彫られている。これらの彫刻は一九五三年に初めて確認された。現在、確認されている斧頭の数は一一五にのぼっている。その意味はわかっていないが、この時期の青銅の斧頭の彫刻はブリテン島各地で見られ、そのほとんどが埋葬に関連した場所だという。

この時期にも、ストーンヘンジ周辺の円墳の数は増えていき、ストーンヘンジ周辺が明らかに死者の地として使われていたことがうかがわれる。

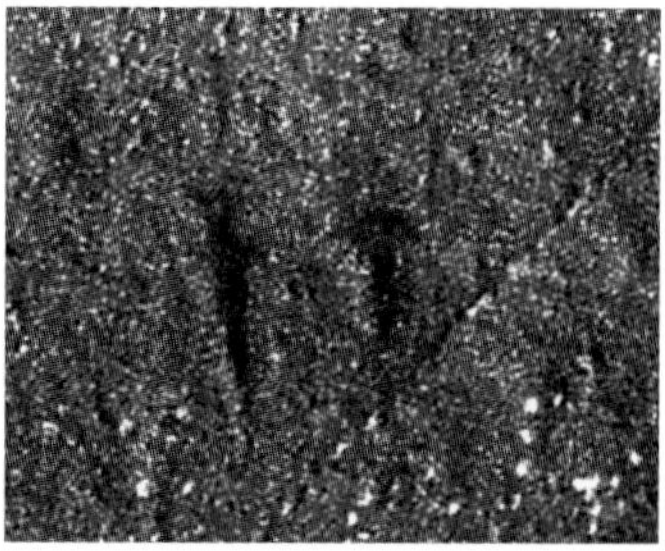

上：53番の三石塔に彫られた短剣（左）と斧頭（右）の彫刻。
左：4番のサーセン石の石柱に彫られた無数の斧頭の彫刻を示したマーキング。約半数は2012年のレーザースキャンによって発見された。

紀元前一五二〇年を最後にストーンヘンジでの活動は確認されていない。ブリテン諸島全体でも、この頃を最後にほぼストーンサークルは作られなくなったとみられている。

約一五〇〇年におよぶ歴史の中で、ステージ1の埋葬以外に、この中で何が行われていたか示すものは例外的なものを除いて見つかっていない。石と穴ばかりだ。一〇〇〇年以上にわたって使われてきたにもかかわらず、どのように使われてきたのか、手がかりになるようなものが出ていないのだ。このことが理解を困難にし、さまざまな想像や解釈の受け皿ともなってきた。

そもそもストーンヘンジは完成されたのだろうか。サーセン石のリングが本当に46頁の復元図のように完成されたのかどうかについても議論がある（69頁）。

次章ではストーンヘンジが歴史を通してどのように語られ、どのような歴史観・世界観を投影されてきたのか、「その後の歴史」を振り返ってみたい。

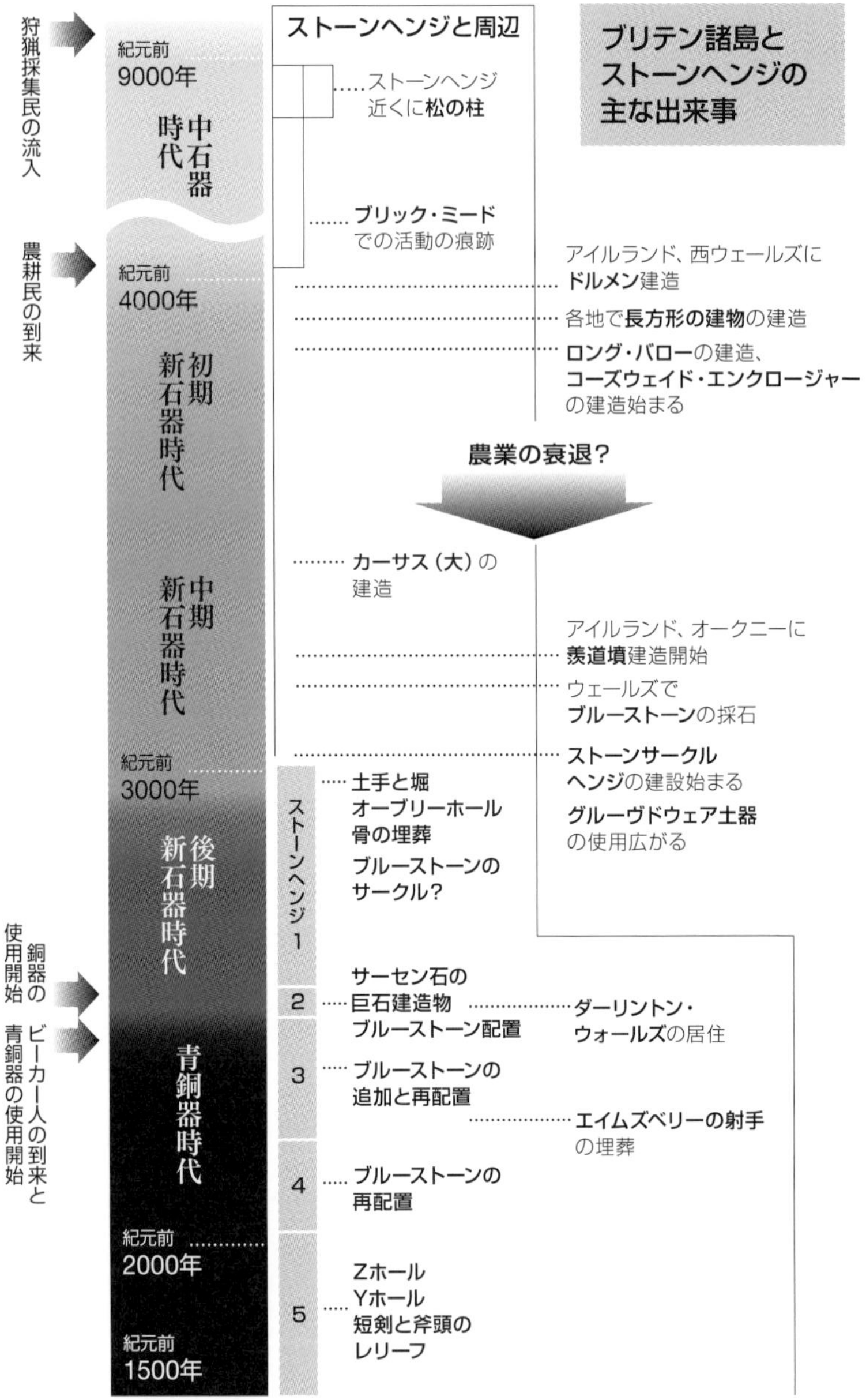
ブリテン諸島とストーンヘンジの主な出来事
ストーンヘンジと周辺
狩猟採集民の流入
紀元前9000年
中石器時代
ストーンヘンジ近くに松の柱
ブリック・ミードでの活動の痕跡
農耕民の到来
紀元前4000年
初期新石器時代
アイルランド、西ウェールズにドルメン建造
各地で長方形の建物の建造
ロング・バローの建造、コーズウェイド・エンクロージャーの建造始まる
農業の衰退？
中期新石器時代
カーサス（大）の建造
アイルランド、オークニーに羨道墳建造開始
ウェールズでブルーストーンの採石
ストーンサークルヘンジの建設始まる
グルーヴドウェア土器の使用広がる
紀元前3000年
後期新石器時代
ストーンヘンジ1
土手と堀
オーブリーホール
骨の埋葬
ブルーストーンのサークル？
銅器の使用開始
ビーカー人の到来と青銅器の使用開始
2
サーセン石の巨石建造物
ブルーストーン配置
ダーリントン・ウォールズの居住
青銅器時代
3
ブルーストーンの追加と再配置
エイムズベリーの射手の埋葬
4
ブルーストーンの再配置
紀元前2000年
5
Zホール
Yホール
短剣と斧頭のレリーフ
紀元前1500年

COLUMN

ストーンヘンジ未完成説

サーセン石の石組みは、ステージ2でつくられた後は手を加えられていないとされている。だが、もしかしたら外側のサーセン石のリングは未完成だったのではないか——。そう考える人が昔から少なくなかった。

現在、遺跡は倒壊しているだけでなく、南西側の石の多くが失われている。持ち去られて再利用されたのかもしれないが、石柱の14、15、17、18番は石を立てた穴の跡もみつかっていなかった。

また、石柱11はあきらかに他の石柱よりも一メートル以上高さが低く、この状態ではリンテルが支えられない。さらに、倒れている石柱12、14は形があまりに不定形で、このままでは真っすぐに立たないはず——など、完成を疑う点が複数指摘されてきた。

今世紀に入って、この「未完成論争」に進展を促す発見があった。二〇一三年の極度に乾燥した夏、ブリテン島とアイルランドの各地の地表に奇妙な斑紋が現れたのだ。土中の湿度の違いによって現れた古代の建造物の痕跡「ソイルマーク」だ。これによりまったく知られていなかった大規模な遺跡の存在が各地で明らかになったのだが、ストーンヘンジにも丸や四角い斑紋が複数出ている。そのうちの二つが、確認されていなかった石柱17、18番を立てた穴の跡だった。

また、レーザースキャンによる調査で、石柱11番は割れて短くなった可能性があることがわかった。

このことをもって、やはりストーンヘンジは完成していた、問題は決着したと主張する研究者がいる一方、まだ14、15番の石柱の問題などが解決していないと言う人もいる。これらの穴は地中のスキャンでも見つかっていないが、石柱の穴の深さはまちまちで、中にはよく倒れずにいたと研究者が驚くような浅いものもあるため、発掘調査が行われないかぎり、この問題は決着しないだろう。この未発掘のエリアは将来の考古学者のために残してある。

サーセン石の成形、表面加工にはあまりに仕上げの具合、クオリティーに違いがある。仕上げ具合にも意味があると考える人もいるが、すべてが意図的なものとは思えない。仮に建造は成し遂げたとしても、最初に意図したような完成度で最後まで仕上げることができたかどうかについては疑問が残るのだ。

COLUMN

どうやって運び、建てたのか？

巨大なサーセン石をどう運んだのか――。定説はないが、古くから考えられてきたのは、丸太を並べてローラーコンベアのように使う方法だ。だが、これは現実的ではない。凹凸のある軟らかい土の上で丸太が滑らかに回転することはまずなく、偏った回り方をすると石が意図しない方向に逸れてしまう。

これに対し、木の棒を枕木のように並べて一種の木道をつくり、その上でそりに乗せた巨石をひいていくという方法は有効で、巨石文化の残る地域で実際にこの方法が採用されていることが確かめられている。

次頁中・下段の写真はインドネシア、ニアス島で巨石を運んでいる場面を写した一九一五年頃のものだが、石は並べた丸太の道の上をひかれている。丸太は木の杭で動かないように固定されている。石の上に乗っている人は傾きや速度を体で感じつつ、全体を指揮し、動きをコントロールする役割を負っている。

石の下に棒を差し込み、舟のオールのように動かしてテコの原理で石を浮かせて少しずつ動かす方法も昔から提案されてきた。だが、この方法だけで長い距離を動かすのは難しい。別の方法を主にしつつ、石が動かなくなったときなどにこのテコの力で修正する、という合わせ技は有効だろう。ニアス島の写真の別カットにも「テコ係」が数人写っている。

運搬用に木の道が使われたとしたら、修復しつつ同じ設備をくり返し使っただろう。多くのサーセン石を通した「巨石ハイウェイ」があったかもしれない。

ユニークな仮説としては、二〇一〇年にバイオサイエンスの研究者アンドリュー・ヤングが提唱したものがある。木で凹型の溝の入ったレールをつくり、溝にブリテン島北部で発見された石のボール（写真90・91）を入れ、一種のベアリングとして巨石を滑らせる、というものだ。だが、この石のボールはストーンヘンジ周辺では見つかっていない。細かい彫刻などを見ても、実用的な目的で作られたとは考えにくい。

これまでに行われた最大規模の実験は、一九九六年に、建築家のマーク・ウィットビーがテレビ番組の企画で行ったものだ。最も重い三石塔の支柱と同じ四〇トンの石をそりに乗せ、グリースを塗った木のレールの上を滑らせた。短距離だったが、それまで数百人が必要とされてきた運搬が一二〇人の力でも可能だということが証明され、大きな話題になった。

彼のチームは三石塔を完成させるところまで行った。石を立てる時には、片側がスロープになっている穴に石柱を滑り落とし、クレーン船のような、木を逆V字型に組んだ大きなテコを間に入れて、長いロープを反対側から大勢でひくという方法がとられた。これは、長らく石を立てる最も合理的な方法として紹介されてきたが（72頁図）、大きな盲点がある。

三石塔をつくった後で外側のサーセン石のリングの石柱を立てるとき、三石塔や他のサークルの石柱が邪魔になって、大きなクレーンを立てたり、長いロープをサークルの内側方向からひくことができないのだ。

上：ストーンヘンジのヴィジター・センターの展示。石がそりに乗せられ、下に丸太のコロが敷かれている。
中・下：インドネシア・ニアス島での巨石の運搬の様子。（1915年頃）

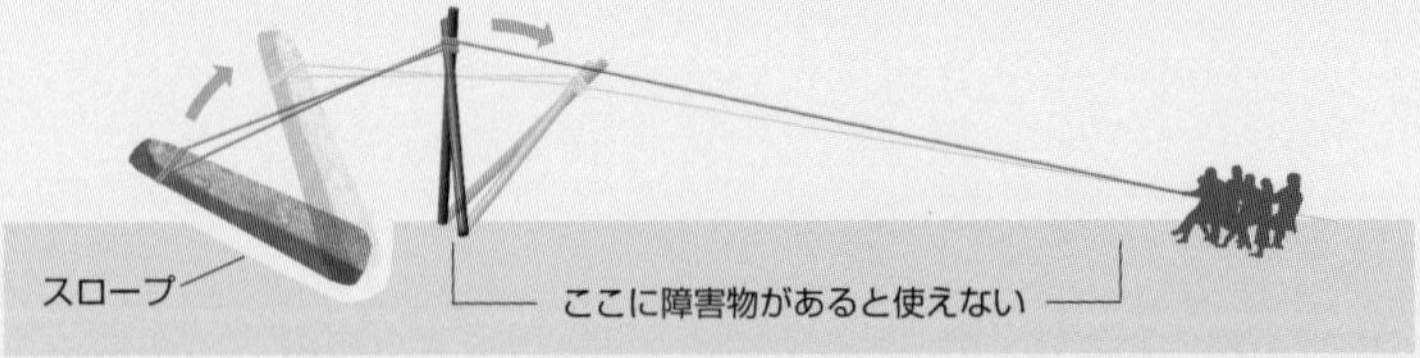

スロープのついた穴に落とし込み、反対側からテコの原理を使って長いロープで引くモデル。ロープを引くスペースが確保できないため、有効とはいえない。

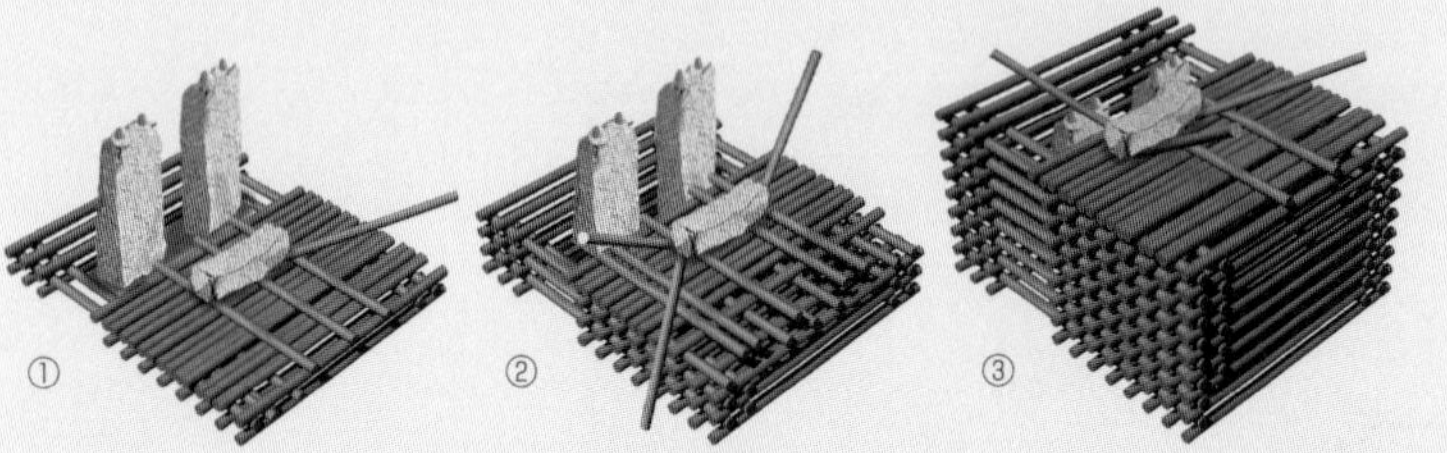

石柱にリンテルを乗せる方法の模式図。①石柱の周りに足場を組み、リンテルをテコで持ち上げて丸太をかませていき、②足場を上げていく。③リンテルを石柱の高さに合わせて乗せる。

では、作業を反対方向から、サークルの外側から引く形にすればよいかというと、サークルと三石塔の間に充分なスペースがないため、内側から石柱を穴に落とすことができない。サーセン石の下部の穴の多くが発掘調査されてきたが、石を斜めに滑り落としたスロープがついているものは約半数だった。穴に落とし込んだ石柱も、反対側から長いロープで引くのではなく、石と地面の間に木材を少しずつかませて立てていくなど、複数の方法がとられたと考えられている。

石柱の上にリンテルを乗せる方法については、石をテコで浮かしながら、下に丸太を入れて、すのこを重ねるようにして持ち上げる方法、石柱の上までスロープをつくってリンテルを引き上げる方法などが提案されてきた。ただし、後者は石をスロープで引き上げるにも反対側から長いロープでテコの力を使う必要があり、やはり作業面積の問題がある。

いずれにしても、サーセン石の建造は大変な労力と命にかかわる危険をともなう作業だっただろう。そして、穴の深さを調節し、石柱を立てた後で上部を削って、ほぞとほぞ穴の間隔を正確に合わせる、緻密さを要する仕事だったのだ。

第二章

ストーンヘンジを見る目の歴史

英雄物語の中のストーンヘンジ

ストーンヘンジは世界に類を見ないユニークな遺跡だが、初めて歴史文献に登場するのは一二世紀と比較的遅かった。紀元前四世紀後半にブリテン島を訪れ、北方のオークニー諸島まで巡ったと言われているギリシアの地理学者ピュテアスは何か書き残していたかもしれないが、元の書物は失われていて、後代の学者によって引用されている部分にはそれらしいものはない。紀元前一世紀半ばにブリテン島に侵攻し、五世紀初頭まで南部を統治した古代ローマの記録にも出てこない。現在確認されている限り、最古の記述は、一一三〇年、ヘンリー・オブ・ハンティンドンによって書かれた英国史の中の次の一節と考えられている。

「ストーンヘンジ——そこでは驚くほど大きな岩が扉のような形に立てられていて、あたかも扉の上に扉があるように見える。これほど大きな岩をどのようにして立てたのか、なぜその場所につくられたのか、誰ひとり知る者はいない」

「扉の上に扉」というのが独特な表現だが、三石塔越しに他の三石塔を見て、門の形の石組みが二重に重なって見える様子を表しているのかもしれない。ストーンヘンジは Stanenges と書かれていて、これは中世の写本などにも共通する表記のようだ。石組みが扉のように見えるから、古いサクソン人の言葉で石を表す stan とちょうつがいを意味する heneg、もしくは絞首台を意味する hengen がくっついた言葉だという説がある。当時のサクソン人の絞首台は二本柱で、形が似ていると思ったのではないかということだが、はっきりしない。いずれにしてもサクソン人がこの名をつける前、この地に住んでいたブリトン人がどう呼んでいたかはわかっていない。

「何もわからない」というヘンリーの記述の簡潔さは、歴史家として誠実な態度だったかもしれないが、数年後に発表された、ジェフリー・オブ・モンマスによる『ブリタニア列王史』はそうではなかった。ストーンヘンジは壮大な物語の舞台装置として登場する。

ジェフリーによれば、ストーンヘンジはかつてブリテン諸島に住んでいた巨人が、アフリカからアイルランドのキララウス山（実在しない伝説の山）に、傷などを癒やす水浴び場として使うために運んだものだった。これを、ブリトン人の伝説的英雄であるアーサー王の伯父にあたるアンブロシウス・アウレリアヌスが、サクソン人に殺された同胞を弔うために、有名な魔法使いマーリンの力で運ばせたというのだ。

1440年の写本『the Scala Mundi』に描かれたストーンヘンジ。三石塔が4組描かれている。この時代には4組残っていたのかもしれない。

ローマが撤退した後の五世紀頃の混乱期の話だ。ブリトン人は他民族との抗争のため、アングル、サクソンなどゲルマン人の傭兵《ようへい》を招き入れるが、彼らに領地を奪われていく。ジェフリーによれば、サクソン人の首領ヘンギストの奸計《かんけい》により、ブリトン人の族長たちとの和平の会合は殺戮《さつりく》の場となり、百数十人ものブリトン人が命を奪われたという。

この後、大陸で流浪の身となっていた王位継承者アウレリウス・アンブロシウスが帰還し、残ったブリトン人諸部族を束ねてヘンギストの軍勢を討伐する。王位についたアンブロシウスは、多くの同胞が命を落としたエイムズベリー近くの平原に巨人の石の環「巨人たちの輪舞」を運ばせ、これを慰霊の碑とした、というストーリーだ。

アンブロシウスの弟でありアーサー王の父ペンドラゴンは一五万もの兵を率いてキラウス山に赴き、石の環を運ぼうとするが、あまりに巨大でどうにもならない。それを見ていたマーリンが「特別な装置を使って」、こともなく現在の場所まで運び、組み立て直したと書かれている（写真30）。

この話はジェフリーの創作とされていて、アーサー王伝説の原型になった民間伝承の中にもストーンヘンジが登場するものは確認されていない。だが、このドラマチックな逸話はとても魅力的だったので、影響力は大きく、ブリトン人の王アーサー、魔法使いマーリンとストーンヘンジの物語は以後さまざまな書物でくり返し紹介されていくだけでなく、近現代になってもその影響が残り続ける。

高まる古代世界への興味

ルネサンスの波がイギリスにも到達すると、古代への視線は大きく変わっていく。ブリテン島南部がローマに支配される以前の世界は、長らく漠然としたものだった。それが、タキトゥスやカエサル、プリニウスなどのローマ時代の文献が紹介されると、具体的なイメージとして蘇り、知識層の間で関心が高まっていく。ブリトン人を束ねてローマ軍と戦ったイケニ族の女王ブーディカの物語や、ブリトン人社会の祭司ドルイドたちの存在は大きな興味をもって迎えられた。

ストーンヘンジも一六世紀後半くらいからイギリス古代の名所として広く知られるようになり、訪れる人の数も増えていく。最初に個人的な旅の記録としてストーンヘンジについて書いたのは外国人だった。フランドルの画家ルーカス・デ・ヒーレは一五七三〜七五年にイギリスに滞在し、イギリスを紹介する本を執筆、その中にストーンヘンジも絵入りで登場する（写真31）。

彼の絵は水彩による素朴なものだが、中世の写本に比べれば格段にリアルな姿を伝えている。その場で実物を見ながら描かれた、ストーンヘンジ初の全体像の絵だった。周囲の堀と土手も、そして、支柱の上部のほぞもしっかりと描かれている。ジェフリーによる逸話も紹介しつつ、どのくらいの大きな岩があるのか、広さはどれくらいなのか、具体的に記録されている。

彼は古代のブリトン人戦士の姿も描いているが、全裸で全身に刺青をした、当時の社会でイメージされる「原始的な野蛮人」の姿となっている（写真32）。ブリテン島で全裸で暮らしたらさぞ寒かろうと思うが、ローマ人が入ってくる前のブリテン島は「未開の野蛮人の国」だったと考えられていて、それはヨーロッパ人が新大陸で遭遇した先住民たちと重なるようにイメージされたのだ。

彼をはじめ、多くの者が現地に訪れ、語るようになると、この遺跡を物語の中のセットのようなものではなく、リアルに存在するものとして把握しようとする傾向が生まれてきた。

そもそもどういう石でつくられているのか。こんな大きな石をどこかから切り出し、いくつも運んで建てたなどということがあるだろうか――。こうした疑問から、サーセン石はコンクリートのような人工の石なのだという考えをもつ者も少なくなかった。ほぞの存在はこれが「型」を使ってつくられた証拠なのだと。著名な歴史家ウィリアム・カムデンも、『ブリタニア』（一五八六年）の中でストーンヘンジを挿し絵入りで紹介しつつ、ローマで石灰岩を砕いた粉を主体にした一種のコンクリートが建造物に使われたことにふれ、こうした人造石仮説を補強するような態度を示している（写真33）。

作ったのはローマ人かサクソン人かデーン人か

一七世紀に入ると、ストーンヘンジの建造者とその年代に関して、新たな議論が始まる。ローマ人はストーンヘンジはもとより、ブリテン島にたくさんある巨石モニュメントについて一切何も語っていないし、アングロ・サクソンの七王国時代（五世紀初頭〜八二五年）の史料にも登場しない。このことがストーンヘンジの建造者と作成年代に関する議論を紛糾させた。

ブリトン人が造ったものだとしても、ジェフリーが書いたようにローマが去った後の時代のものでなく、もっと古い時代のものではないか、いや、ローマに戦いを挑んで破れたブーディカの墓なのだなど、ブリトン人説にもバリエーションが生まれる。いつ、誰が作った、何のための施設なのか——ストーンヘンジは伝説の王たちの物語の世界から、考察すべき学術的テーマとなっていく。そんな中、初めて測量を含む現地調査が行われた。

イングランド国王ジェームズ一世は、国内の古い遺物に関心が深く、ストーンヘンジの学術的調査が必要と考え、王室と関係が深かった建築家イニゴー・ジョーンズにこれを依頼した。ジョーンズは弟子のジョン・ウェッブらと測量し、石柱の下を掘って、どれだけ深く石が埋まっているかなども調査した。彼自身はその結果を形にすることなく死去したが、ウェッブはこれをまとめ、一六五五年に『ストーンヘンジと呼ばれるグレートブリテン島で最も有名な古代の遺物』を、ジョーンズの著作として発表した。

これはストーンヘンジの初めての調査報告書であり、ひとつの先史時代の建築物だけをテーマにし

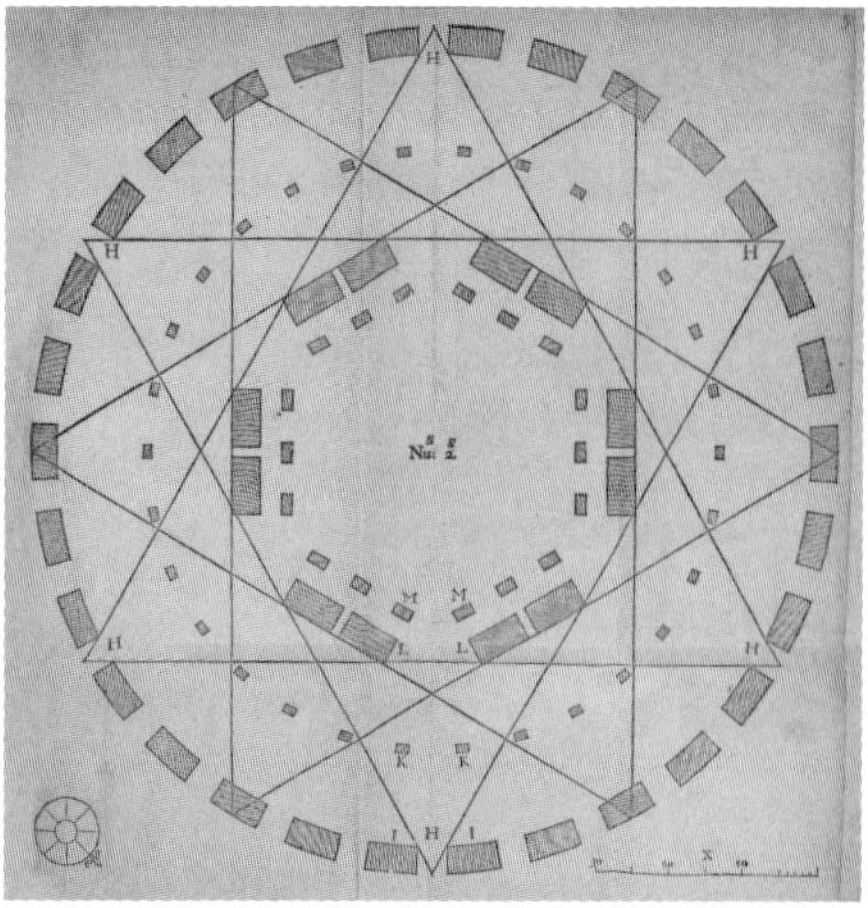

『ストーンヘンジと呼ばれるグレートブリテン島で最も有名な古代の遺物』に掲載されたイニゴー・ジョーンズの肖像（左）と、彼の考えたストーンヘンジの構造。（右、下）。正三角形を回転させた構造に沿って三石塔が6組配置されている。彼は測量も行っているので、現存する三石塔がこうした配置になっていないことはわかっていたはずだが、こうあるべきだと考えた。

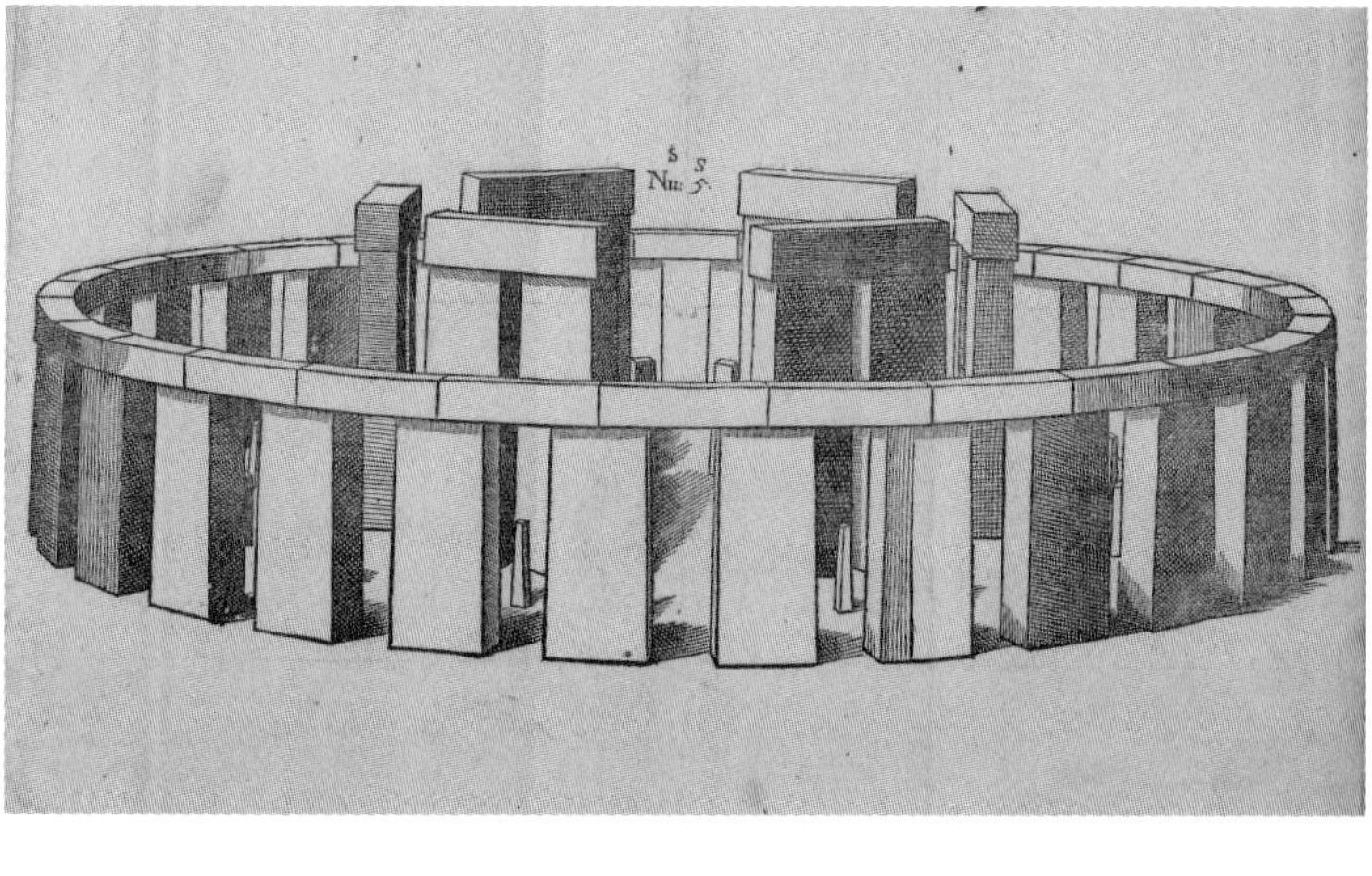

た書物としても世界初だった。彼の結論は、ストーンヘンジはブリトン人の作ったものではなく、ローマ人によるものである、というものだ。

ジョーンズは若い頃イタリアに遊学し、イタリア・ルネサンス建築の影響を強く受けていた人物だ。古典文化への傾倒が強く、必然的に権威主義的だった。古代ブリトン人は粗野で野蛮な人びとで、洞窟やテントや小屋に住んでいたような人たちがこんな緻密な構造をもった建造物を作れるはずがないのだ、と。また、彼らの祭司であったドルイドも、森の中で儀式を行っていたのだから（そうローマ時代の文献に描かれている）、壮麗な建造物とは無縁なのだと、やや侮蔑を込めた表現で述べている。彼はローマ撤退後にブリトン人が作ったという説もまったく支持できないとした。

ジョーンズ（とウェッブ）はストーンヘンジの復元図を作成した。これも初めての試みだ。完璧に円形で、全ての石が対称形に配置されていたと考え、三石塔は五組でなく六組、その内側のブルーストーンもきっちり円形に置かれていた図面が作られた。三石塔は正三角形を三〇度ずつ回転させた幾何学的構造に合わせて配置されていて、こうした形はローマの建築にも見られる構造であること、石柱とリンテルの様式はトスカーナ式の影響がある、などと指摘している。ただ、これは彼が考える、あらまほしき姿であり、失われたとされる六つ目の三石塔の痕跡を発見したわけではない。六つ目の三石塔を加えれば、完璧な対称形になるよう、他の五組の位置を意図的に調整していた。ローマ人が設計したのだから、こうあるべきなのだ、という図面だった。

この「ローマ人説」は大きな反響を呼び、建築の権威による知見として高く評価され、追随するように、近くのエイヴベリーのストーンサークル（写真12〜15）もローマによるものだと主張する者も現れたという。だが、これに反論する者も少なくなかった。ウォルター・チャールトンは、一六六三年の著書『巨人たちの輪舞、もしくは俗にストーンヘンジと呼ばれている英国における最も有名な遺跡』で、これはデーン人がつくったものなのだと主張する。彼はデンマークの考古家の著作に影響を受け、オランダに残る巨石を用いたドルメン（支石墓）はストーンヘンジととてもよく似ていると考えた。これはある意味正しい見方だったが、デーン人（ヴァイキング）がブリテン島に入ったのは九世紀なので、年代的にいささかリアリティを欠く主張だった。

また、エイレット・サムズは一六七六年の著書『描かれたブリタニアの古代』において、ジェフリーの物語に登場する「巨人」こそ、古代の地中海沿岸で海上交易で栄えたフェニキア人を示しており、アフリカとブリテン諸島を結ぶ移動は彼らにしか為《な》しえない、ブリテン島に最初に住み、ストーンヘンジを作ったのはフェニキア人で、ブリトン人は後に入ってきた人たちなのだと主張した。

ブリテン島は地中海沿岸の人たちによって拓かれたという考えは古くからあり、九世紀のネンニウスの『ブリトン人の歴史』にはトロイのブルータスがブリテン島の最初の王になったと記されていて、ジェフリー・オブ・モンマスもこの考えを採用していた。ヨーロッパの北の端に位置する島国であるブリテン島の住民は、自らの父祖も宗教も文化も、地中海沿岸地域にその起源を求めざるをえず、そこには常にコンプレックスがつきまとっていたはずだ。

だがやがて、ブリテン島は地中海文明の成果を受けとる存在なのだという考えから離れ、ブリトン人固有の文化を考えようとする傾向も強くなっていく。ストーンヘンジに関して、初めて本格的に実地調査を行った人物が現れるのも、そうした流れの中にあった。

ケルトの祭司ドルイドの神殿としてのストーンヘンジ

ジョン・オーブリーは、同時代のさまざまな著名人の短い伝記を集めた『名士小伝』の著者として知られるが、最初の考古学者とも言われる人物だ。一六六〇年代後半にストーンヘンジを詳細に実地調査し、円形の土手の内側に沿った窪み（穴）の存在に初めて気づいた人としても知られている。ストーンヘンジがアイルランドから運ばれたという物語や、型に流し込んでつくった人工の石だというような説を一蹴し、同じ種類の石がマールバラ・ダウンズに豊富にあることを初めて指摘した。自然をよく観察する、というルネサンス的精神の賜物といえる。

オーブリーは自分の姓と似た名前のエイヴベリーの巨石遺跡に強い興味をもって調査していた。たやすくストーンヘンジがエイヴベリーと同じ種類の石で作られていることに気づいたはずだ。また、そうした石のサークルは、規模は違いこそすれ、イギリス南西部に限らずウェールズやスコットランド、アイルランドにも見られるという情報を各地の領主などから得ており、ならばそうした全ての場所に居住し、モニュメントを作りえたのは、ローマ人でもデーン人でもなく、先住民であるブリトン人以外にありえないと、合理的に判断したのだった。

彼はイニゴー・ジョーンズの記録に多くの誤りがあることも指摘した。ストーンヘンジやエイヴベリーの巨石やローマ時代の遺跡を調査した結果をまとめて、『ブリタニアのモニュメント』として出版する予定だったが、実現せず、現在草稿だけが残っている。彼の炯眼《けいがん》が評価されるのは、二〇世紀に入って「オーブリーホール」が再確認されてからだ。

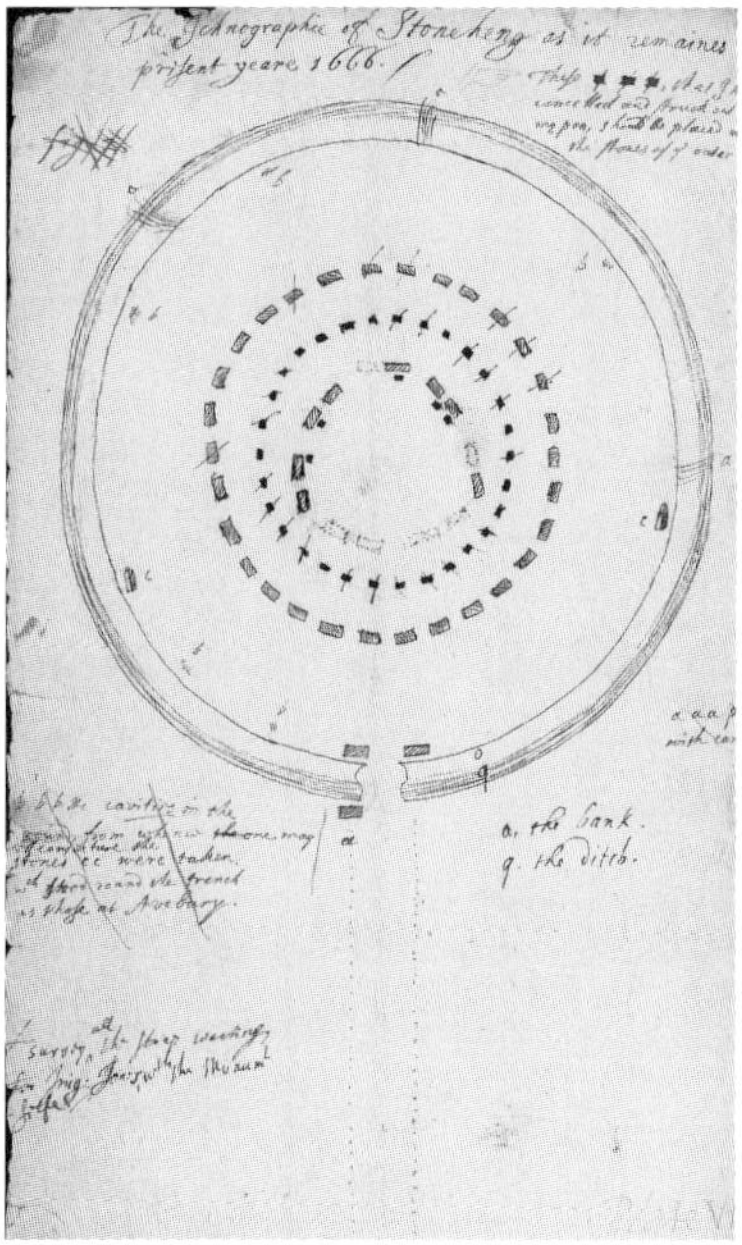

オーブリーの肖像（右）と発表されなかった彼のストーンヘンジの構造図（左）。三石塔は元は７組あったかもしれないと考えていたことがわかる。また、土手の内側数カ所にｂと書かれていて、それが窪み、穴であることが説明されているが、斜線で消されている。彼も確信がなかったのかもしれない。のちにこれがオーブリーホールと名づけられる。

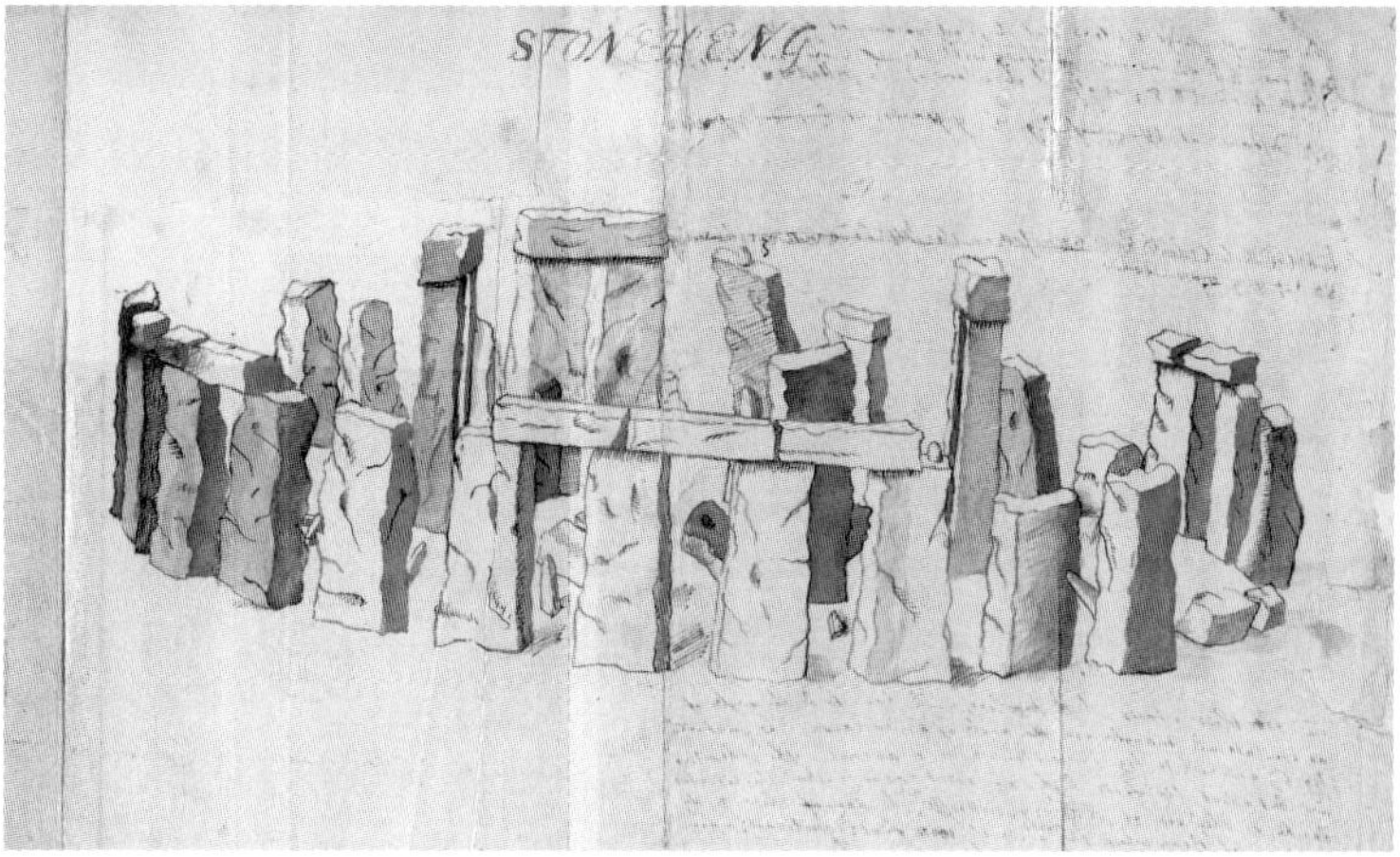

オーブリーはストーンヘンジを「ドルイドの神殿」と表現した。彼はエイヴベリーの巨石遺構が大聖堂だとしたら、ストーンヘンジは町の教会くらいのものだ、とも記している。これは単なる規模の話ではなく、ストーンヘンジを巨石文化全体のなかの一つとして位置づける姿勢を示していた。ブリテン島やアイルランドに広範囲にわたり、巨石を用いる固有の文化があったというのは、当時としてはとても新しい視点だった。そして、それはおそらくブリトン人の宗教的行事に関係するもので、歴史書に書かれているブリトン人社会で高い地位をもっていた祭司、ドルイドの施設に違いないと考えたのだ。彼自身、「この論考によって、これまで誰も考えなかったところに到達した」と記している。

「ドルイド教」の教祖

オーブリーの草稿が書かれてから半世紀後、この視点を受け継いだのが、牧師であり、医師だったウィリアム・ステュークリだった。オーブリーはブリトン人を「鬱蒼《うっそう》として暗い森。そこに暮らす人びとは、獣のように野蛮で、その皮膚だけが彼らの衣類だった」と、「未開人」の典型的なイメージで表現していたが、ステュークリの考えは違った。彼はブリトン人とドルイドは元はフェニキアから「創世記」の大洪水の直後に渡ってきた人びとであり、ドルイドの信仰は旧約聖書のアブラハムの「家父長的宗教」の流れを汲むものと考えた。

これにより、ヨーロッパの北端にあるブリテン島は一気に聖書の世界の本流部分に直結することになり、ドルイドは単なる「野蛮な異教の祭司」ではなく、キリスト教と同じ根をもつ、先駆的な宗教的指導者として解釈されるものとなった。ステュークリは英国国教会の牧師であり、彼の国教会の正

著書に描かれたステュークリの肖像。「シンドナクス」というドルイド名がつけられている。

ステュークリ『ストーンヘンジ』に収録されたドルイドの絵。

統性に対する確信、愛国心と、古代への非常に強い憧憬が、そのような飛躍を生んだのだった。

彼はこう述べている。「私の関心は……古代の真正な宗教の知識と習俗とを力の及ぶかぎり広め、知的階級の心にキリスト教の精神をよみがえらすことにある」(『ストーンヘンジ』の序より)。彼は自らもドルイドの伝統を継ぐ者と考え、自宅の庭に祭壇をつくり、彼が考える「ドルイド式の」方法で、死産した自らの子を火葬している。

こうしたやや誇大妄想的とも言っていい古代ブリトン人世界の讃美者であるステュークリだったが、遺跡の調査、考察に関してはとても客観的な多くの業績を残した。ストーンヘンジ、エイヴベリーなどの巨石遺跡で細かな測量を含め綿密なフィールドワークをくり返し、一七四〇年の『ストーンヘンジ——英

ステュークリ『ストーンヘンジ』の挿し絵。三石塔のほぞ、ほぞ穴がしっかりと描かれているが、岩の大きさはかなり誇張されている。

国のドルイドに還された神殿』、一七四三年の『エイヴベリー――英国ドルイドの神殿』などの著作でこれを発表した。遺跡の状態に関する記録は極めて詳細で、数多くの絵は一八世紀の巨石の状態を知る上で、とても貴重な資料になっている。当時は第二次囲い込みによって農村地域の景観が大きく変わっていった時代だ。農地や牧草地の大規模化のために破壊されていく巨石遺構も少なくなく、彼の絵の中でしか姿が確認できないものもある。

ステュークリはストーンヘンジの中心から見て、夏至の太陽がアヴェニューの延長線上に昇ってくることに初めて気づいた人でもあった。これは正確に設計されたものに違いない、カエサルの『ガリア戦記』には、ドルイドが星々の動きについて多くの知識をもっていた、と書かれているのだから、と彼は考えた。

彼はこのことについて天文学者エドモンド・ハレーに相談した。ハレーはストーンヘンジの建造者たちは磁場についての知識があり、遺跡の配置は当時の北磁極をきちんと特定したうえで建てられているという仮説のもと、磁極が移動する周期を勘案し、建造は「紀元前四六〇年」と考えるのが妥当、と算出している（この計算方法は現在は有効性を失っている）。

ステュークリはストーンヘンジで二〇〇〇もの測量を行っているが、そこでローマ時代の建造物であるというジョーンズ＝ウェッブの考えを否定する根拠として、ローマ建築に使われる長さの単位が使われている形跡がない、とも主張した。代わりに彼がストーンヘンジの石の配置から見いだしたのは、エジプトの尺度であるキュビットに近いもので、彼はこれをドルイド・キュビットと呼ぶ。

これについては後年、エジプト学の専門家であるフリンダーズ・ピートリーが一八七七年に実地調査を行ったが、キュビットに近いものにかぎらず、ストーンヘンジ全体の設計に用いられた尺度があるという明確な証拠は得られていない。だが、ステュークリがイメージした、「独自の単位をもつ文化」という考えは、後年のアレグザンダー・トムの「巨石ヤード」の考え（107頁）にもつながって、存続していく。天文学的知識と共通の尺度をもった広域の文明圏という考えの端緒を開いたステュークリは、その影響力を現在までとどめているのだ。

「真の宗教」を受け継ぐ者としてのドルイド

ブリトン人の宗教は忌むべき異教ではなく、キリスト教と根幹でつながっているのだ、というステュークリの宗教観は彼が独自に考案したものではなかった。ウェールズの西北端にあるアングルシー島の教区牧師ヘンリー・ローランズは、『復元された古代モナ』を一七二三年に発表し、ドルイドはノアの近しい子孫、ノアの息子のヤペテがその祖父か曽祖父であり、ドルイドは「真の宗教と慣習」

を純粋なまま伝えたのだ、と書いている。ローランズはアングルシーの外にはほとんど出たことのない人だったようだが、地元の巨石遺跡をドルイドの祭壇であったと考え、ステュークリはこの考えに大きな影響を受けていた。

モナはアングルシー島の古名だが、ローマ軍がドルイドたちを最後に追いつめ、大虐殺を行った場所としてタキトゥスの『年代記』に記されている。対岸のローマ軍勢を前にして、「ドルイドたちが、両手を天にさしのべ、身の毛がよだつような呪詛を唱えている」様子がドラマチックに描かれている。アングルシーはドルイドの抵抗の地であり、ウェールズはアングロ・サクソンに追われたブリトン人の子孫が住む国だ。自らの歴史・文化を権威づけ、民族意識を高めるものとして、「ブリトン人の祭祀の場としての巨石遺跡」を由緒ある系統の中に位置づけようとする思いがみてとれる。

18世紀に描かれた、「モナの虐殺」の絵。ドルイドの背後にはストーンヘンジの三石塔のような石組みが描かれている。

タキトゥスによるモナの侵攻の場面に「残忍な迷信的儀式のおこなわれていた聖林」と書かれているように、古典時代の記録ではドルイドは森の中で儀式を行う者として描かれていたが、ここで「巨石の祭壇」というイメージが作られ、ステュークリの著書によって拡大されていく。

また、ローランズもステュークリも少し前のエイレット・サムズの著書に少なからぬ影響を受けていた。サムズはブリトン人のドルイドはフェニキア人から地位を奪った者として描いていて、この考えについてはローランズもステュークリも継承していないが、ブリテン島の古い文化が地中海文化とつながっていること、巨石文化もその上に成り立っているという考えは、彼らの世界観を大きく広げてくれるものだったはずだ。

サムズの本は、表題の「描かれた」という言葉通り、数多くの図版に彩られていた。ブリトン人の男性、恐ろしい生贄の儀式「ウィッカーマン」（左図）、そしてとりわけ、ドルイドの姿（写真34、35）。この図像が後にあたえた影響力は絶大なものがある。ローランズの本もステュークリの本もこの本に掲載されたドルイドの姿をなぞっている。以後、フードのついたローブをまとい、長い髭をたくわえた姿はドルイドのステロタイプのひとつとして定着していき、後年、「善き魔術師」の姿とも重なっていく。偶然にもジェフリー・オブ・モンマスの物語に登場した魔術師マーリンの話とつながるのだった。

エイレット・サムズの著書に描かれた、ウィッカーマンの挿し絵。人型の、木の枝で編んだ大きな檻に生贄を入れて焼く様子。

ストーンヘンジの形に基づいた町づくり

巨石とドルイドを強く結びつけたステュークリの同時代人として、建築家のジョン・ウッド親子、特に父親があげられる。彼はバースの町を作ったと言われる伝説の王バルダッドはドルイドで、そこにはかつてアポロン(太陽神)信仰の本山があったと考えた。ブリストルの南にある巨大な巨石の複合遺跡であるスタントン・ドゥルー(写真18)はドルイドの大学の跡、ストーンヘンジは月の女神ディアーナに捧げられた神殿であるとしている。彼はドルイドの祖はペルシア戦争から逃れてきたアテネの哲人であると考え、建造されたのは紀元前一〇〇年頃としている。ウッドはストーンヘンジの石の配置を一種のカレンダーとみて、「サーセン石の支柱の数である三〇はひと月の日数」など、太陽や月の周期に合わせて解釈しようとした。これは後の、ストーンヘンジを天体観測所、カレンダーと考える傾向(110頁)を先取りしたものになっている。

ウッドはバースの町の設計の仕事を受けるが、これをかつてのドルイドの伝統に沿ったものにしようと考え、イニゴー・ジョーンズのストーンヘンジの復元図をモデルにした。ジョーンズはストーンヘンジの石の配置を完全な対称形に復元しただけでなく、石組みを取り巻く円形の囲い地にもその対称形の思想を当てはめ、出入口は均等に三つあったとしていたのだ。ジョーンズが提示した正三角形を基本にした構造は、ピタゴラス的幾何学に基づいているとウッドは考え、このモデルを元に、バースのテラスハウスを広場の周囲に円形に配置し、接続する道路が円を一二〇度ずつ均等に分割する形で三つある構造(ザ・サーカス)を設計したのだった。ドルイドはピタゴラス学派の考えを受け継いでいるという考えは、ウッドがひねり出したものではなく、ローマ時代の複数の文献の中にもあるものだった。

彼はこうした考えとストーンヘンジの調査記録を一七四七年の著作で発表するが、これに対して、ステュークリは猛然と反発している。それは彼が巨石文化を「異教の神」の施設としたからだった。

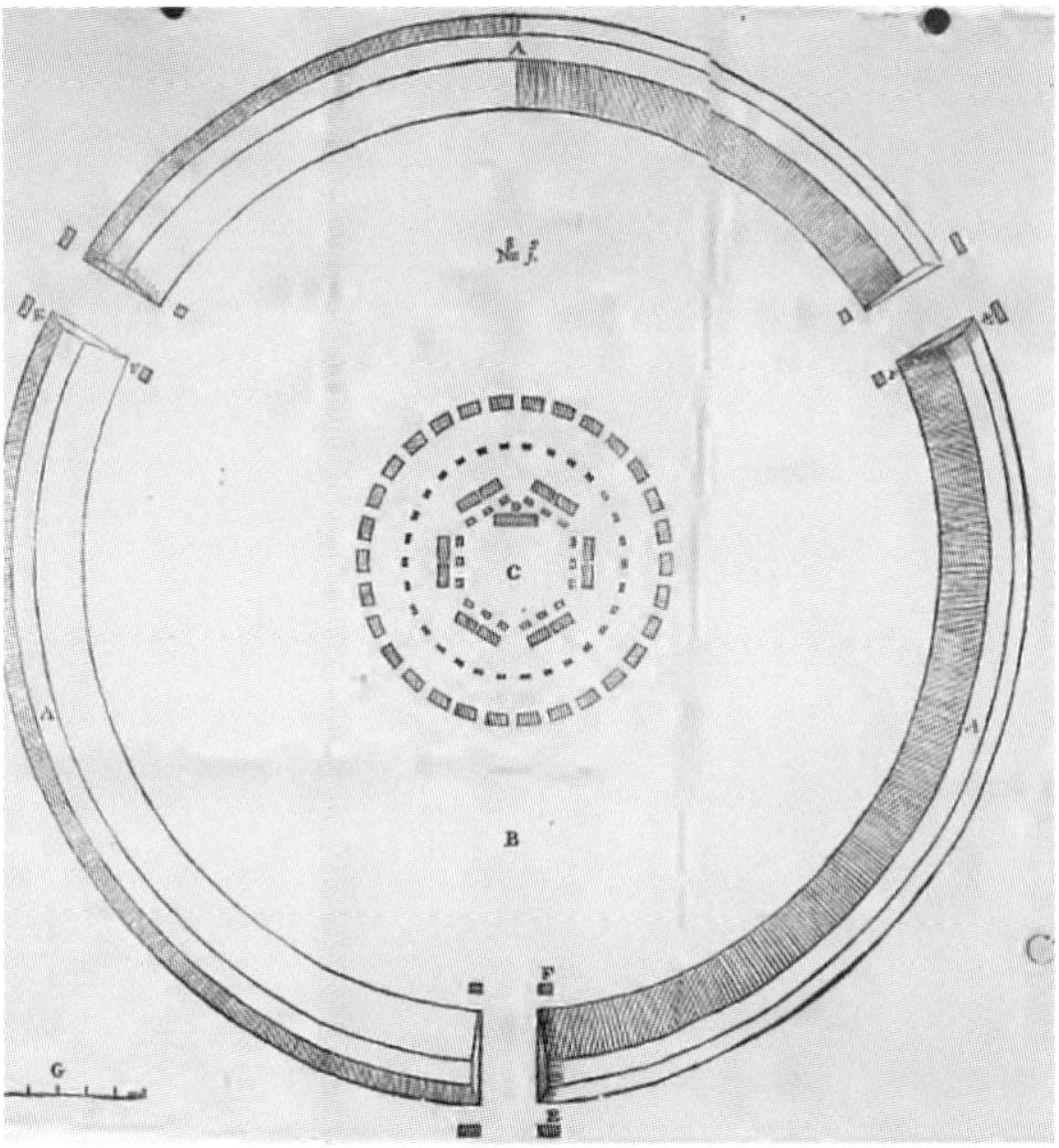

上：ジョン・ウッドが参考にしたイニゴー・ジョーンズのストーンヘンジ。円形の囲い地に3つの通路がついていたとされる図。
下：現在のバースの「サーカス」の姿。

全てはドルイドの名のもとに

ステュークリやローランズの極端なドルイド＝キリスト教観やウッドの突飛な歴史観は、ルネサンス以降のひとつの傾向を反映したものでもあった。ホッブズは『リヴァイアサン』で原始社会を「絶えず暴力的な死の恐怖と危険にさらされている。その人生は孤独で、貧しく、汚らしく、殺伐として短い」と表現したが、これは多くの知識人が共有する「未開」のイメージだった。ギリシア・ローマの文献の多くも、ケルト人やブリトン人の社会を野蛮なものとして描き、ドルイドも生贄の内臓の形で未来を占い、妖しい魔術を使う忌まわしいイメージで記述している。

だが一方、ギリシア・ローマ時代には、原始的な遠い過去に無垢な人間たちを賢者が導く「黄金の時代」があったという考えがあった。そうした「文明化されていない」世界を美化する見方の一部は、同時代の「未開社会」へも理想化したイメージを投影する。ポセイドニオスがドルイドを「最も公正な、最も有徳な者」と記し、地理学者のポンポニウス・メラがドルイドを「知恵の師」と表現するなど、深い知識をもった哲学者、知恵の師と見るものも多かった。ドルイドの思想をピタゴラスの教義を受け継ぐものと考える学者も少なくなかったのだ。こうしたイメージはフランスやイギリスでも自らの過去に強い肯定感をもたらすものとして受け入れられていく。

また、かつて無垢な牧人たちが住んでいたとされる平和な世界、ギリシアの失われた理想郷＝アルカディアへの思慕は、ルネサンス以降、イギリスの知識人たちの間で古典文化への憧れとともに共有されていた。自らの内なる原始世界は、大航海時代が発見した新世界の「未開」と共鳴しながら像を結び、そこから、ローマ以前のブリトン人の世界を、無垢で人間本来の美徳をそなえたものと見て、自分たち「文明人」の虚飾に満ちた姿を映す鏡のようにして見る態度も生まれてくる。ブリトン人はいつしか「気高き野蛮人」、彼らの精神的指導者であるドルイドは「森の賢者」というロマンティックなイメージでも扱われるようになっていく。

ホッブズと交流のあったジョン・オーブリーはブリトン人社会を「暗く、獣のように野蛮」と書いたが、晩年、ストーンヘンジの石にS字形の溝があるのを見て、「ドルイドたちがヤドリギを刈ったときに用いたこの黄金の鎌を見よ」と叫んだと言われている。彼にとっても、ドルイドはどこか神秘的な存在で、だからこそ、多くの時間を遺跡の調査と執筆に費やしたのだろう。「野蛮」は彼ら「文明人」が手に入れようとしても叶わないもので、その中には何か純粋で尊い価値があるのでは――という、一種の憧憬と喪失感はさまざまな形で近代西欧文化に織り込まれている。また、この「野蛮」は、現代人の心を解き放ってくれるものとしても作用していくのだが、ドルイドはそうしたさまざまなものを引き受けるシンボルとして共有されるようになっていったのだ。

ロマンティックなドルイド像をひとつの極端へと高め、神秘的な宗教観が融合した独特な作品世界を作り上げたのが、詩人のウィリアム・ブレイクだった。彼はステュークリの思想に大きな影響を受けており、自らをドルイドとみなし、ノアも彼の息子たちもドルイドであり、ドルイドの神殿は世界中につくられたという独自の考えを示した。ブレイクは「天のもとにあるすべての国の古代は、ユダヤのそれと同じように神聖である」としつつ、古代宗教に通底する共通の価値を見ようとしたが、やはりブリテン島は特別なものだった。「あらゆることとは、アルビオン（ブリテン島）の古代ドルイドの石の岸で始まり、そして終わる」とし、作品集『エルサレム』（一八〇四年）においては、巨大な三石塔の場面から世界の記述は始まる（写真40）。また、同作品の別の絵では、巨人による巨石モニュメントの建造の場面が描かれるが、彼らはまるで石工のようにコンパスやハンマーを持ち、さながら天地創造の神々のようだ（写真41）。背景にはステュークリが描いたエイヴベリーの遺跡の復元図（写真39）をモチーフにした、蛇の形をした巨石神殿が描かれている。

彼の次の言葉は、一八世紀のひとつの精神的傾向を端的に表している。「わたしの作品の本質は、幻視または想像であり、古代の人びとが『黄金の時代』と呼んだ世界の復活に尽くすことである」と。

彼にとってドルイドとストーンヘンジの三石塔は、ステュークリが考えたキリスト教の本質を体現するものという範疇を超えて、古代の異教の神々をも包み込む精神世界のシンボルとなったのだ。これは後に神智主義やその流れをくむ新異教主義にもつながっていく（160頁）。

愛国主義を支えるストーンヘンジ

聖歌として有名になったウィリアム・ブレイクの詩「And did those feet in ancient time」には、イエス・キリストが若き頃ブリテン島を訪れ、現在のグラストンベリーに小さな社《やしろ》を建てた、それが真のエルサレムだ、という、かねてから一部の人たちが主張していた話にふれている。これについては全て疑問形になっているため、彼がこの説を信じていたわけではないとする解釈が大勢のようだ。しかし、ブリテン島を「歴史的事実として」ヨーロッパ文化の神髄であったという考えをもつ者もいて、ドルイドや巨石モニュメントはそうした文脈の中でも利用されていった。これはイギリスが欧州の覇者としての地位を揺るぎないものにしていった時代の産物だ。

ノアの方舟はイギリスに漂着している、いや、そもそもエデンの園はブリテン島にあったのだ、というような考えをもつ人たち、さらにはデヴォン州ダートムアに残るドルメンをノアとその息子たちが石化したものだとし、近くの池を大洪水の名残だと主張する者さえ現れた。こうした一八世紀に生まれた特異な歴史観の一部は一九世紀後半からさらに極端になり、ストーンヘンジを作ったブリテン島の祖先の巨人はアトランティス人の生き残りである、といったバリエーションを生みつつ、アメリカにも伝播していく(160頁)。

ヨーロッパの周縁から一気にその牽引役となった国が、その権勢にふさわしい文化的正統性を無理にでも見つけようとするこうした試みは、同じく大陸から離れた島国である我々日本人には比較的馴染み深いものかもしれない。キリストは日本で死んだ、日ユ同祖論、あるいは日本人はムー大陸の住民の子孫であるとかいった話の構造はとてもよく似ている。

そこまで荒唐無稽ではなかったにしても、ウェールズの文芸復興運動の中にもそうした歴史の創作が大きくかかわっていた。前述したように、ウェールズは、現在でも古いブリトン人の言葉につながる言語が使われる地だ。彼らにとって、ハープを弾きながらさまざまな詩や物語を唄うバルド(吟遊詩人)の吟唱は伝統文化の象徴であり、その詩と音楽の発表会ともいえるアイステッズヴォドという催しは確認されているだけでも数百年の歴史をもっていた。ローランズやステュークリなどが生み出した「新しいドルイド像」が一種の流行現象にもなると、ウェールズにルーツをもつ人たちの間の伝

2226. - Fête Celtique à St-Brieuc, 1906
Nomination d'un nouveau Barde
1905年のゴルセッズの様子。剣と巨石という、モルガヌークの考えた通りの様式で行われている。

統復興運動の中に取り入れられていく。
　そんななか、南ウェールズの石工であったエドワード・ウィリアムズはイオロ・モルガヌークと名乗り、家系を捏造して自らを古代ドルイドの伝統を直接受け継ぐバルドだと主張、一種の「高貴な野蛮人」としてロンドンのウェールズにルーツをもつ中流階級の間で人気を集めていった。彼はローマ以前の古代ブリテンの伝統として、「ゴルセッズ」というバルドの組織があったのだとする歴史を創作、一七九二年にロンドンで「ゴルセッズ」の集会を開催した。その様式はロマンティックなドルイド像に基づくもので、「古代の習わし」として、ストーンサークルをつくり、その中央に祭壇を置き、その上には一振りの剣が置かれた。代表は「アーチ・ドルイド」と名づけられた。これらの様式や名称の全てがイオロの創作だったが、ストーンサークルを持ち出したところは確実にステュークリなどの影響をうけていた。

復興運動のなかで廃れかかっていたアイステッズヴォドも再興されるようになるが、そこでもやや芝居がかった「ドルイド的な」コスチューム（サムズの絵のような簡素なものでなく、より古典主義的で装飾性のあるものになったが）などが取り入れられるようになり、やがてイオロが考案したゴルセッズと一体化していく。巨石はドルイドに加えて、バルドという新たな登場人物を得、ストーンヘンジの三石塔の間隔が不揃いなのも、その間に大きさの違う楽器を持ったバルドが立つように設計されたからだ、というような説明すらなされるようになったという。

ドルイドのイメージの世俗化

こうして一八世紀後半、キリスト教的だったのか、または禍々《まがまが》しい異教の司祭だったのかは別として、ストーンヘンジだけでなく、巨石モニュメント全体が新しい「ドルイド文化」の文脈に組み込まれるようになった。ストーンサークルやドルメンの多くに「ドルイドの〜」という名が新たにつけられ、近くにあるパブや旅籠《はたご》の名も「ドルイドの〜」となる。ドルイドが行っていたとされる生贄の慣習についても広く共有されるようになり、さまざまな本の挿し絵などでそのイメージが再生産されていった（写真36）。

「神秘的なドルイドの神殿」としてのストーンヘンジを訪れる旅行客も格段に多くなり、お守りとして石をハンマーで割りとって帰る者も続出した。いつごろから言われ始めたのかはわからないが、ストーンヘンジの石には特別な力があり、擦ったり破片に水をかけると、それで傷を癒やすことができ

1905年のAODの集会。羊毛の付け髭をつけている。右奥には倒壊寸前の石組みを木で支えているのが見える。

るとか、石を泉に入れると、カエルなど、毒のある生き物がいなくなるといった話がまことしやかに伝わっていた。石の数は何度数えても同じにならない、数えて同じ数になると死ぬ、悪魔に出会うというような話も、外部から訪れる人が増えるとさらに誇張されて伝わっていく。巨石にまつわるこうした話の一部は長い歴史をもつ言い伝えであったかもしれないが、多くは一七世紀以降に作られたと考えられている。

『ロビンソン・クルーソー』の著者ダニエル・デフォーは一七二七年刊の『グレート・ブリテン全島旅行記』の中でストーンヘンジの石の数について書いている。パン屋が全ての石の上にパン切れをひとつずつ置いて石の数を数えようとしたが無理だった、という逸話を聞き、ばかばかしいと一笑に付している。二つに割れていたり、埋まっている岩が二カ所で頭をのぞかせていたり、どう数えたらいいか難しいだけなのだ、と。だが、これを実践する人は後を絶たなかった。

一七八一年には、The Ancient Order of Druids（AO

D）という、ドルイドの名を冠した秘密結社もできる。正義、慈善、友愛をモットーとした結社で、政治家、軍人、作家など上流階級のさまざまな分野のメンバーが参加していた。マールバラ公爵も設立に参加し、後にその家系出身のウィンストン・チャーチルもメンバーになっている。これは明らかにステュークリの著作の影響を受けてつくられた結社で、フリーメーソンや後にはロータリークラブとも関係が深かった（ステュークリもフリーメーソンのメンバーだった）。白く長いローブをまとい、羊毛の長いつけ髭をつけた「ドルイド的」とされたコスチュームでストーンヘンジで儀式を行っていて、これは一種の風物詩となっていく。後にこの組織は分裂し、分派には解散した会もあるが、ＡＯＤは現在も活動している。ＡＯＤは宗教性の薄い団体だったが、後により宗教性の強いドルイドを名乗る団体・結社も数多く出来て、ストーンヘンジの管理側と軋轢《あつれき》を起こしつつも現在に至っている。

美しく、ピクチャレスクなものとしてのストーンヘンジ

一七九七年一月三日、ストーンヘンジの三石塔の一つが音をたてて倒壊した。人が見ている前でストーンヘンジが崩れた、最初のケースだった。すぐにこれを建て直そうという声が上がるが、当時の地主であった第四代クイーンズベリー公爵ウィリアム・ダグラスによって拒否される。「このほうがよりピクチャレスクだからいいのだ」と——。

「ピクチャレスク」は一八世紀後半、イギリスに登場した新しい美的概念だった。直訳すれば、「絵画のような」という意味で、我々も「絵のように美しい景色」と言ったりするが、そんな表現はある時代以前は存在しなかった。

一七世紀後半頃から、イギリスの上流階級の子弟の間では、家庭教師や召使いを伴って、フランスからアルプスを越えてイタリアを長期間周遊する「グランドツアー」が流行っていた。彼らは高い山のない自国では想像もできなかったアルプスの峻厳な景観に強烈な印象をうけ、また、古代ギリシア・ローマの建造物を多く目にしては、崩れかけ、草木に覆われつつ、千数百年の時を経てなお立ち続ける姿を前に、往時の繁栄と文化的爛熟に思いをはせた。彼らは新旧多くの芸術作品にも接したが、ルネサンス美術とともに、新鮮な感銘をもって受け入れたもののひとつが、サルヴァトール・ローザ、クロード・ロランなどの風景画だった。

風景そのものを絵画の主題とするということはヨーロッパではそれまでほとんどなかったことで、優れた絵画とされるものは人物や歴史的場面、神話といった明確な主題をもつものがほとんどだった。そこに、一七世紀中頃から、景観を美的に観賞し、絵にするという新たな志向が生まれる。自然は無秩序で、渾沌《こんとん》とした、美の概念とはかけ離れたものとして考えられてきたし、「nature」という言葉が、物理的に存在する自然界を指すようになったのも、この頃からだという。こうした風景画の一要素として多く描かれていたのが巨大な建造物、しばしばその廃墟だった。その姿は歴史的な背景をもつものとして、見る者の想像力を刺激するだけでなく、その量感や粗い質感が画面全体にもたらす効果が大きかった。建築物だけではない、画面の前景に描かれる巨木のざらついた肌やこぶ、ねじ曲がった枝葉や根、重く暗い森といった、見る者を緊張させ、どこか畏怖の念をも抱かせる要素を含んでいたのだ。

イギリスで最初に美学を体系化したといわれるエドマンド・バークはその一七五七年の著書『崇高《すうこう》

と美の観念の起原』で、均整、対称性、調和といったものに支えられている美とは異なる美的概念である「崇高」について書いているが、それは、恐怖、驚愕、戦慄、荒々しさ、壮大さ、不完全さ、曖《あい》昧《まい》さ、暗黒、孤独、雷鳴や動物の鳴き声といったものから生まれる、としている。この考えは同時代に大きな影響を与えた。そして、それはまさに新しいタイプの風景画が含みもっていた要素でもあった。近景のサイドにしばしば大きな木などを配し、中景、遠景まで見通し良く空間の広さが表現されているといった構成美に加え、「崇高美」を含む景観が、ピクチャレスクと称され、探索されるようになったのだ。

「ピクチャレスク」の伝道師ともいえる存在が、ブリテン島各地のピクチャレスクな場所を紹介する本を出版した、牧師のウィリアム・ギルピンだった。彼はなによりも、「崇高」につながる「粗さ」を重要な要素と考え、雄大な景観の中に険しい岩山や古城や修道院の廃墟などのある情景を追い求めた。彼の本はブームといっていい熱をもって、多くの読者を獲得する。一八世紀末には有閑階級の人びとは、ギルピンが絶賛した、それまで恐ろしげな場所としか考えられていなかった湖水地方やウェールズ南部の荒涼とした岩山の連なる場所に赴き、このうえなくピクチャレスクな景観を享受した。それは「観光旅行」の始まりを告げるものでもあった。

ギルピンは古典的建造物について、「パラディオ式建築物の（中略）各部の釣り合い、装飾の適切さ、全体のシンメトリーは、極めて心地よいものである。（中略）だが、もし私たちがそれに「ピクチャレスク美」を与えたいと願うならば、（中略）それを、「なめらかな」建物から、「荒々しい」廃墟へと変えなければならないのである」（江﨑義彦訳）と書いている。ストーンヘンジの所有者の「崩れてい

ジェームズ・バリー画「コーデリアの亡骸を前に慟哭するリア王」1786～88年。遠くにストーンヘンジが「古代」の象徴もしくは死の隠喩として描かれている。

たほうがピクチャレスクなのだから、直さない」という言い方はまさにこのような考えに強い影響を受けたものだったと言えるだろう。

ギルピンはストーンヘンジにピクチャレスクな美は見いだせなかったと記している。だが、エドマンド・バークは、粗削りで粗野ともいえる岩の重なりは、「この粗雑さが、芸術や工夫といった概念を排除しているからこそ、この作品の壮大さを高めているのだ」と記し、これが「崇高」につながるものであることを示唆している。

ストーンヘンジをその建造時には素晴らしく壮麗な建物であったとし、古典文化に帰する見方はあったが、崩れて半ば重なり合う岩塊、廃墟としての姿こそが趣深いとする考えは従来なかったものだ。新しい美的感覚をもってこの遺跡を見る者が増え、それはロマン主義の盛り上がりの中へと引き継がれていく。

ワーズワースらの詩人がストーンヘンジやストーンサークルを歌い、コンスタブル、ターナーなど、ストーンヘンジを描く風景画家が多く現れ、また、詩や文芸作品に添えられた絵などにもストーンヘンジが（本来あるはずのない場所にも）、失われた古代への憧憬を込めて、または不吉な予兆を告げる影のように描かれるようになった。

ターナーのストーンヘンジの絵（写真42）は、一見、遺跡の傍らに羊の群れがいる牧歌的なものにも見えるが、見る者はすぐにそれが非常に恐ろしい、悲劇的場面だということに気づく。ストーンヘンジの中に雷が落ち、近くにいた多くの羊と牧童が倒れて息絶えている。傍らでは牧羊犬がこの恐ろしい出来事を世界に告げるように激しく吠えている。ストーンヘンジはこれら一瞬で命を落とした者たちの墓標のようでもあり、それが背負っている重厚な時間は、いかに生が脆弱なものであるかを、見せつけているようでもある。彼の絵の中のストーンヘンジは石の形がスリムでやや正確性に欠けるが、それはどこか古典的な建造物の廃墟にも見える姿をしている。この荒涼とした様子、恐ろしさ、寂寥感、そして、雷鳴や動物の鳴き声といったものすべてが、まさにバークが「崇高さ」を生み出す要素として挙げたものだった。ターナーはこの絵を「イングランドおよびウェールズのピクチャレスクな風景」の一枚として発表している。

ストーンヘンジのガイドたち

一九世紀に入るとストーンヘンジを訪れる観光客はさらに増えていく。一八四八年にソールズベリーまで鉄道が通ると、ロンドンから日帰りでも訪れることが可能になり、ピクニックに出かけたり、

1865年のストーンヘンジの近くで行われたウサギ狩り大会の様子（『イラストレイテッド・ロンドン・ニュース』より）。

すぐ近くでコンサートやクリケットの大会、ウサギ狩り大会なども開かれた。

地主の許可のもと、遺跡の警備とガイドを仕事にする者も現れた。初代はヘンリー・ブラウンという男性だった。観光客のチップと自らが描いたストーンヘンジの水彩画（彼は絵がとても上手かった）、一八二八年に自ら執筆・刊行したストーンヘンジ初のガイドブックの販売で収入を得ていた。ガイドブックの内容はといえば、ストーンヘンジは『創世記』の洪水の前に建てられたもので、近くのエイヴベリーのストーンサークルは始祖の人間アダムによってつくられ（リンゴの形をしているから）、後にドルイドによって拡張されたという、独特な考えに基づいたものだった。

独特ではあったが、まったく彼のオリジナルだったわけではない。古生物学や地質学が急速に発展し、地球と生物の歴史観が大きく変わっていった時代においてもまだ、聖書の記述と学問との整合性を求める学者は少なくなかったのだ。恐竜やアンモナイトのような見たことのない動物の化石を前にして、大洪水によって保護されることなく死滅した動物がいたのではないか、あるいは神による天地創造は二度にわけて行われ、その間にかなり長い時間があったのではないか、といった理論が古生物学、地質学の権威からも示されていたのだ。ブラウンもこうした理論に確実に影響を受けていて、ストーンヘンジが大洪水で受けたダメージの痕跡を探したりしていた。

彼は神による天地創造は紀元前四〇〇四年としていたが、これは一七世紀のアイルランドの司教ジェームズ・アッシャーが「計算」によって導き出した年だった。また、この紀元前四〇〇〇年頃という見解は、アッシャーのような聖職者だけでなく、ニュートンやケプラーなどの学者にも共通するものだった。ブラウンの時代の少し前まで「最も遠い過去」はそのくらいのものだったのだ。ちなみにアッシャーの説では、大洪水は紀元前二三四八年としていたので、偶然にもストーンヘンジが作られた実際の年代に近かったといえるかもしれない。

ブラウンは自説の展開にとても熱心で、それはコルト・ホーアなど同時代の考古学者の一部にも好意的に受けとめられていた。彼の説を展示する博物館の開設を勧める学者もいたほどだ。彼はステュークリの図面をもとにストーンヘンジの復元模型を作り、それを大英博物館で見てもらおうとロンドンまで三日かけて歩いていったが、守衛に追い返され、失意のうちに家に帰り、まもなく亡くなっている。彼の模型は現在ウィルトシャー博物館などに展示されているが、とても正確に作られている。

ヘンリー・ブラウンが亡くなった後は、彼の息子ジョセフと妹のキャロラインも父親の歴史観を継承し、ストーンヘンジを訪れる者に、それは大洪水の前に作られたもので、近くに落ちている石塊は

ヘンリー・ブラウンがつくったストーンヘンジの模型。キャビネット状になっていて、最上部に当時の姿、引き出しを開けると復元された姿が入っている。

洪水でなくなった生き物が石化したものだと説明していたという。

二代目（公的には）のガイド、ウィリアム・ジャッドの仕事ぶりはより洗練されていた。やはり無給だったが、最新技術であった写真機で訪問者たちを撮影し、料金をとっていたのだ。移動式の暗室で現像・紙焼きをして、購入者に郵送していた。

ストーンヘンジにはさまざまな有名人、政治家、王室関係の者も訪れたが、ヴィクトリア女王もお忍びで来訪した。彼はそれと知らぬまま写真を撮って郵送している。仕事は最先端の技術を使っていたが、彼が一八九三年に出したガイドブックも、遺跡はドルイドのものであるという「伝統的な」考えを踏襲していた。『ブリタニカ百科事典』でさえ、ストーンヘンジはドルイドの神殿という説を最も有力なものとして位置づけていた。ドルイドという言葉が消えるのは一八八七年の九版からで、「新石器時代」という言葉が登場するのが一九〇一年の一〇版からだったことを考えると、無理もないことだった。

COLUMN

巨石と天体の関係

ステュークリがストーンヘンジの基軸と太陽との関係に気づいて以来、石の配置と天体との関連、石の数と暦との関連がさまざまに考察されてきた。

一九六五年に刊行され、ベストセラーになった『ストーンヘンジの謎は解かれた』も天文学者によるものだった。ボストン大学教授ジェラルド・ホーキンスは、ストーンヘンジは石器時代のコンピュータであり、人びとは天体を観測し、穴に石を入れたり動かしたりしながら、日食や月食の日を計算したのだと主張した。

ホーキンスは石と穴の配置を当時最新であったコンピュータを用いてデータ化したが、オーブリーホールとサーセン石の構造を同時代のものと見なし、紀元前一五〇〇年頃を基準に考察するなど、根本的な誤りを含んでいたため、後に説得力を失っている。

古代の天文学という観点で、もうひとつ特筆すべきは同じく六〇年代に発表されたオックスフォード大学の工学教授アレグザンダー・トムによる研究だ。彼は、ブリテン諸島、さらにはヨーロッパ各地の巨石遺跡の建造には〇・八三メートルという共通の単位が用いられていると主張。これを「巨石ヤード」と呼んだ。

トムはブリテン島だけでなくブルターニュのカルナックの列石（写真73・74）など、三〇〇以上ものストーンサークル、列石、スタンディングストーンを実地調査している。サークルの軸、石の配置などは明らかに天体の運行に合わせて設計されていて、古代の天体観測所として機能していたと主張した。

「観測所」だったかどうかはともかくとして、ストーンヘンジの軸の方角だけでなく、後述するアイルランドのニューグレンジなどの羨道墳《せんどうふん》が冬至や春分・秋分といった特異な日に合わせて設計されていることからもわかるように（226頁）、彼らの世界観にとって太陽の周期がとても重要だったことは確かだ。

太陽だけでなく、巨石の時代に重視されていた可能性が高いのが、月の運行周期だ。トムはスコットランド北東部に集中する独特なスタイルのストーンサークルに注目した。サークルの中心から見て南西と南南東の間に、横長の上面を水平に保った祭壇のような大きな石（以下横石とする）を置き、その両脇に背の高い、先の尖った石を配置したものだ（写真17）。

　現在七〇以上確認されているこのタイプの多くが南側が開けた丘陵地にあり、石の高さも南の横石に向かって少しずつ高くなるようアレンジされている。多くの場合内部には火を焚いた跡、生贄もしくは死者を埋葬した跡があり、さらにサークルの中全体、あるいは横石の周囲に白い石英の破片がまかれていた。

　サークルの中心から見て横石が置かれた方角は、月の運行との関連が考えられている。地球から見た月の通り道は一八・六年の周期で変化していく。通り道の変化の幅が最も大きい年はメジャー・スタンドスティルと呼ばれる。このとき冬の満月は最も北寄りのコースを、夏の満月は最も南寄りのコースを通る。反対に約九・三年後の、月の通り道の変化幅が最も狭い年をマイナー・スタンドスティルと呼ぶ。横石の位置は、メジャー・スタンドスティルの年の、月が最も南側を移動するときの軌跡の範囲、特に満月が最も南寄りに沈む方角に合っていることが多いという。

　このタイプのサークルは月信仰に関わるもので、横石は月が「降臨」する台座だったという見方がある。ブリテン島、とくにスコットランド北部は緯度が高く、夏の満月は低い位置を横に移動する。これがメジャー・スタンドスティルの年にはちょうど横石のすぐ上に乗るように見えるのだという。ストーンサークルの研究者オーブリー・バールは、横石の周辺に撒かれた白い石英は「月のかけら」あるいは分身の意味を持たせたものではないかという。魅力的な考えだが、現地

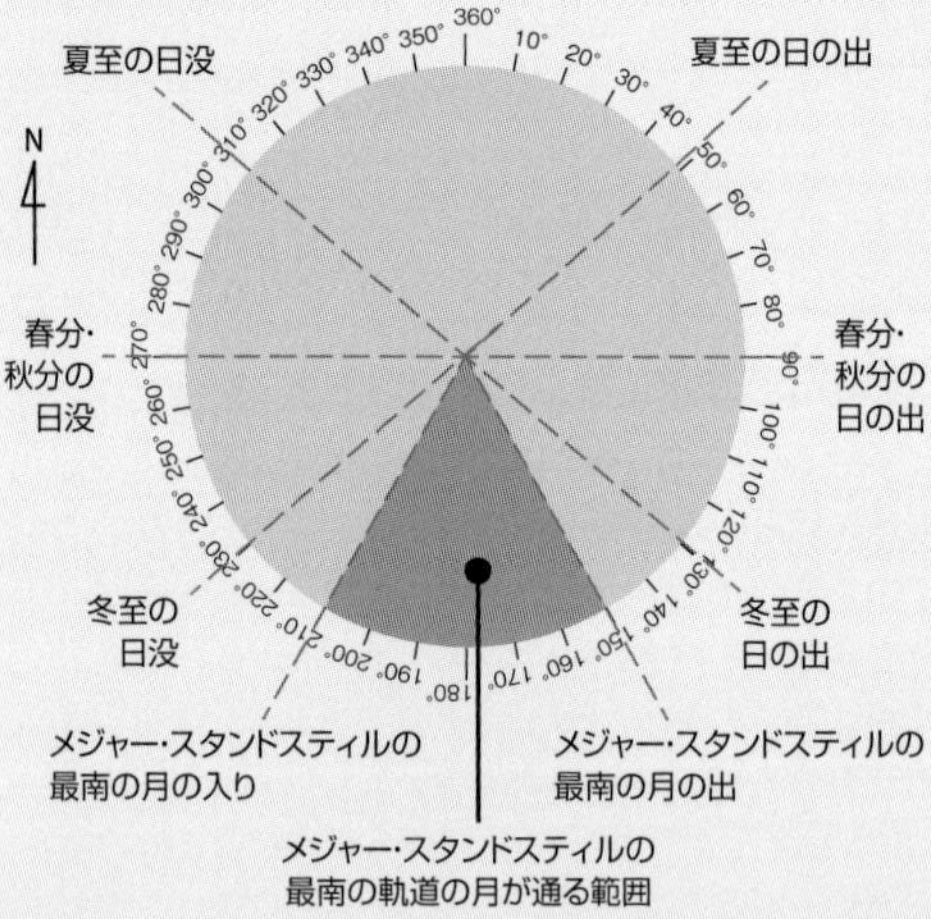

緯度によって変化するため、春分・秋分の日の出・日没以外は全て目安

で観測をした記録などは今のところ見当たらない。
横石のスタイルは、アイルランドのニューグレンジ(226頁)などに置かれた横長の石に由来するという見方もある。ニューグレンジの隣のナウスには月の形の変化を刻んだ岩絵が多く残っている(226頁)。太陽だけでなく、月の運行にも関心が深い文化がスコットランド北東部に伝わったのではないかと。

　ストーンヘンジの四つのステーションストーンを結ぶラインも、月のメジャー・スタンドスティルの特異な方角に合わせてある可能性が指摘されている(62頁)。

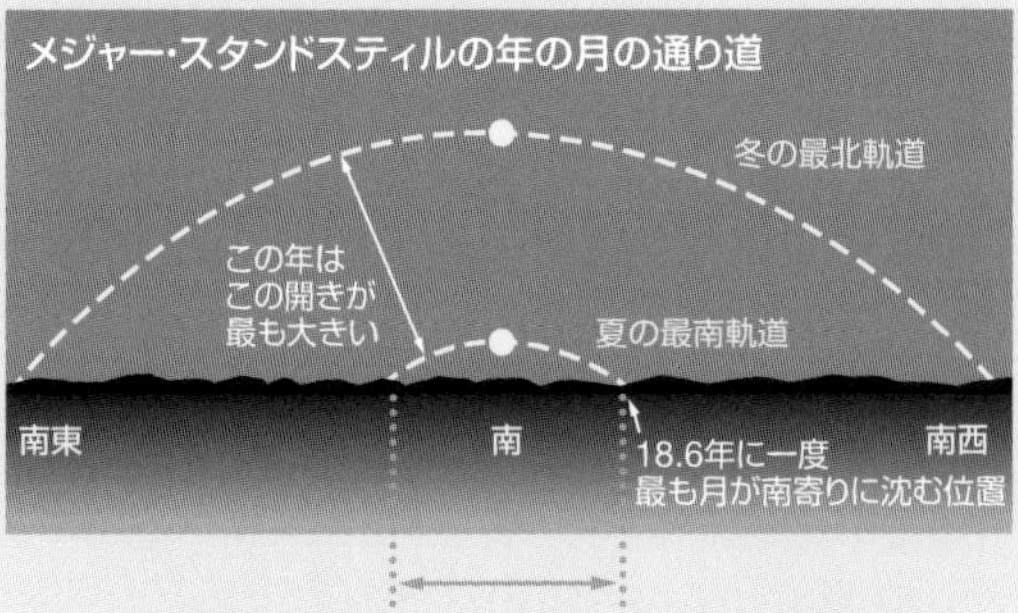

サークルの中心からみて、横石の置かれている位置は
ほぼこの範囲、特に月が最も南寄りに沈む方向に集まっている。

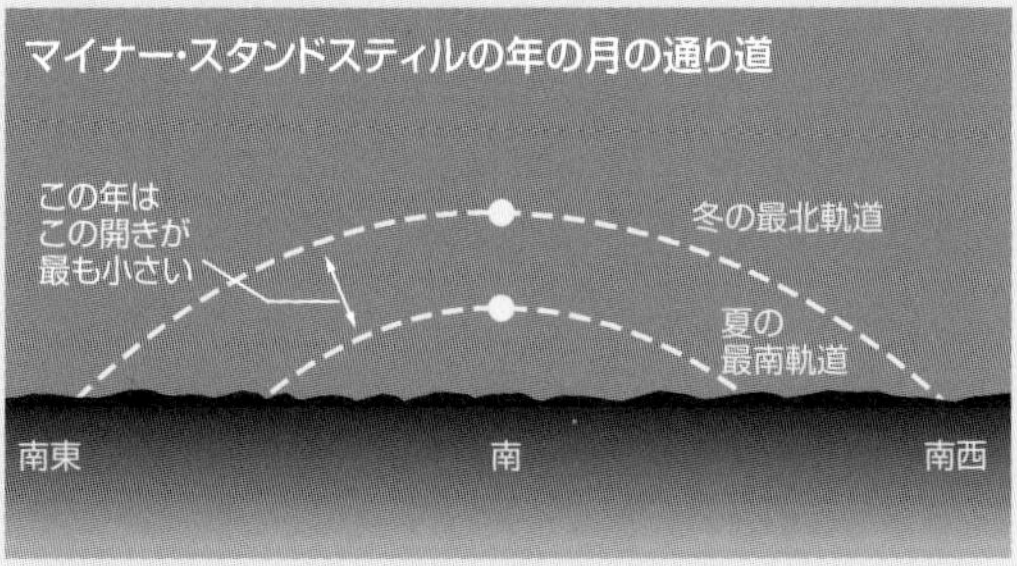

「台座」に降りる満月の想像図。サークル内で火を焚き、石を暖めることで、横長に置かれた石の上にさしかかった月がかげろうのように揺れ動く(踊る)ように作られたものだと考える人もいる。

ステーションストーンは小さく、マウンドで囲まれているものもあるため中心点がわかりやすいが、石の配置から距離や方角を考えるのはむずかしい。幅のある石のどの部分を結んだ線で考えるかによっても結果は大きく変わってくる。この分野には、あるときは石の中心を結んだ線を見、またあるときは石の側面を結んだ線を見るような恣意性《しいせい》、「求めるライン」を得るために接点を探すという転倒もままみられる。

ストーンヘンジは巨大なカレンダーである、という見方にも歴史がある。最も大きな根拠になっているのはサーセン石のリングの石柱が三〇という、現在の太陽暦の一カ月の基準になる数と一致していることだ。二〇世紀初頭に一年を二八日の一三カ月とする太陽暦改暦案を提唱したモーゼス・コッツワースは巨石の石柱を一種の日時計とみる解釈を提唱していた。確かに、ニューグレンジの入口前にも木の柱が立てられていて、影の動きを見て季節を知っていた可能性が指摘されている。ナウスの石彫には、棒を立てたように見える穴のある「カレンダー石」がある（227頁）。ただ、影を見るのであれば、幅の広い岩は不向きだろう。少なくともストーンヘンジの岩の影は複雑に重なり合うことが多く、「観測」に適しているとは考えにくい。

カレンダー論で最も新しいのは、考古学者ティモシー・ダーヴィルが二〇二二年に発表した論文で、やはりサーセン石の石柱が三〇であることに着目している。これに一二カ月をかけると三六〇、さらに五を加えると三六五という太陽暦の日数と一致するが、彼は三石塔がまさに五

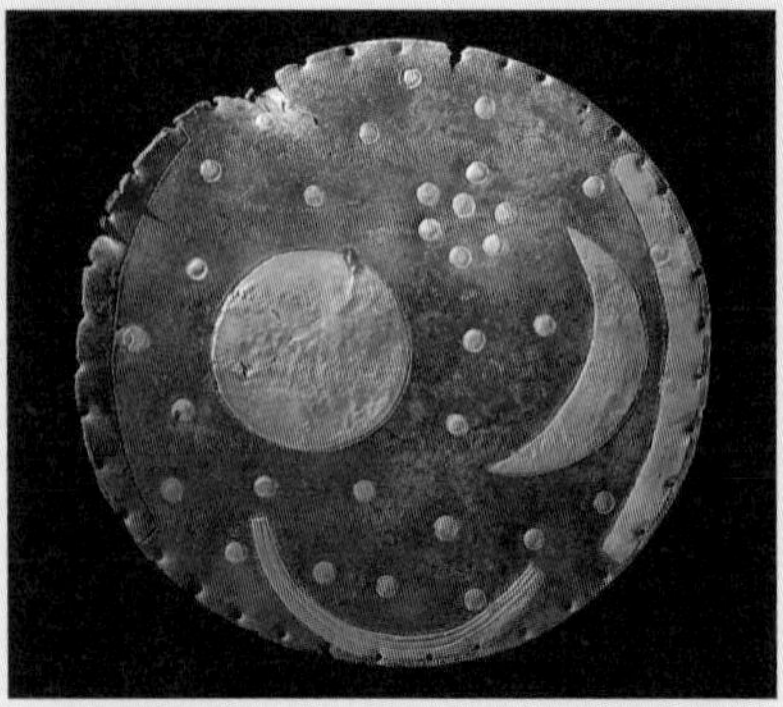

ドイツ西北部で発見された「ネブラ・スカイ・ディスク」。青銅に金が貼られている。紀元前1600年頃の初期青銅器時代のもの（より後の時代のものだという異論もある）。太陽、月、プレアデス星団などを記したもので、三日月の弧の中央に春分・秋分の日の出の方角を合わせると、隣の円弧の両端が夏至・冬至の日の出方向に合い、三日月の中央に春分・秋分の日没方向を合わせると、円弧の両端が夏至・冬至の日没方向に合うように設計されている。農耕民にとって太陽の動きがいかに重要だったか、また、特権階級と暦、天文的知識との関連を示す遺物として注目されている。

組あることを指摘する。さらに、この暦では四年に一度閏年《うるうどし》が必要になるが、ステーションストーンがこの四という数字に合致するのだと。

　彼はこの太陽暦はエジプトからもたらされた可能性が高いと主張している。ジェフリー・オブ・モンマスがストーンヘンジは元はアフリカにあったと記しているのにも根拠があるのではないかというのだ。

　ダーヴィルの論文は新聞やネットニュースサイトなどに、「ついに解明されたか」といった見出しでとりあげられた。しかし、暦の構成に必要な重要な数は遺跡の中に揃っているという彼の主張は、ストーンヘンジの中に、肝心の一二という数字を体現している石組みがないのが重大な弱点といえるだろう。

COLUMN

ヒュペルボレオイとブリテン島

　ストーンヘンジが初めて文献に登場するのは一二世紀と本章冒頭で述べたが、もっと古い記録かもしれないと言われるものがある。古代ギリシア・ローマの文献に登場する北の果ての国、ヒュペルボレオイだ。

　ヒュペルボレオイは想像上の国とされており、スキタイの国のさらに北、といった、西アジアの北方の国として説明されていることが多い。ただ、ディオドロスが、「ヘカタイオスらの記述によると」として記すものは、少し方角が異なる。「ケルト人が住む地と向かい合う北の島国」で、「シチリア島より大きく」、「アポロン（太陽神）に捧げた巨大な石囲いと円形の神殿がある」というのだ。これはフランスの対岸のブリテン島のことではないのか、「円形の神殿」はストーンヘンジのことではないかとも言われてきた。

　ヒュペルボレオイは完全に想像の産物ではなく、さまざまな北方の国に関する記述、言い伝えが混在したもので、もしかするとピュアテスのように実際にブリテン島を旅した人の記録や商人の言い伝えなども入っているのではないか、と。

　ディオドロスの記述には「月が地面のすぐ上を通る」「一九年に一度、神がこの島に降りてくる」とあ

カラニッシュの石の配置と天体現象との関連

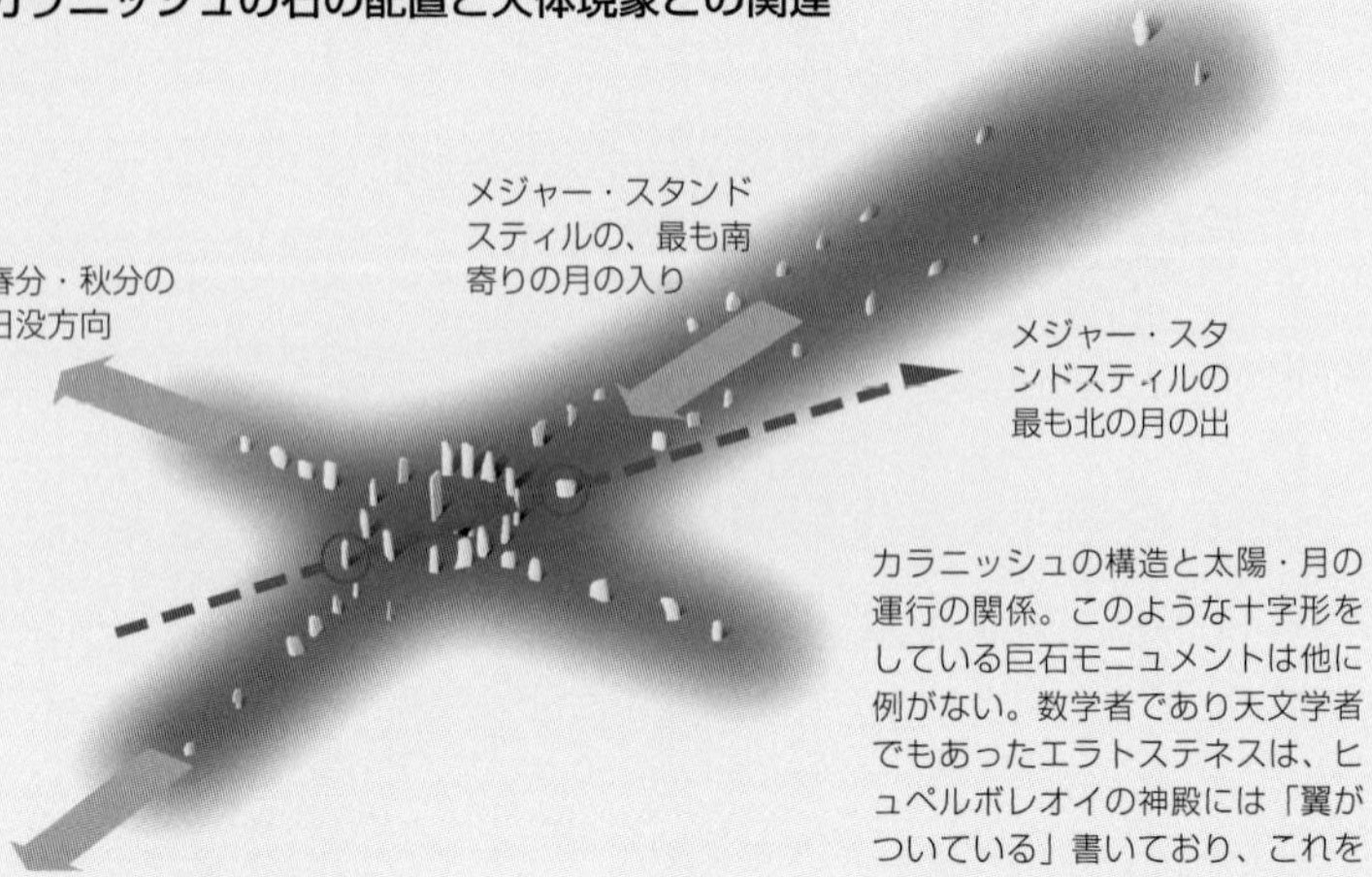

カラニッシュの構造と太陽・月の運行の関係。このような十字形をしている巨石モニュメントは他に例がない。数学者であり天文学者でもあったエラトステネスは、ヒュペルボレオイの神殿には「翼がついている」書いており、これを東西に延びた石の列のことではないかと考える者もいる。

る。ストーンヘンジのあるソールズベリー平原では月がそこまで低い位置を通ることはない。だが、スコットランド北部では、前述したように一九年に一度、夏の満月は地平線のすぐ上を移動する。もしかするとこれは、月の軌道と関連が深いスコットランド北部のストーンサークルのことではないかと考える人もいる。

その候補としてしばしば挙げられるのがアウターへブリデス諸島のルイス島にあるカラニッシュのストーンサークルだ（写真21）。このサークルは独特な形で、長い石の列のアヴェニューがあるが、ここからメジャー・スタンドスティルの年の満月を見ると、月はまさに地面すれすれを通り、一度消えた後、サークルの中に再び現れるのだという。

一九年という周期はギリシアではメトン周期の名で知られていた。この数字だけでブリテン島北部の遺跡と直結させるのは無理があるが、地理的な説明から、月の見え方など、結びつけたくなる一致点が多い。

カラニッシュには、遺跡は南方から来た巨人がつくったもので、夏至には「光り輝く者」がアヴェニューを歩いたという伝説がある。巨人、夏至、アヴェニューと、ストーンヘンジとの不思議な呼応がある。

アーサー王伝説とストーンヘンジ

12 世紀の著作により、
魔法使いマーリンが運んだものという
物語が広く知られることになる。
(→ 75 頁)

写真30▶ストーンヘンジを組み立てるマーリンの姿（12世紀の写本『ブリュ物語』の挿絵）。ジェフリー・オブ・モンマスの著作『ブリタニア列王史』の記述に基づく（75頁）。

古代へのまなざし

ルネサンス以降、
ローマ以前の社会に対する
関心が高まっていく（→ 92頁）。

写真31（左）写真32（右）▶16世紀フランドルの画家ルーカス・デ・ヒーレが描いたストーンヘンジと古代ブリトン人戦士の想像図（77頁）。

95. *BELGÆ.* 96

ſome of which are 28 foot in height, and ſeven in breadth, on which others like *Architraves* are born up, ſo that it ſeems to be a hanging pile; from whence we call it *Stonehenge*, as the ancient Hiſtorians from it's greatneſs call'd it *Gigantum Chorea*, the Giants dance. But ſeeing it cannot fully be deſcribed by words only, I have here ſubjoyn'd the Sculpture of it.

Our country-men reckon this among the wonders of the land. For it is unaccountable how ſuch ſtones ſhould come there, ſeeing all the circumjacent country want ordinary ſtones for building; and alſo by what means they were raiſed. Of theſe things I am not able ſo much to give an accurate account, as mightily to grieve that the founders of this noble monument cannot be trac'd out. Yet it is the opinion of ſome, that theſe ſtones are not natural or ſuch as are dug out of the rock, but artificial, being made of fine ſand cemented together by a glewy ſort of matter; like thoſe monuments which I have ſeen in Yorkſhire. And this is not ſo ſtrange: For do not we read in Pliny, that the ſand of *Puteoli* infuſed in water, is preſently turn'd into ſtone? and that the Ciſterns at Rome being made of ſand and ſtrong lime, are ſo tempered, that they ſeem to be real ſtone? and that ſmall pieces of marble have been ſo cemented, that ſtatues made of it have been taken for one entire piece of marble? The tradition is, that Aurelianus Ambroſius, or Uther his brother, erected it by the help of Merlin the Mathematician, to the memory of the Britains there ſlain by treachery in a conference with the Saxons. From whence Alexander Necham, a Poet of the middle age, in a poetical vein, but without any great fancy, made theſe verſes: grounding them on the Britiſh Hiſtory of *Geoffrey*.

Artificial Rocks.

Nobilis eſt lapidum ſtructura, Chorea Gigantum,
Ars experta ſuum poſſe, peregit opus.
Quod ne prodiret in lucem ſegnius, artem
Se, vireſque ſuas conſuluiſſe reor.
Hoc opus adſcribit Merlino garrula fama,
Filia figmenti fabula vana refert.
Illa congerie fertur decorata fuiſſe
Tellus, quæ mittit tot Palamedis aves.
Hinc tantum munus ſuſcepit Hibernia gaudens,
Nam virtus lapidi cuilibet ampla ſatis.
Nam reſperſus aquis magnam transfundit in illâ
Vim, queis curari ſæpius æger eget.
Uther Pendragon molem tranſvexit ad Ambri
Fines, devicto victor ab hoſte means.
O quot nobilium, quot corpora ſacra virorum,
Illic Hengiſti proditione jacent!

†

Inter-

写真33▶ウィリアム・カムデン『ブリタニア』（16世紀）のストーンヘンジの頁。石が人造石である可能性について言及している（77頁）。

写真34（左）▶エイレット・サムズ『描かれたブリタニアの古代』（1676年）収録のドルイドの姿。この絵が原型となり、以後再生産されていく（89頁）。
写真35（右）▶巨石とドルイドを結びつけたヘンリー・ローランズ『復元された古代モナ』（1723年）の挿し絵（87頁）。サムズの絵で知識の象徴として描かれた本は、ヤドリギの枝にかわっている。ヤドリギを神聖視したという記述はプリニウスなどにみられ、オークの木に生えるヤドリギを切り取る鎌がドルイドのアイテムとなっていく。

ドルイドの神殿か

ストーンヘンジはローマ時代以前の先住民
ブリトン人の祭祀ドルイドの神殿だという考えが生まれる（→84頁）。

写真36▶フランシス・グロース『イングランドとウェールズの古代』（1773～87年）の表紙に描かれたドルイドとストーンヘンジ。ドルイドは右手に鎌を持っている。

P.12. TAB.VII.
Stukeley d.
A peep into the sanctum sanctorum 6 June. 1724.

写真37▶ストーンヘンジとドルイドを結びつけ、大きな影響力をもったウィリアム・ステュークリの『ストーンヘンジ』（85頁）の挿し絵。杖を持ったドルイドが描かれるが岩の大きさはかなり誇張されている。

写真38▶1815年に出版された『ブリテン諸島の先住民の衣装』という書籍に掲載された「ブリトン人の祭典」と題された絵。チャールズ・ハミルトン・スミス画。ストーンヘンジの三石塔に蛇の絵が描かれた布がかけられているが、これはウィリアム・ステュークリの著書の影響をうけている。絵の下にある図は、ステュークリの絵（下）に基づいている。これは後にウィリアム・ブレイクの絵にも引き継がれていく。

写真39▶ウィリアム・ステュークリ『エイヴベリー』に収録されたエイヴベリーのストーンサークルと列石の姿。蛇の形を模した、蛇の神殿であるとした考えに基づいて描かれている。

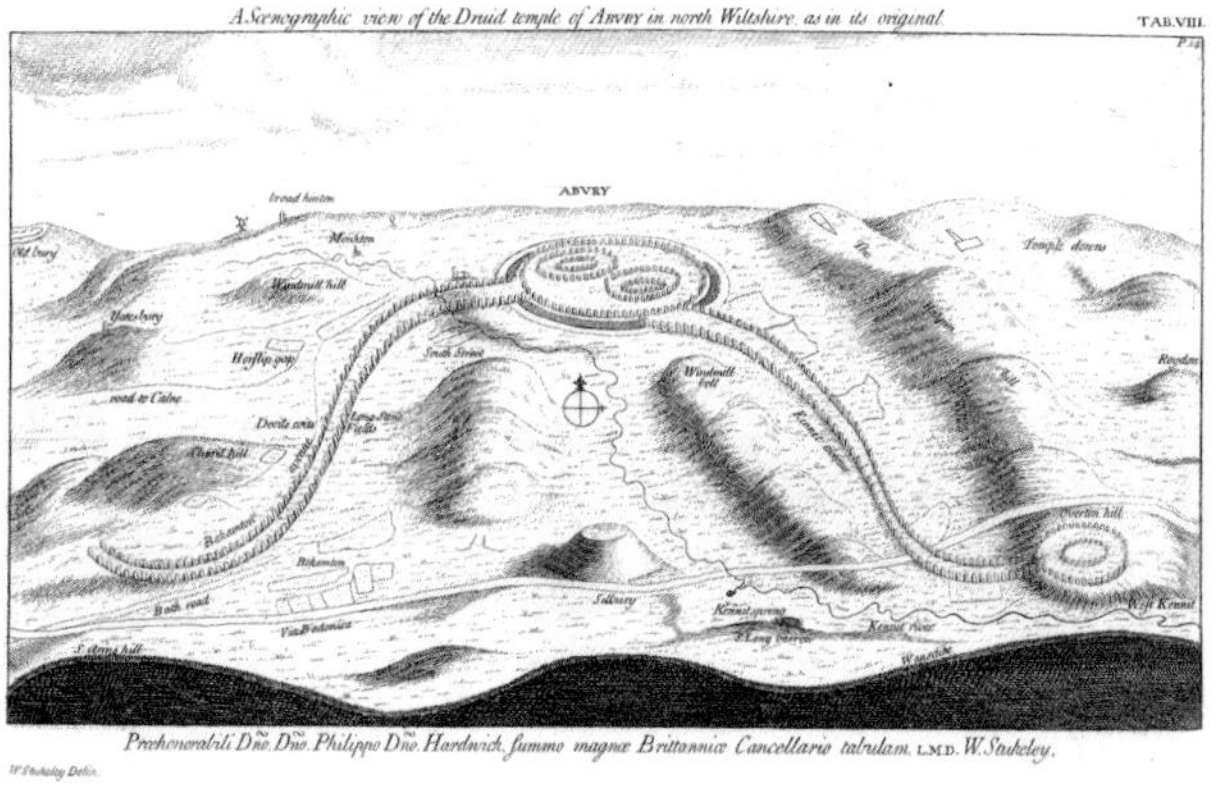

崇高でピクチャレスクな廃墟と
ロマン主義的な古代

廃墟や荒々しい岩山などを含む景観を「ピクチャレスクな」風景として楽しむことが流行すると、ストーンヘンジもまた、「観賞」の対象となっていく。

また、神秘性を帯びたモニュメントとして、ロマン主義的な文芸・芸術作品のモチーフにもなる（↓99頁）。

写真40（上）、写真41（下）▶ウィリアム・ブレイクの詩集『エルサレム』（1804年）に描かれる始原のブリテン島（アルビオン）。巨大な三石塔（上）と、建造者である巨人と巨石神殿の姿（下）。巨人はコンパスやハンマーをもち、造物主のように描かれる。神殿の形にはステュークリの「蛇の神殿」（前頁）の影響がはっきりと見てとれる（93頁）。

写真42▶ジョゼフ・マロード・ウィリアム・ターナー画「ストーンヘンジ」(水彩画、1827～28年)。連作「イングランドおよびウェールズのピクチャレスクな風景」の一枚として発表された(103頁)。

写真43▶トーマス・コール画「アルカディア」(1834年)。「帝国の辿った道」と題された連作の2作目で、牧畜に根ざした古代の平和な理想郷にはストーンヘンジの姿が描かれている(92頁)。

発掘の時代

一九世紀から、本格的な発掘の時代が始まる。古代史に関心がある有閑貴族や民間の考古家が墳墓を次々に開けていった。やがて発掘調査は近代考古学者たちの手にゆだねられていったが、初期にはまだ手法も確立されておらず、出土品の管理もずさんだった（↓130頁）。

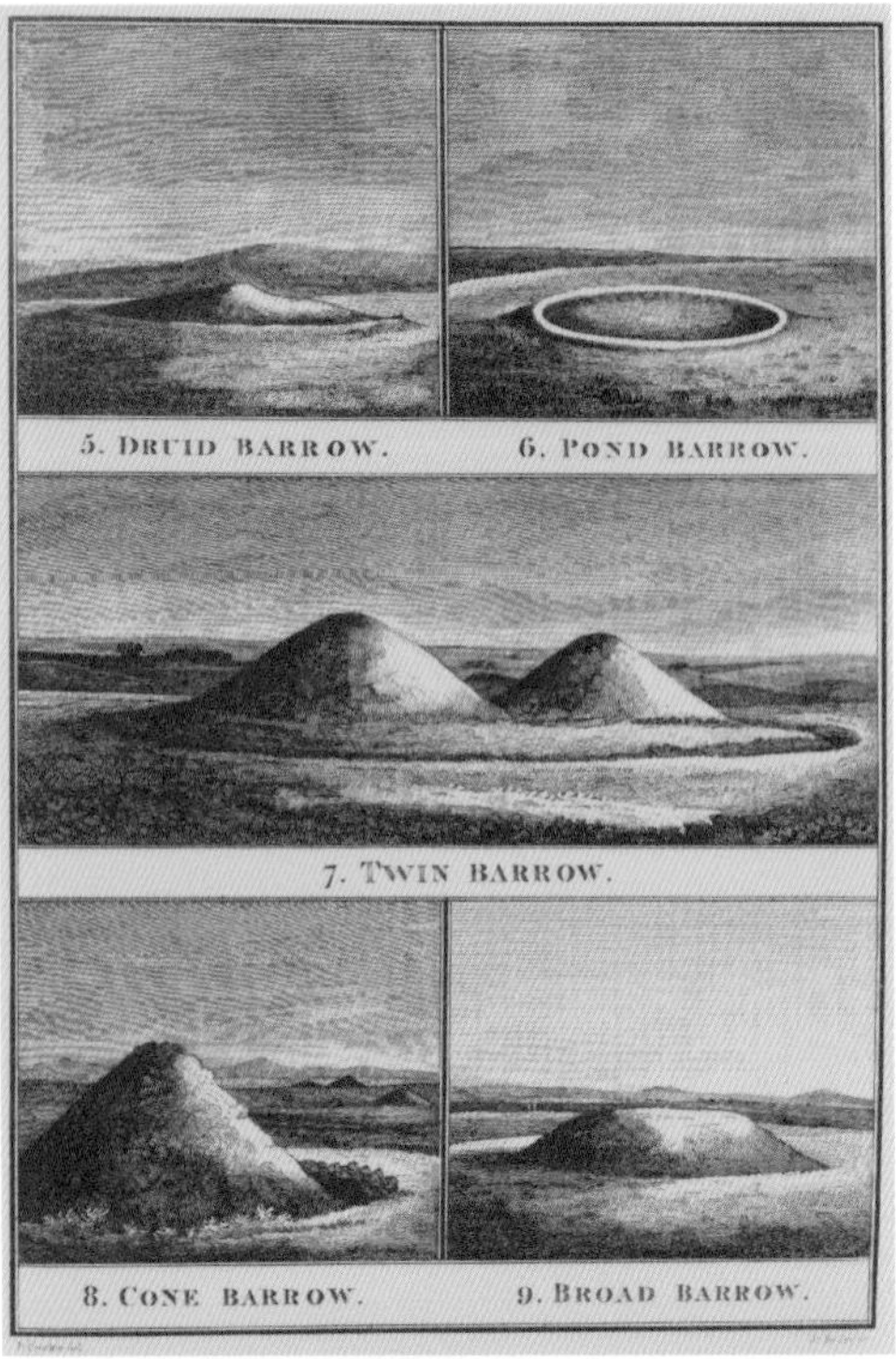

写真44▶ブリテン島のさまざまな墳墓の様式を示した絵。19世紀。ウィリアム・カニントン、リチャード・コルト・ホーアはストーンヘンジ周辺の青銅器時代の円墳を次々に発掘し、様式を分類していった。現在も使われている名称もある（131頁）。

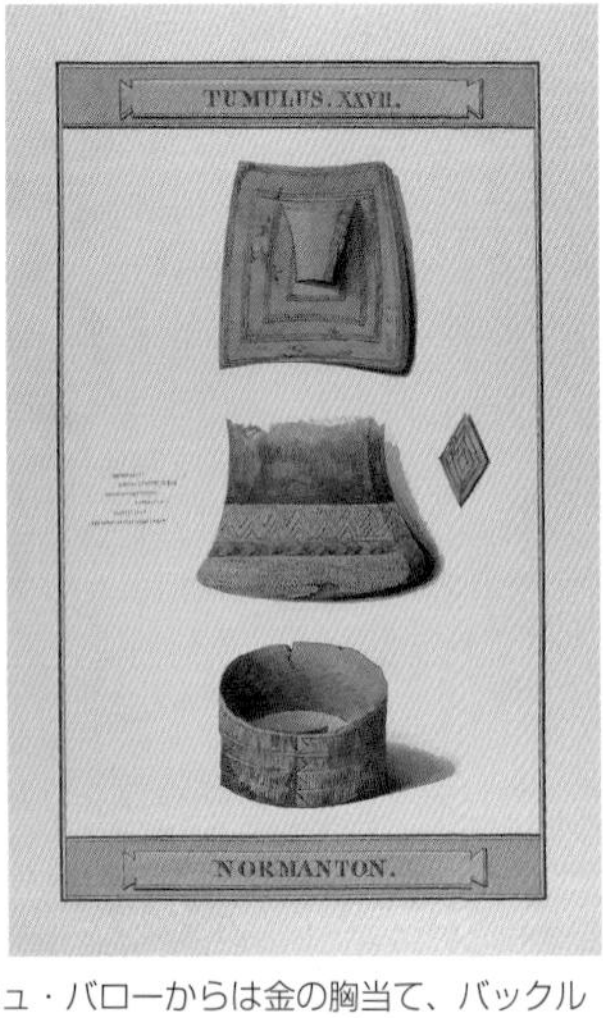

写真45（右）、写真46（左）▶カニントン、ホーアが発掘したブッシュ・バローからは金の胸当て、バックルなど、豪華な副葬品が出土した（131頁）。

写真47▶1900年、大規模な崩壊があり、翌年からウィリアム・ゴーランドによる発掘と修復が行われる。ゴーランドは冶金・鋳造の技術指導者として日本に滞在していた際、数多くの古墳を発掘していた（132頁）。

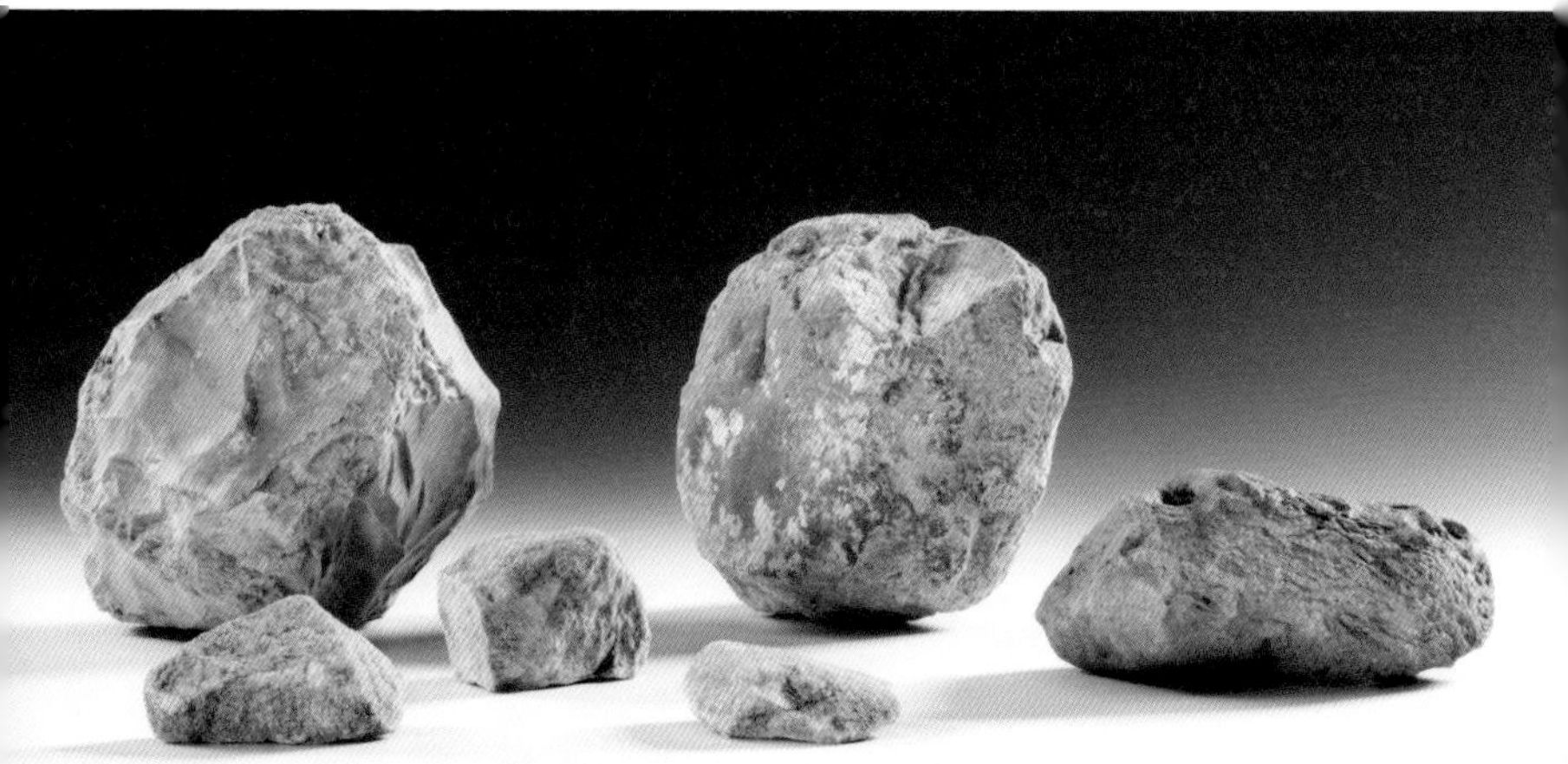

写真48▶石のハンマー。こうした石塊で石柱やリンテルの成形が行われた（133頁）。

ストーンヘンジ周辺の遺跡

ストーンヘンジ周辺には三〇〇を超える墳墓、カーサスと呼ばれる細長い囲い地、木の柱が立てられた跡や、深い穴など、狩猟採集民の時代から青銅器時代まで、さまざまな施設が作られていた（↓168頁）。

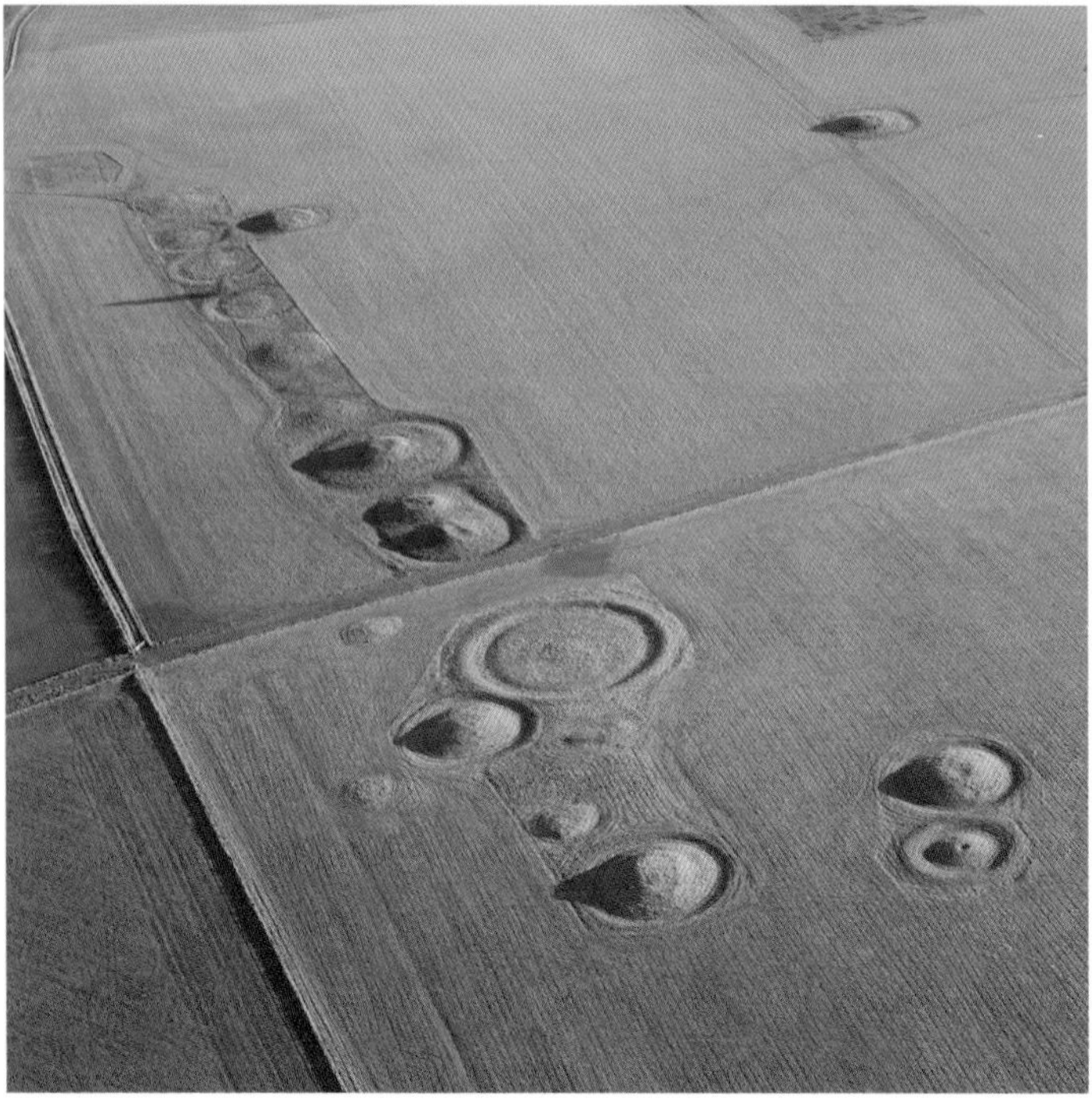

写真49▶ストーンヘンジ近くの青銅器時代の円墳群。様々な形状がある。（168頁）。

写真50▶大カーサスの絵（ウィリアム・ステュークリ画）。カーサスは新石器時代中期の細長く整地された囲い地で、その用途ははっきりとわかっていない。ストーンヘンジの北に大小二つある（176頁）。

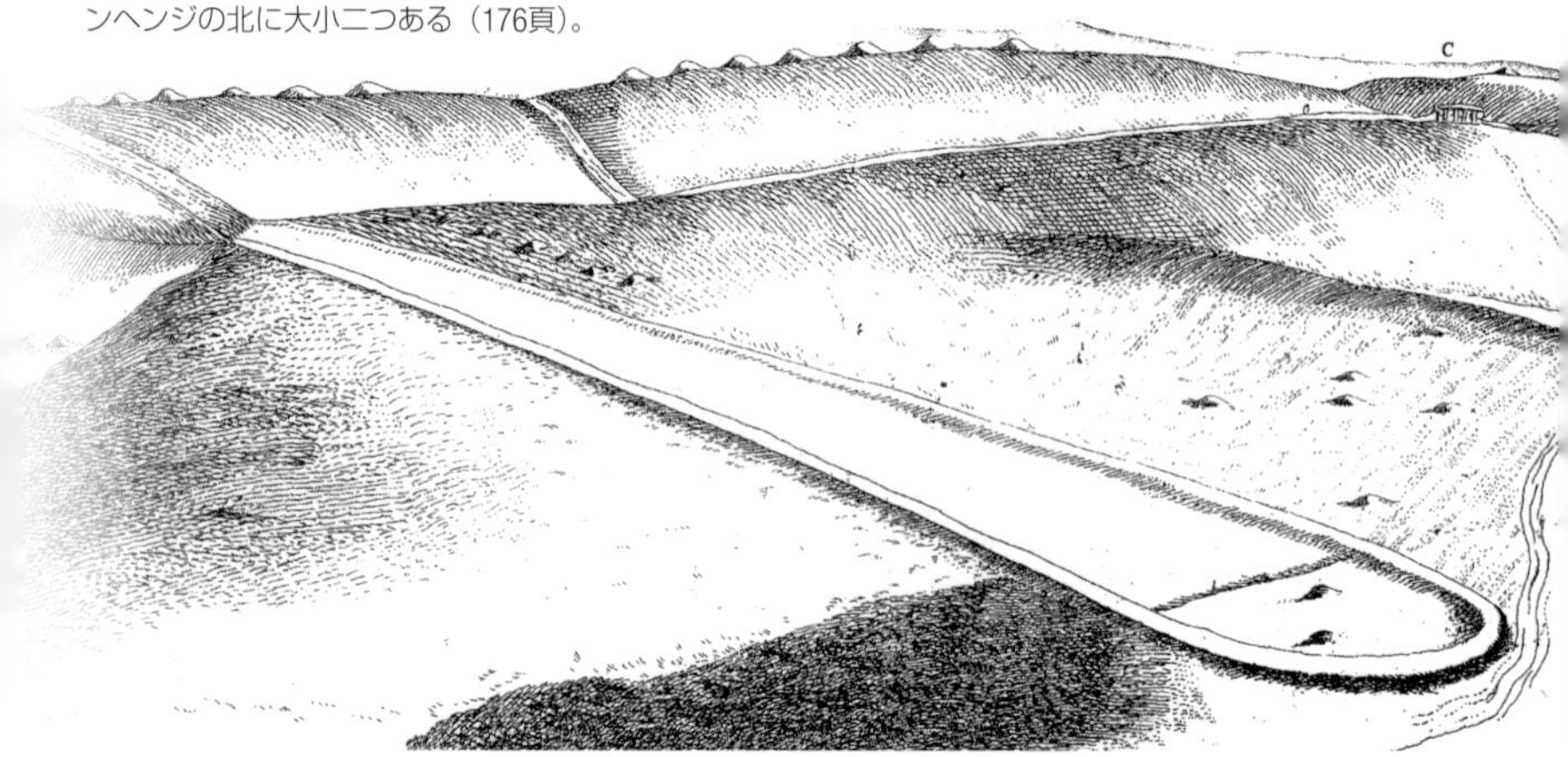

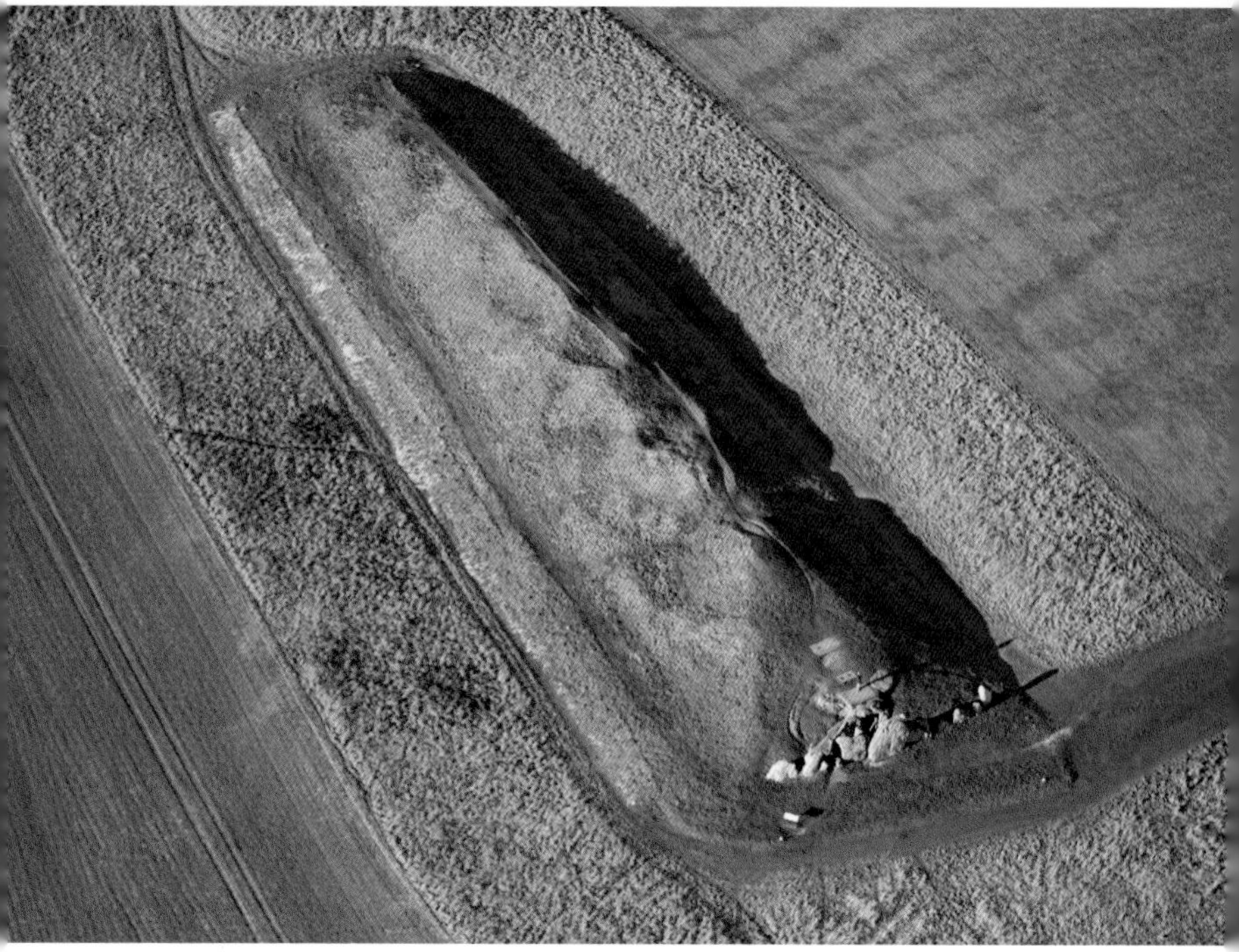
写真51▶ウエスト・ケネット・ロング・バロー。ロング・バローは巨大な細長い墳墓で、特別な家系に属する人などの埋葬地であり、祖先崇拝のための施設だったと考えられている（173頁）。

写真52▶ウエスト・ケネット・ロング・バロー正面のサーセン石の巨石。

写真53（左）▶巨大な居住地ダーリントン・ウォールズの想像図。小さな住居と二つのウッドサークル、奥には木の塀と円形の堀と土手で囲まれた建物が見える。
（右列上から）写真54、55、56▶発掘結果に基づいて復元された住居。中央に丸い炉床の炉があり、奥に飾り棚、サイドにはベッドがある。

ストーンヘンジの時代の巨大な住居跡

ストーンヘンジの北東にある
巨大な居住地ダーリントン・ウォールズは
ストーンヘンジの巨石建造と同時代のものとわかった。
ストーンヘンジは単独の施設ではなく、
複合的な施設の一部だった可能性も浮上する（→177頁）。

写真57▶ダーリントン・ウォールズでは、冬至の頃に多くの豚を屠る大規模な祝宴が開かれていたことがわかった（184頁）。

冬至に祝宴と儀式はあったのか？

夏至の日の出の方角とアヴェニューの一致から、ストーンヘンジは夏の太陽を迎える太陽崇拝の神殿というイメージが共有されてきたが、冬至が重要だったのではないかということがわかってきた。（↓184頁）

写真58▶ストーンヘンジから延びるアヴェニューはエイヴォン川につながっている。この人工の道は、自然に出来た直線道をなぞって作られた可能性がでてきた（183頁）。

写真59▶ダーリントン・ウォールズ内部にあった二つのウッドサークルのうち、南側の大きなサークルを復元したもの。木の柱の上部は横木でつながっていたかもしれない（181頁）。

写真60▶ダーリントン・ウォールズのすぐ南にあったウッドヘンジ。これも木の柱を同心円状に配置した柱の穴の跡に現在はコンクリートのポストが埋め込まれている（139頁）。

新石器時代の道具

新石器時代の主な道具は石か骨でできている。
石斧は農地を切り開く最強の道具であり、
一種の宝物として扱われていたものもある。

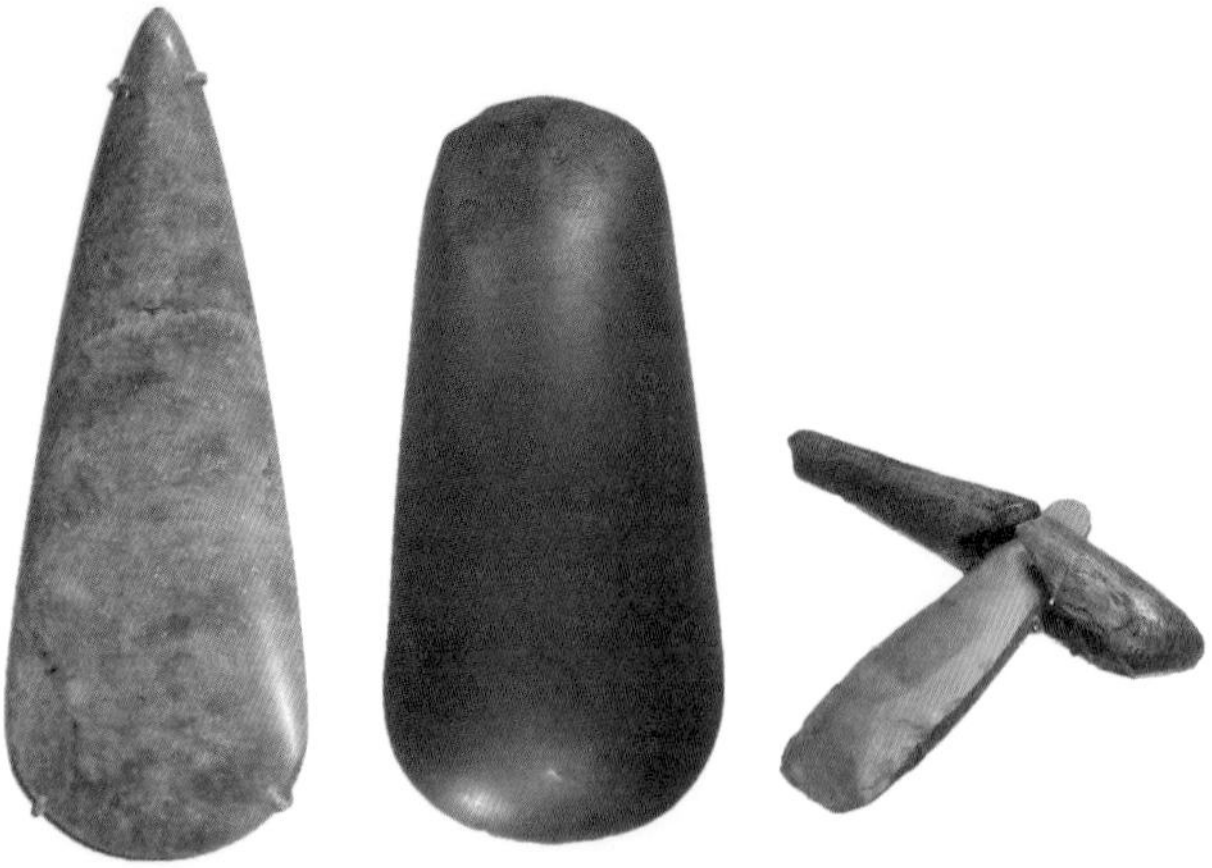

写真61▶石斧。左はイタリア北部アルプス産のヒスイ輝石で、実用目的というより、一種の宝物として仕上げられたとみられている。中央・右が湖水地方・グレート・ラングデール産、（237頁）。

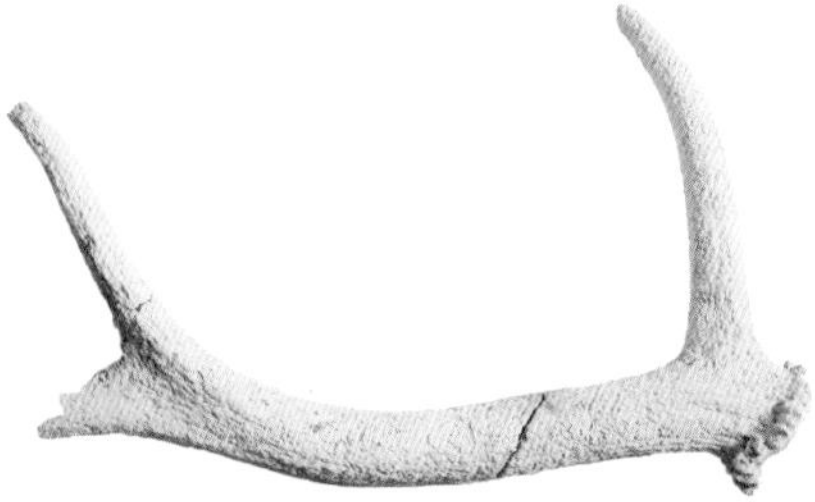

写真62（左）▶鹿の角のピック。ストーンヘンジなどの堀や土手、シルベリーヒルの築山などの土木作業はこのピックで行った。
写真63（下）▶ストーンヘンジ内部から出土したもの。フリント（燧石）の石器（左端三つ）、フリントの職杖の頭（中央）、香炉の破片（右上）。骨のピン（右下2本）（58頁）。

第三章

発掘の時代

石と青銅と鉄と

一九世紀に入ると、ストーンヘンジ周辺の考古学的調査が本格的に行われていく。その先鞭をつけたと言えるのは独学の商人だった。

ウィルトシャーで生地や羊毛を商っていたウィリアム・カニントンは、療養のため屋外で良い空気を吸うようにと医者に勧められたこともあり、商売から引退し、ストーンヘンジ周辺を調査するようになった。彼は観察眼の鋭い人物で、三石塔が倒壊した後のストーンヘンジでローマ時代の陶器の破片を見つける。彼は考えた。これは、今我々がここでピクニックをして、ガラス瓶など捨てて帰るのと同じように、ローマ時代に放置されたものが土に埋もれていたのではないかと。

古いものほど土に深く埋まり、その順番で年代の深さを知ることができるという考え方は、まださほど一般的ではなかったのだ。地質学という学問分野も拓かれて間もなかった。カニントンは最初独自で調査を始めたが、ウィルトシャーの古代史の執筆を企図していた貴族のリチャード・コルト・ホーアと出会い、彼をパトロンにして発掘調査を行った。

彼らが主に行ったのは、ストーンヘンジ周辺に集まる数多くの墳墓の発掘だ。彼らは一八〇三年から一八一〇年にかけて実に四六五もの墳墓を発掘したが、そのうち二〇〇近くがストーンヘンジ周辺の青銅器時代のものだった。彼らは掘れる墳墓は片端から掘り、発掘が済むと、「ホーアにより発掘済み」という意味の「Opened by RCH」と刻まれた金属のマーカーを埋めた。

カニントンとホーアはなによりも副葬品を期待して発掘を行っていた。埋葬者の骨はこの時代には分析や比較する方法もなく、埋め戻されていたのだ。彼らの調査による最大の成果といえるのが、一八〇八年の、ストーンヘンジの南西一キロ強の場所にあるブッシュ・バローの発掘だ。人骨と大きな菱形《ひしがた》の金の胸飾り、金のベルトバックルと呼ばれるもの、無数の金の小さなピンなどの金製品に加え、細かな彫刻のある短剣の木の束、石の職杖の頭などの副葬品が発見された（写真45、46）。この時代の副葬品としてはとびきり豪華なものだ。あきらかに、特別な地位にあった人物の墓であることがわかるものだった。

ストーンヘンジについては地主が許可しなかったため、大規模な調査が行えず、ホーアのストーンヘンジに関する記述には特に新しいものはなかった。周辺の墳墓を数多く発掘したが、直接ストーンヘンジに結びつくようなものも得られなかった。ホーアは著書のストーンヘンジの最後の部分を「なんと壮大な！　なんと素晴らしい！　なんと不可解な！」と結んでいる。

カニントンとホーアは古墳を形状別に分類した。ベル型、ボウル型、池型、ドルイド型といった名前のうち、現在も使われている名称もある（写真44）。墳墓の形状、出土する土器の形状などを分類することはできたが、それらをどう系統づければよいのかが問題だった。結局二人は発掘した墳墓が年代的にどういう新旧関係にあるのかなど、明確なアイデア

ウィリアム・カニントンの肖像。手にストーンヘンジの図版を持っている。

を得ることができなかったが、この頃から出土品の素材、特に刃物から年代の分類をすべきという考えが始まり、これは一八三六年、デンマークのクリスチャン・トムセンの石器時代、青銅器時代、鉄器時代という三時代区分法にまとめられる。石器時代は後に、打製石器と磨製石器の旧・新石器の二時代に分けられ、さらに間に中石器時代が設定された。

新たな崩壊、本格的な発掘調査

一九〇〇年に再び大きな崩壊が起こる。外側のサーセン石のサークルの22番の石が、上に乗っていたリンテルとともに倒れたのだ。最も背の高い三石塔の石柱56番も傾きが酷くなっていて、修復に一刻の猶予もならないという声に、それまで消極的だった地主（エドマンド・アントローバス四世）もしぶしぶ承知し、56番の石を真っすぐ建て直す工事が開始される（写真47）。

日本考古学の父と呼ばれるウィリアム・ゴーランド。「日本アルプス」の名をつけた人としても知られる。

修復と並行して、石が埋まっていた場所の発掘が行われることになったが、この任にあたったのが、ウィリアム・ゴーランドだった。ゴーランドは冶金《やきん》技術の専門家で、一八七二年から八八年まで、日本の造幣局や軍隊の冶金技術の顧問として明治政府に雇われていた経歴がある。彼は日本滞在時に実に四〇〇以上もの古墳を調査し、その成果は書籍として発表され高く評価されていた。彼は発掘する地面を目盛の入った矩形《くけい》の枠で分割し、深さを測る定規を使い、出土物が全体のどの位置のどの深さから出たものか座標により詳細に記録に残せる方法を考案していた。また、発掘作業の全てを間近で監督し、記録した。出てきたのはいくつかの巨大なサーセン石のボールだった（写真48）。これらはあきらかに、ストーンヘンジの建設時に石の加工に使われた道具、石のハンマーだった。

彼はストーンヘンジ内部でほとんど金属の出土がなく、建造に使用されたと見られる道具が全て石であることから、これは石器時代、もしくは青銅器時代への移行期のものだという非常に正確な見立てを行い、建造の年代を紀元前一八〇〇年頃と判断した。ここで、ローマ人、デーン人はもとより、鉄の民であったブリトン人建造の可能性がなくなったばかりか、青銅器時代を超えて、さらに遠い過去へとストーンヘンジの歴史は遡っていった。

ストーンヘンジは初めて修復工事が行われたが、この工事も完全な修復を企図したものではなく、倒れる危険性のある石には頼りない木のつっかい棒がいくつも付けられたままだった。付近は軍隊の演習場として使われていた。第一次大戦期には近くで戦車の演習や地雷の実験が行われ、ストーンヘンジはその五〇〇〇年の歴史で経験したことのない振動を受けることになる。このことは、崩落した石に新しい亀裂を生むことにもなった。

一九一五年、地主のエドマンド・アントローバス四世が死去。ストーンヘンジは競売にかけられ、これを地元の資産家セシル・チャブが六六〇〇ポンドで落札する。現在の価値で約一億円強だ。彼は妻の依頼で椅子を買いに行ったところ、ストーンヘンジが売りに出ていることを知って衝動買いしたと言われている。だが彼もこれを持て余し、三年後に国に寄付したのだった。

「わかったことはとても少ない」

ストーンヘンジは記録に残っているかぎり、九世紀のアルフレッド大王の時代からイングランド王室の所有物だった。一二世紀にソールズベリー伯爵家に下賜《かし》された後、いくつかの貴族の手に渡り、競売にかけられた後に初めて商人の所有物となり、二〇世紀に入って英国政府の所有物になった。管轄は建造物や橋、土地などの管理を行う工務局（Ministry of Works）だ。

国による調査の結果、早急な修復が必要と判断され、一九一九年から再び修復作業が始まった。まず、最も危険な状態にあった木のつっかい棒でなんとか崩壊を食い止めていたサーセン石の支柱6、7番が真っすぐに直され、基底部がコンクリートで固められる。リンテルも乗せ直された。さらに、サーセン石29番と30番、1番と2番も同じ方法で修復されたが、ここで早々に予算が尽き、崩落した部分には手をつけることなく修復は終了してしまう。イギリスは第一次大戦で大変な債務を負っており、財政も逼迫《ひっぱく》していた。日常生活と最もかけ離れた先史時代の石造物に多くの予算を割く余裕がなかったのは理解できる。また、修復の目的は危険性の除去であり、すでに倒れているものは問題なしとされたのだ。

この修復と並行して、再びゴーランドに発掘調査が依頼されるが、彼は高齢を理由に辞退し、代わりに託されたのが、元軍人のウィリアム・ホーリーだった。この発掘は一九二六年まで、実に七年の長きにわたって継続的に行われた。初年度は工務局から派遣された考古学者ロバート・S・ニューオールが助手として参加したが、残りの多くの年月は彼単独の作業だった。

ホーリーはヒールストーンの周りも発掘調査した。

ホーリーは円形の堀の発掘を広範囲に行った。彼はこの堀は人が居住した部分だと考えていたのだが、掘ってみると深さは平均してせいぜい一・二～一・三メートル、深い部分でも二・三メートル程度だった。穴居《けっきょ》とするには浅すぎる。前述した人骨や牛の骨、石器や鹿の角のかけらは数多く見つかったものの、人が生活をした痕跡は発見できず、彼を大いに落胆させることになる。

最も大きな成果は、初年度にニューオールの提案で行われた、かつてジョン・オーブリーが報告していた、堀の内側にそって円形に配置された「わずかな窪み」の調査だったかもしれない。オーブリー以降、これをきちんと調べた者はいなかったし、この時には地表からは何も見えなくなっていたが、実に二世紀半を経過して、それらが人工的に掘られた穴であることが確認されたのだ。この「窪み」の再発見はニューオールの「説得のおかげ」と、五〇年代の発掘を主導したアトキンソンは書いているので、おそらくホーリーは乗り気でなかったのだろう。ニューオールは後年、ストーンヘンジの石組みとアヴェニューの配列は多くが注目する夏至の日の出よりも、冬至の日没方向に合わせたものだろうと強く主張していたという。二一世紀初頭の調査で冬至がとても重要だったことがわかった（184頁）ことを考えると、彼の洞察力の高さが感じられる。

ホーリーは最終的に五六のオーブリーホールのうち三二を発掘したが、四つ以外の全てに火葬された骨が埋められていた。

ホーリーはこの発掘期間中七〇歳を超えており、持病もあったというが、傍らの粗末な小屋で生活し、驚くべき粘り強さで仕事を進めた。当初はストーンヘンジ全体を発掘するつもりだったようだが、さすがにこれは断念した。それでも結果的にストーンヘンジの南側半分の面積の発掘を行っている。だが、その成果はどうだったかというと、彼自身が報告書で記している言葉にも現れているように、「わかったことはとても少ない。……未来の発掘者が私よりもずっと多くの光を当てることができるだろう」という、自己評価としても低いものだった。

彼は発掘地を細長い区画に分割し、ひとつを発掘調査すると、それを全て埋め戻して次の区画を掘る、というプロセスをくり返した。一度に狭い面積しか見られないという発掘の手法も、発掘物の保管や記録の仕方も不十分で、彼が発掘したことが負の遺産であると断じる後代の学者もいる。彼が全体の半分しか掘れなかったのは幸いだった、と。

だがもちろん、七年の間に新たにわかったことも多かった。オーブリーホールの他にも、Yホール、Zホール（66頁）と名づけられた円形に配置された穴の跡があること、木の柱を立てたとみられる穴

ホーリーの発掘時の写真。オーブリーホールが白いマーキングをされている。

が他にもいくつかあることが発見された。彼はストーンヘンジは現在の姿に一気につくられたものではなく、堀と土手、オーブリーホール、主な石組みと、三つの段階を経ていると考え、囲い地とオーブリーホールは石器時代のものだが、石組みは青銅器時代のものと考えた。ストーンヘンジが段階を経てつくられたという考えはここで初めて主張された。また、ゴーランドがサーセン石を加工した石塊を発掘し、建造は石器時代のものとした後だったが、その頃はまだ石組みは青銅器時代のものと考える学者が多かったようだ。

彼は入口付近のアヴェニュー、ヒールストーンの周り、南側のステーションストーンの周りの土塁、そして、生贄の石の下も発掘している。このとき、現在横倒しになっている生贄の石がかつては立っていたものだったこともわかった。

生贄の石の下を調べたとき、彼は一本のポートワインの瓶を見つける。ラベルには「これは未来の発掘者への思いやり」と書かれていた。カニントンが一八〇二年に埋めたものだった。「がっかりさせて悪いね、もう私が調べてしまったよ。これでもやってくれ」という茶目っ気を込めたものだったのだろうが、残念ながらコルクが腐って中身はほぼなくなっていたという。カニントンも次に調査されるのが一二〇年も後になるとは思わなかったのだろう。「カニントン」の名はこの後もストーンヘンジにとって重要な意味をもつことになる。

上空から見えたもの

第一次大戦後、本格的な航空機の時代の到来にともなって、それまでは見えなかったものが上空から確認されるようになった。ストーンヘンジは近くに空軍基地があったこともあり、上を飛ぶ航空機が多かったのだ。地上では見分けられなかった僅かな痕跡が空から確認され、ストーンヘンジから延びるアヴェニューが右に大きくカーブしてエイヴォン川につながっていたことがわかった。最大の発見は、ストーンヘンジの北東約三キロ、巨大な囲い地であるダーリントン・ウォールズのすぐ南に見えた円形の影だった。

一九二五年一二月、ストーンヘンジ上空六〇〇メートルを飛んだギルバート・インサール少佐は、麦畑の中にストーンヘンジによく似た形が見えたと記録。季節が変わり、麦が芽吹くと形はさらにはっきりしていく。彼は翌年それを写真におさめた。航空考古学と呼ばれる分野の始まりを告げるものだった。写っていたのは大きなリング、そしてその中に何重もの同心円状に並ぶ丸い影だった。この場所の調査を主導したのが、考古学者のモード・カニントン。ウィリアム・カニントンの曽孫の妻だった。

こうした牧草地や畑に見える痕跡はクロップマークと呼ばれ、整地された土地の地中の土の性質・密度の違いが、上に生える草や作物の生育の度合いの違い、色の濃淡となって現れるもので、イギリス、アイルランドの考古学にとってとても重要なものになっていく。特に、ストーンヘンジ周辺のように石灰質の表土が薄い場所で深い穴が掘られ、それが土や腐った植物などの堆積物に埋まっていった部分は、他よりも作物の発育が良く、色も青々と濃くなることがあるのだ。

リング状の影は、直径約一一〇メートルの円形の囲い地の痕跡であり、外側に土手、内側に堀のある「ヘンジ」（56頁）であったことがわかった。また、その内側に見えた黒い丸の同心円は六重の楕円の円周上に並んだ穴の跡だった。穴は土の分析により木の柱が立てられていたものとわかり、土器片などから、ストーンヘンジの同時代の新石器時代のものと判断された。各穴の直径はそれぞれが属するリングによっておおまかに分かれていて、小さなものは直径二三センチ程度、大きなものが並んだリングでは八五センチにもおよぶものもあった。その全てに同時期に木の柱が立てられていたと考えるならば、一番外側の穴の楕円の内側、直径約四〇メートルほどの丸いエリアの中に一六八本もの柱が立っていたことになる（写真60）。

この遺跡はストーンヘンジの「木材版」として、ウッドヘンジと名づけられた。ストーンヘンジに似ているのは、同心円状の構造や周囲の堀や土手だけでなく、柱の穴の楕円の対称軸が夏至の日の出、冬至の日没方向と合っていることだ。

木の柱は何のためのものだったのだろう。建造物の柱としては数が多すぎる。それに、もしこれが建造物の柱で屋根を支えていたとすると、中央が空いたドーナツ形のものになるが、最も太い柱が立っていた部分が屋根の最も高い部分であったと想定すると、内側に雨が注ぎ落ちるおかしな構造になってしまう。現在は単なる木の柱か、もしくはストーンヘンジのリンテルのように、上部が接続された木のリングだったのではないかと考えられている。ストーンサークルと同時代に、木の柱を同心円

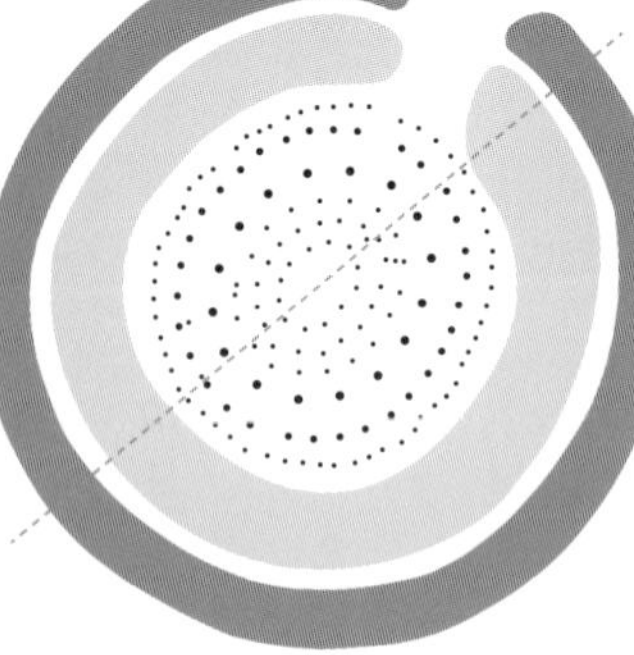

ウッドヘンジの柱の穴と土手・堀の配置。柱の穴の楕円の対称軸は、夏至の日の出・冬至の日没方向を結んだラインにほぼ一致するが、サイトの出入口はそれと少しずれている。

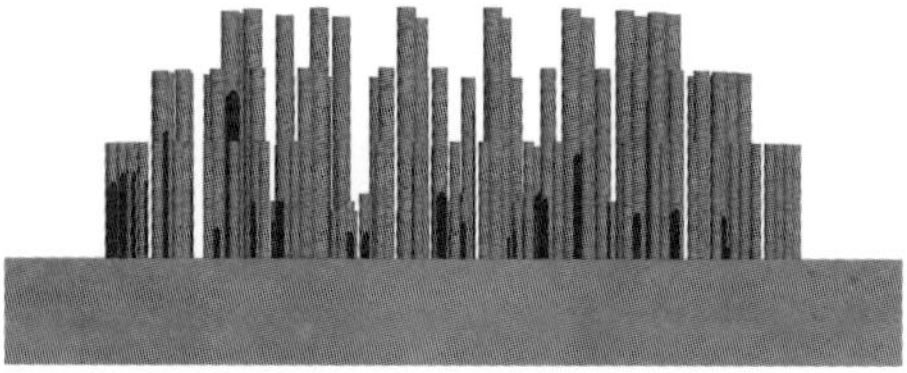

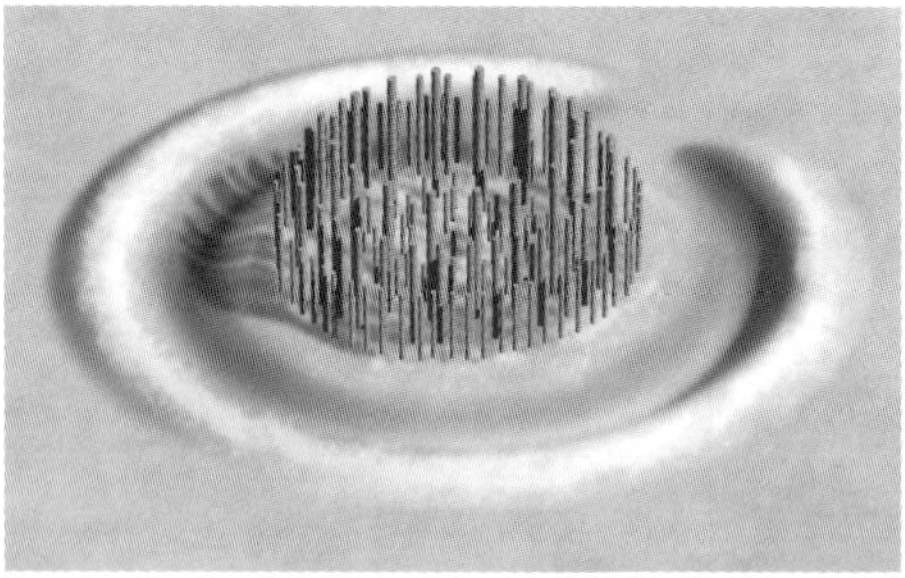

ウッドヘンジ模式図。太い柱ほど高かったと仮定すると、こういう姿だったかもしれない。また、上が横木でつながっていたかもしれない。

状に並べたモニュメントも作られていたことが初めて明らかになった。

ウッドヘンジの中心にはフリント（燧石《ひうちいし》。石器に多用された硬い石英質の石）を積み上げた小さなケアン（石積み）があり、下から三歳半ほどの子どもの骨が発見された。頭蓋骨が二つに割れていた。カニントンはこれを生贄と判断したが、骨は第二次大戦の空襲で燃えてしまったため、性別、年代、骨が生前に割られたものか埋められた後で土の重みで割れたものか、調べ直すことができなくなってしまった。ウッドヘンジ建造よりも後代のものではないかという見方が強いようだ。

モード・カニントンは後にエイヴベリーの失われたストーンサークルである「サンクチュアリ」跡の発掘など、多くの業績を残し、女性で初のウィルトシャー考古学・自然史協会の会長となった。

工務局対ドルイド団体

一九二〇年代にはもうひとつ大きな発見があった。一九二三年、岩石学者のハーバート・ヘンリー・トーマスが、ストーンヘンジのブルーストーンの薄片を観察したところ、ウェールズのプレセリ丘陵で採れる斑状のドレライトの一種であることがわかったのだ。これにより、なぜそんなに遠くから、そしてどのようにして運んだか、という新たな謎が浮上する。

二〇年代の国有化はドルイド主義者たちとの確執も生んだ。それまで地主が鷹揚に対応していたことを国が認めなくなっていったからだ。初期のＡＯＤのような、上流階級の交流や慈善行為を主目的とした結社はともかく、よりオカルティズムに傾斜した個人、団体は強硬だった。第一次大戦後はさまざまな形でのオカルティズムが盛り上がっていた時期だった。それまで地主により許可されていた自由な入場や夏至の儀式などが制限されると、激しい反発が起きた。特に、マクレガー・リードが主宰するチャーチ・オブ・ザ・ユニバーサル・ボンドは、夏至の儀式を行う権利を要求。日数も、二日、四日、八日間と、年を追うごとに倍増していく。根負けしたのか、一九二四年、工務局は彼らがストーンヘンジ内で仲間の遺灰の埋葬をすることを許可してしまう。これは当初公表されていなかったが、発覚後は考古学会からたいへんな抗議を受けることになる。彼らはオーブリーホールが発掘され、中から遺骨が出てきた際には、それには自分たちが埋葬したものが含まれていると主張したのだ。こうした事態を受け、政府は一九三二年に、遺跡内での儀式の許可を取り下げた。だが、同様の行為はその後も行われることになる（146頁）。

一九二〇年代はストーンヘンジを取り巻く環境にとっても、ひとつの大きな転機となった。周辺の土地がナショナルトラストの所有になったのだ。戦争が終わり、ストーンヘンジ南西にあった空軍基地の土地が農地所有者に返還されるが、遺跡の周りの環境を保護すべきというアピールがなされ、一九二九年、貴族、ドルイド団体、そして一般からの募金により、周辺の約六〇〇万平方メートルの土地が購入され、ナショナルトラストに寄付された。これにより飛行場と建物、カフェ、ホーリーが発掘期間中に暮らした小屋などが撤去された。北側はアヴェニュー、カーサス、ウッドヘンジ、ダーリントン・ウォールズを含む広大な土地がストーンヘンジを含む景観として保護されることになった。仮にこの募金活動が実を結ぶことなく潰《つい》え、土地が開拓され宅地などになっていたら、二一世紀における大きな発見はかなわなかったかもしれない。

放射性炭素による年代測定

ストーンヘンジは遠い昔に作られたものであることは間違いない、では、それは具体的に何年頃なのか――。聖書の記述に基づいて大洪水以前とするならば、紀元前四〇〇〇年から紀元前二四〇〇年までではないか。フェニキア人がつくったというのであれば、紀元前一二世紀から一〇世紀頃だろうか。ハレーが磁極の移動周期の仮説に基づいて算出した値は紀元前四六〇年だった。建築家のジョン・ウッドはドルイドの祖はアテネの哲人であり、建造を紀元前一〇〇年頃とした。ローマ統治時代に作られたと考えるならば、最も政治的に安定していた二、三世紀頃と考えるのが妥当だろう。ジェフリー・オブ・モンマスはサクソンとブリトン人の戦乱の期間、四八五年とした。デーン人がつくったとするならば、九世紀でなければいけない――。いずれにせよ、こうした何ら物的証拠に基づかない推察の時代を経て、議論は一気に青銅器、いや、石器時代という数千年単位の漠然とした遠い時間軸の中に放り出されていた。

そんな中、それまでまったく関心をもたれてこなかった出土品、「木炭」が重視されることになる。

第二次大戦を経て一九五〇年代に入ると、再びストーンヘンジの調査が開始される。工務局はまず、きちんと成果がまとめられたとはいえなかったウィリアム・ホーリーの調査の検証と評価を、リチャード・アトキンソン、スチュアート・ピゴット、J・F・S・ストーンの三人の考古学者に依頼した。ホーリーは一九四一年に九〇歳で亡くなっていた。

ホーリーは膨大な量の発掘物が手におえなくなり、彼が考える「重要でないもの」を、大量に埋めてしまった。また出土物もまともな保管場所を与えられず、発掘も手伝ったニューオールが砂袋で約一〇〇袋分も自宅に引き取り、あちこちに分けて寄贈したり処分したりして、最後に火葬された人骨をひとつの袋にまとめてオーブリーホールの7番に埋め戻した。こうして全てがいっしょくたになってしまい、どの骨がどの穴からどのように出たものなのか、わからなくなってしまっていた。

調査を依頼された三人は、検証には新たな発掘調査が不可欠として、一九五〇年、手始めにホーリーが掘らなかったオーブリーホール31、32番を発掘した。サーセン石、ブルーストーンのかけら、動物の骨、フリントや鹿の角、そして火葬された人骨と木炭などが出てきた。石柱や木の柱を立てた形跡は見つからなかったという。従来であれば、この中で最も価値が低いと考えられたのは木炭であった。しかしこれこそが、考古学会に大変化をもたらした新技術にとって、最大の効果が得られる物的証拠だった。

放射性炭素による年代測定は、一九四七年にシカゴ大学のウィラード・リビーによって開発された技術だった。大気中の放射性炭素14の存在比率はほぼ一定であり、植物は光合成によってこれを取り込み、食物連鎖によって動物の体内にも定着する。生物が死ぬと新たに取り込まれる炭素14はなくなるため、組織内の炭素14は放射性崩壊により一定のスピードで減っていくことになる。このため、炭素14の濃度を調べれば、その生物がいつ機能停止したかがわかる、というものだ。

この技術はその後さまざまな誤差補正技術の付加を経て、現在かなり精度の高いものになっているが、一九五二年に行われたストーンヘンジの木炭の分析結果は紀元前一八四八年、プラスマイナス二七五年、というものだった。現在、オーブリーホールが掘られた時期は紀元前三〇〇〇年頃とされているため、この結果はかなり不正確だったことがわかるが、少なくとも発掘された生物由来のものからおおまかな年代、新旧の評価ができるというのは画期的なことだった。

大規模な発掘と修復

アトキンソンらはその後も断続的に発掘を行った。大きな発見のひとつは一九五三年に見つかったサーセン石に彫られた短剣、青銅の斧頭の彫刻だ。また、サーセン石のサークルの内側が発掘され、地中に埋まっていたブルーストーンの根元の部分がいくつも発見される。ブルーストーンのサークルの石はそれまで四〇と考えられていたが、少なくとも五七あったということがわかった。地上部分が失われて「切り株」だけが残っていた石の多くは、凝灰岩《ぎょうかいがん》や砂岩など、軟らかいものが多かった。

さらに、現在のブルーストーンのサークルの内側に、Qホール、Rホールと名づけられた、ブルーストーンを立てた痕跡のある穴がみつかる。ブルーストーンは現在の形に配置される前に別の形で配置されていたことがわかったのだ。

また、横倒しになっていたブルーストーン36番を引き起こしたところ、下面にきれいなほぞ穴が二つ空いていた(147頁)。この石は成形されていて、他のブルーストーンと姿が違っていた。あきらかにこれはブルーストーンのリンテルであり、かつてサーセン石のものと同じようなブルーストーンの三石塔があったことがわかったのだ。ほぞ穴の内側は支柱のほぞとの軋轢で表面が滑らかになっていることから、かなり長い期間、三石塔として置かれていたと考えられた。穴の位置からすると、サーセン石の三石塔と違って、リンテルの両端が支柱よりも左右に大きく突き出ている、鳥居の下の横木

（貫）をなくしたような形だ。そして、人が通り抜けられる幅と高さを持っていたようだ。なおブルーストーンのリンテルはもうひとつ見つかっている。

その後も、ヒールストーンの周りのアヴェニュー、ステーションストーンのひとつ、ホーリーの掘った部分二カ所の再発掘と進められ、作業は一九六四年に終了した。不発弾が発見されるという事件もあった（これが投下時に炸裂していたら、完全に瓦礫《がれき》の山と化していただろう）し、北側のステーションストーンのマウンドの近くからはまた、現代のドルイドの遺灰の入ったガラス容器の割れたものが出土するなど、アクシデントもあった。

修復も同時進行だったが、ストーンヘンジをどのような姿にするかについては、議論が分かれていた。できるだけオリジナルの姿に近づけるべきだ、というものと、時の経過にともなって崩れたものはそのままにしておくのがよろしい、というものの両極の間で、近代に入って崩落したものを直す、という中道路線が選択されることになった。

巨大なクレーンが持ち込まれ、崩落していたサーセン石が引き起こされ、傾いていたサーセン石も真っすぐに直され、それぞれ基部がコンクリートで補強された。また、一九六三年に、この修復工事の影響で、サーセン石23番が突然倒壊したため、これも立て直して基部をコンクリートで固定した。現在、自然の状態のまま立っているサーセン石はわずか七つになっている。

ふたたび観光客が自由に出入りできるようになり、石の上に上っても咎《とが》められることもなくなった。遺跡の真ん中でピクニックをする人たちの姿がビールの広告にも使われた。だが、訪れる者の数は再び急速に増え、六〇年代のヒッピーカルチャーとの親和性もあって、夏至の前後など、万を優に超える人が集まるようになる。落書きも激しくなった。かつては自分の名を石に彫る人が多かったが、六〇年代らしく（?）「エルビス」「核兵器廃絶！」など、ペンキで大きく書かれるようになった。一九

巨大な重機を使った1950年代の修復工事の様子。

横倒しになっていたブルーストーン下面にほぞ穴があけられていたことを発見したアトキンソン（右）たち。

七七年、ついに遺跡保護の観点から、内部へ入ることが禁止され、ストーンヘンジは特別な許可を得た者以外は外から眺めるだけの遺跡になってしまった。一九七四年からは夏至の日に合わせてフリー・ミュージック・フェスティバルが開催され、遺跡内にも人が立ち入っていたが、一九八五年に警官隊と参加者が衝突、大量の逮捕者が出るに至って、フェスティバルは中止に追い込まれた。以後、夏至の日の遺跡立ち入りも禁止されていたが、二〇〇〇年に再び許可され、現在に至っている。

建造過程と年代の再構成

発掘調査を経て、アトキンソンはストーンヘンジ建設を大きくわけて三つの段階、時代に分類すると、著書『ストーンヘンジ』に記している。それは次のようなものだ。

▼ストーンヘンジⅠ（紀元前一九〇〇〜紀元前一七〇〇年頃）

堀と土手、オーブリーホールがつくられる。オーブリーホールは「儀礼的目的で掘られた」もので、彼は木の柱が立てられていたという説もとらなかった。ヒールストーンと入口の生贄の石、そのペアであった石が置かれた。ヒールストーンの近くに四つの木の柱が（彼はここに日本の鳥居のような木の門があったのではとしている）、入口に数列の木の柱が立てられた。

▼ストーンヘンジⅡ（紀元前一七〇〇〜紀元前一五五〇年頃）

新たに見つかったQホール、Rホールにブルーストーンが配置された。ヒールストーンの横、入口付近に二つ以上の石が置かれた。アヴェニューもこの時代に作られ、それはウェールズから運んだブルーストーンを最後に運び込むためのものだった。

1950年代の修復作業。リンテルを乗せ直す。

▼ストーンヘンジⅢ（紀元前一五五〇〜紀元前一五〇〇年頃）

Ⅲa―第一段階としてサーセン石の石組みが全てつくられる。ステーションストーンも置かれる。

Ⅲb―第二段階として、ブルーストーンの配置が変えられ、ブルーストーンの成形されたものが三石塔として置かれる。Yホール、Zホールが掘られる。

Ⅲc―第三段階として、ブルーストーンの三石塔が崩され、現在の配置に置きかえられる。

年代が現在の判断と大きくずれていて、一部順番も異なっているが、この時に得られていた情報で考えられる、合理的な見方だった。

ミノア文明の落とし子？

サーセン石に彫られた彫刻群は新たな謎を生んだ。斧頭の形は近くの墳墓からも出土する中期青銅器時代の典型的な様式だったが、短剣の形は、ギリシアのミケーネ遺跡から出た短剣くらいしか似たものはないと考えられたのだ。ここに再びブリテン島と古代地中海文明を結びつける話が出てきた。それは古いようで連綿と続いてきた議論だったのだ。

大昔から続いてきたストーンヘンジと地中海文明を結びつける話は、近代の発掘調査によって完全に根拠を失ったようにみえたが、一九世紀半ばに三時代区分法が定着した後も、実は学者たちの間では異なる形でその命脈を保っていたようだ。

ひとつは、「こんなに高度な建築技術が青銅器時代に生まれたとは思えない」というおなじみのものだった。この疑いが保たれてきたのは、なにより「エンタシスの技法」（50頁）や「ほぞとほぞ穴による接続」の存在が大きかった。こうした技術がブリテン島の他の巨石遺跡にまったく見られないというのは不自然ではないかと。何か新しい様式が生まれるときに、こんなに巨大なものをいきなり作るというのはどうなのか、どこかにプロトタイプがあってもいいのではないか――。こうした主張をしたのは、他分野の学者ではなく、他ならぬ考古学者たちだった。新石器時代、青銅器時代の遺跡の調査が進んだからこそ、ストーンヘンジの特異性が際立ってきたのだ。

一九世紀後半には、青銅器時代やそれ以前の墳墓の専門家の複数が、堀や土手やオーブリーホールは石器、青銅器時代のものかもしれないが、巨石の部分はやはりローマの到来後であるとしか考えられないと主張している。ローマが撤退した後にブリトン人がローマ風の建造物をつくろうとした、ある意味で粗雑な失敗作なのだと主張した者もいたという。ジェフリー・オブ・モンマスの物語（75頁）は真実を含んでいたのではないかと。

その後、二〇世紀の発掘調査や年代測定によってローマ時代説は完全に根拠を失ったが、新しく登場したのが、巨石の建造年代は青銅器時代だが、地中海文化の影響を受けている、という考えだ。

青銅器時代のブリテン島と大陸との幅広い交流を示唆したのが、一九五〇年代の発掘にかかわったスチュアート・ピゴットだった。彼はウェセックス地方の青銅器時代の墳墓に多くの副葬品を伴う埋葬が見られ、その中にヨーロッパ各地から持ち込まれた産物が含まれていることを指摘した。アイルランド産の金はもとより、バルト海沿岸産の琥珀《こはく》、フランスやドイツ南部で見つかるものと同じ様式の青銅器、そしてエジプト産と見られる青い陶製のビーズ（これについては異論が多いようだが）まで出土していることなどを挙げ、交流は遠く地中海沿岸まで及んでいたと主張、これを「ウェセックス文化」と定義した。

彼は後にギリシアに赴いてミノア文明、ミケーネの遺跡に直接ふれ、その様式が青銅器時代のブリテン島の遺跡と多くの共通点をもつと主張。ミケーネの城門の構造には二本の支柱とリンテルという三石塔にも似た構造があり、そこに、ほぞとほぞ穴による接合方式らしき、ストーンヘンジと共通する技術が使われていることなどを根拠に、ストーンヘンジ建造に古代ギリシア文化の直接的影響を見ようとしたのだ。

幻の旅人を探して

アトキンソンはピゴットのこうした説を支持していた。そこにもってきて、ミケーネの様式と似た短剣の彫刻が発見され、新しい年代測定技術でも、ストーンヘンジのサーセン石の石組みが紀元前一六世紀頃という、ミノア文明、ミケーネと同時代という数字が出てきたので、これらが大きな支えになったのだ。アトキンソンは短剣の彫刻について、「このタイプの武器に自分の故郷で馴染み深かった人物が個人的に残したものだろう」としてミケーネ人の到来について示唆した。また、ミケーネの石造建築がストーンヘンジの建築に「詳細において共通しているとはいえないかもしれないが」、それは「外界における唯一の源を示している」とまで言い切っている。

アトキンソンは著書『ストーンヘンジ』で、ホメロスのオデュッセウスのように、ミケーネやクレタなどが栄えた地中海沿岸を船で行き来していた者の一部が、ジブラルタル海峡を通り、北の果てまで旅する様子を描写してみせた。そのような仮説を支える根拠として、青銅器時代のブリテン島の住民はやはり「未開人」であり、ストーンヘンジのように同時代の北ヨーロッパで類をみないものを、何の助力もなしに架けたとは思えないという、これまでくり返し耳にしてきた文字通り「古典的な文明観」を提示するのだった。

アトキンソンの『ストーンヘンジ』は、建設の技術や年代の判断においては非常に客観的で慎重な議論を重ねている。ストーンヘンジの石の配置と天体の動きの関連など、曖昧さの残る物証や推論の上に展開される議論に関しては、非常に批判的だ。それが、その建造者についての章になると、やや不思議な調子を帯びてくる。途端に「空想にすぎるだろうか」「ちょっとの間、これが単なる推測を超えたものと想定してみよう」と、仮定を重ねるような書き方になるのだ。

ミノアの遺跡の門の内側には確かにストーンヘンジの三石塔と部分的に似た形があるが、アトキンソンの言う通り、「詳細において共通しているとはいえない」どころか、建造物全体としてはまったく似たところはない。ストーンヘンジの石柱の「エンタシス」にしても、視覚的効果に共通性はあっても、ギリシア文化のそれとは形状があまりに異なっている。

これとよく似た話は日本にもある。法隆寺の柱がエンタシスと似た視覚効果を生んでいることから、これをギリシア文化の影響とする説を明治時代の建築家・伊東忠太が発表し、和辻哲郎がこれを紹介したことから大きな話題になった。ここにもまた、自らの古い文化を歴史ある地中海文明と接続したいという、共通する思いが見てとれるのだ。

その後の測定により、ストーンヘンジの巨石部分の建造は古代ギリシア文明と時代的にずれることがわかったが、短剣の彫刻はストーンヘンジ利用の最晩期・ステージ5に行われたと考えられている。

ミケーネ遺跡の門の石組み。上に乗っている岩の左端に「ほぞ」らしきものが見える。

それは奇しくも古代ギリシア文明と時代的に重なってはいる。地中海沿岸からの来訪者がいた可能性は完全には否定はできないし、ミケーネの短剣が一種の宝物としてブリテン島に渡っていたとしても、驚くにはあたらないかもしれない。法隆寺・正倉院《しょうそういん》にあるガラス器は、ギリシア－ブリテン島間の距離の倍以上の道を旅してもたらされたものなのだから。

法隆寺の柱の様式はギリシア起源であると主張した伊東忠太は、遥か昔の幻の旅人の道を逆に辿るようにして建築様式伝搬の痕跡を探し、徒歩で三年かけてギリシアまで旅した。確たるものは発見できなかったが、彼のように情熱や何らかの力に動かされて途方もない旅をした人が歴史上たくさんいる。時として、そういう人たちが時代や文化に変化を促してきたのも確かだろう。

アトキンソンは、当時ストーンヘンジ建造時代と考えられていた中期青銅器時代は、集団ごとの権力闘争の激しかった時代で、ストーンヘンジのように巨大な建造物を造るには「きわめて多数の人びとがきわめて長期にわたって、その故郷を後にしなければならない」が、ブリテン島の内部はそのようなことを可能にする平和な状況ではなかった、とした。そして、一時的にでも「平和」な状況を得て、巨大な建造物をつくれる状況を生む、上からの強制、外部から来た強力な権力者の存在を示唆した。その人物はストーンヘンジ近郊のシルベリーヒルの巨大なマウンド（写真16）に葬られているのでは――として、ストーンヘンジの建造者に関する章を締めくくっている。

果たして、シルベリーヒルの巨大マウンドの発掘が、アトキンソン主導のもと、一九六八年から七〇年まで進められた。発掘はＢＢＣの密着取材プロジェクトでもあり、その中心からは地中海から来た特別な権力者の墓が現れることが期待された。

シルベリーヒルは一八世紀後半に頂上から真下に縦穴が、一九世紀半ばに底部に横穴が掘られたが、目立った調査結果は得られていなかった。アトキンソンは古い横穴を再利用する形で中心部分まで発掘調査を行い、テレビで生中継されたが、墓は出てこなかった。丘の大部分はストーンヘンジと同時代につくられたものではあったが、単なる土の山であり、内部構造といえるものは何もなかったのだ。

ストーンヘンジの巨石建造物は中期青銅器時代ではなく、新石器時代の末期のものだった。この時代にアトキンソンが考えたような「特別な権力をもった」支配者の姿は今のところ見えていない。それでも、彼が言うように「きわめて多数の人びとがきわめて長期にわたって、その故郷を後にして」ストーンヘンジや巨大な土の山であるシルベリーヒルをつくったことがわかってきた。そんな途方もない、何世代にもわたる事業を、どのような社会が、どのような思いのもとに行ったのだろうか。

次章では、今世紀に入ってから続いた新発見について紹介したい。

COLUMN

巨石とフォークロア、オカルティズム

ストーンヘンジの石は、数えても同じ数にならない、数えると悪いことが起きる、という話は第二章で紹介したが、これはストーンヘンジに限ったものではない。

建築家のジョン・ウッドはスタントン・ドゥルー（写真18）で村人の静止を押し切って石の数を数えたところ、突然の豪雨でずぶぬれになったと記している。

スタントン・ドゥルーには有名な伝説がある。巨石は安息日の禁忌をやぶって結婚式の祝宴を開いていたために、石になってしまった人たちだというものだ。最初にこれについて書いたのはジョン・オーブリーだった。遺跡は「結婚式」と呼ばれていると。その後時代を経て物語はより凝った設定になっていく――。

結婚式のパーティーは土曜に始まった。宴は夜中まで続けられたが、日付が変わろうとしたとき、ハープ弾きが安息日に演奏することを拒んで帰ってしまう。花嫁が、地獄に堕ちてもかまわないから楽士を探して踊り続けたいと言うと、老いた笛吹きが現れ、「私でよければ」と吹き始めた。演奏は次第にテンポが速くなり、止めたくても足が勝手に動いてしまう。笛吹きは悪魔だった。ついに人びとは「死の舞踏」の骸骨にされてしまう。巨石は骨が石化したものなのだ――。

こんな話は各地に残っている。巨石の列石には「メリー・メイデンズ（陽気な娘たち）」とか「ナイン・メイデンズ」など、メイデンと名のつくものがあるが、これらは安息日に遊び、踊っていた女性たちが神罰で石になったという話とセットになっている。

「安息日破りによる石化」の話は一六、一七世紀のピューリタニズムの隆盛の中で作られたものと考えられている。ただ、この「メイデン」は、他所から来た人がコーンウォール語で石を意味するメェンMaenを聞き間違った可能性があるという。「石の踊り」を示すコーンウォール語を「踊る乙女」と勘違いした人が、安息日に遊んでいた娘たちの話を作ったのでは、と。

巨石と悪魔を結びつける話も多い。ストーンヘンジのヒールストーン（かかと石）は、ストーンヘンジは、悪魔が一日でアイルランドから石を運んだという話に由来する。一夜にして見たこともない巨石が現れれば、皆はさぞ驚くことだろうと悦に入る悪魔を一人の修道士が見ていて、気づいた悪魔が逃げる修道士に投げた岩が、彼のかかとをかすめたという話だ。

オックスフォードシャーにあるロールライト・ストーンズも魔術、祟り、妖精など、超自然的伝説や逸話に濃く彩られている。最も有名なものは、昔デーン人の王がイングランド征服の野望を抱いて兵を率いて進軍していたところ、魔女が立ちはだかり、呪いで彼らを石に変えてしまった、というものだ。王はキング・

ウィリアム・ステュークリの本に掲載された、ロールライト・ストーンズの姿。岩が実際よりも巨大に描かれている。

ドルメンの周りに現れた妖精たちのイメージ。19世紀の絵。

カルナックの列石が一斉に水浴びに出かける様子を描いた絵。

ストーン（209頁）という大きな石に変えられ、王の兵たちはキングズ・メンと呼ばれるストーンサークルに、魔女はこの二つを隔てるように生えるニワトコの木になった。少し離れたところにあるドルメンが、王への反逆を謀議していた騎士たちが石になったウィスパリング・ナイツ＝「囁く騎士たち」だと言われている。

魔女が化けたニワトコの木は、花が咲く時期に枝を折ってもし血が流れたら、魔女の呪いが一瞬解け、キング・ストーンの首が動くと言われていた。近隣の人びとはかつて夏至の前の夕暮れに集って枝を折り、夜風にあたりながら宴を楽しんだという。また、深夜一二時の鐘の音とともに魔法が一時的に解け、キングズ・メンは人間に戻って手をつないで空を舞う、または近くの泉まで水を飲みにいくと言われ、これを見た者は気がふれる、あるいは死ぬという言い伝えもある。

石には不思議な力があるとも考えられていた。二〇世紀初頭まで、農家の若い娘たちはウィスパリング・ナイツに耳を押しあて、石が彼女たちの未来についてつぶやくのを聞いた。また夏至の前の晩にはキングズ・メンの周りを走り回って、石に未来の夫を教えてもらうということが行われたという。子宝に恵まれない女たちは夜中にキング・ストーンに裸の胸を押し当てると良いとされていた。またある頃から石は兵士のお守りとしてもご利益があるとされ、戦地に赴く兵士が石を削って身につける習慣があった。

遺跡の地下には妖精の棲む世界が広がっているとも考えられていた。キング・ストーンの周りで踊る妖精を見たという話は数多くあり、一九世紀末にこの周辺の伝説を収集したA・J・エヴァンズは母親を魔女狩りで殺されたという老女の証言を載せている。彼女は子どもの頃、妖精がキング・ストーンの近くの窪みにあいた穴から出てきてさまざまな悪さをすることを知り、妖精が外に出てこないように友達と穴を石で何度も塞いだが、翌朝見てみると必ず石が動かされて、元通り穴があいていたという。

遺跡の地下に妖精などの棲む世界が広がっているという考えはアイルランドにもある。ニューグレンジやナウスなどの羨道墳（223頁）の地下はダーナ神族というアイルランド最古の神族の住む世界とされていた。

一年の特別な日の深夜、巨石が歩いて水を飲みにいく、水浴びをしにいく、という話もロールライト・ストーンズに限らず、ウェールズ、イングランド西部、ブルターニュに多い。ブルターニュのカルナックの三〇〇〇を超える列石（写真73・74）も、一斉に水を飲みに行くと言われていた。

　中世にウェールズ史を書いたネンニウスも、アング

ドルメンの周りで裸で踊る魔女たち。19世紀フランスの絵。
こうした「邪教」のイメージはひとつのステレオタイプにもなっていく。イギリスの映画『ウィッカーマン』（1973年）にも、このようにストーンサークルの中で全裸で踊る女性たちのシーンがあり、そうしたイメージがサブカルチャーと融合していく。

ルシー島にある岩が夜中に谷間を散歩する話を載せている。この岩は谷底に落とされても、翌日には何もなかったかのように元の場所に戻っているのだと。

　巨石を古代の妖しい異教の産物として見る態度は、中世から始まっていた形跡がある。エイヴベリーのストーンサークル（写真12〜15）では、多くの巨石が倒され、埋められた。事故で岩の下敷きになって死んだ者もいる。岩の下から発掘された男性の人骨は一三二〇〜二五年の刻印のあるコインを持っていた。

　一八世紀以降、巨石とドルイドを結びつける視点が定着すると、ステュークリらのように、これをキリスト教の本質と一体のものとして見るのではなく、非キリスト教的英知、太陽神などを崇拝するアニミズム、多神教的世界観などと結びつける傾向も強まっていく。ロマン主義の時代にもこうした傾向はあったが、さらに年代を下ると、巨石モニュメントは神秘主義的な解釈を強めた、復興異教主義＝ネオペイガニズムと総称されるものにとってシンボリックなものになっていく。上図のように、現代の魔女運動＝ウィッカと呼ばれる流れもストーンサークルを重視するし、魔術的カルトの中には、ストーンサークルで犬を生贄に捧げるよう

なグループも現れる。

巨石を怖れる、またはそこにあえて崇高なものを見ようとするという異なる態度は、まさにエドマンド・バークが一八世紀に論じたことそのものだ（102頁）。

新異教主義やスピリチュアリズムの源流のひとつである神智学協会の設立者、ヘレナ・P・ブラヴァツキーのテキストには、ストーンヘンジの建造に巨人が関わっているという示唆がある。ここでは巨人はアトランティス大陸に住んだ人種を指し、ストーンヘンジはその失われた遺産のひとつとされている。

彼女がストーンヘンジと巨人の話をするにあたって依拠するものは、ストーンヘンジの測量を行い、石のナンバリングを行った（51頁）エジプト学者、フリンダーズ・ピートリーの著作で言及されたジェフリー・オブ・モンマスの『ブリタニア列王史』と、一二、一三世紀のギラルドゥス・カンブレンシスによる『アイルランド地誌』の記述だが、後者は『ブリタニア列王史』の単なる引用だ。注目すべきは、古代遺跡の担い手に「卓越した種族」という、一種の優生主義を適用したことだ。彼女はアトランティス人の次の進化した人間の姿、第五根源人種がアーリア人種であるという思想をもっていた。彼女がストーンヘンジの記述で依拠したピートリーが、エジプト文明をアラブ人によるものではなく、北方から来たコーカソイドによって創始されたものだという、これもまた一種の優生主義といえる視点をもっていたことも偶然ではないだろう。

現在多くのテレビ番組や書籍で紹介されている、巨石文化は失われた超古代文明の産物で、宇宙からの来訪者の影響によってつくられたという見方は、スイスの考古家、エーリッヒ・フォン・デニケンによって広められたが、そのルーツは、アメリカのホラー小説家ラヴクラフトの作品にあるとされている。巨石遺跡は人類が地上を支配する以前の、宇宙から来た種族が遺したものだという「クトゥルー神話」の設定は、第二次大戦後のUFOブームなどと結びつき、本当に宇宙からの来訪者が人間に英知を授けたという話として多くの支持者を生んでいく。

こうした考えもまた、宇宙規模に広げられた優生主義の産物といっていいが、ストーンヘンジのルーツをローマやミケーネ文明（152頁）に求めた考古学説も、最新のエジプト起源説（111頁）も、構造的には重なる部分がある。

第四章

巨大な複合施設の中のストーンヘンジ

さらに遠い過去へ

二〇世紀後半、年代測定の精度の向上と、より厳密なサンプルの選定によって、ストーンヘンジの建造年代はさらに遠い過去へとシフトしていった。

アトキンソンの著書『ストーンヘンジ』の一九五六年の版では、サーセン石の石組みは紀元前一五五〇年頃からとしていたが、一九七九年の改訂版では紀元前二〇〇〇年頃と改められている。紀元前二〇〇〇年というと、青銅器の時代に入ってから五〇〇年近くも経過している。石器時代は遠い昔で、建造したのは青銅器文化を受容した石器時代の人たちの末裔か、大陸から渡ってきた人たちの子孫、もしくは両者が交わって生まれた人たちということになる。

この年代設定にさらに大きく変更が求められたのは、二〇世紀も終わりに近い一九九六年だった。より正確な測定により、紀元前二五五〇年頃にまずブルーストーンが持ち込まれ、サーセン石の建造が始まったのは紀元前二三〇〇年頃からとされた。新石器時代の末期にブルーストーンが置かれ、青銅器時代初期にサーセン石の建造が行われたという、二つの時代に大きくまたがる時代設定だ。

だが、これもまた二〇〇八年の調査によって変更を迫られることになる。巨石建造物がつくられたのはさらに四半世紀以上も古く、紀元前二六二〇年頃からというのが現在の見方だ。ストーンヘンジ建造は青銅器文化が入ってくる少し前、新石器時代の末期から銅器が入ってきた頃に行われたことになる。このニュースにふれたとき、納得できるものがあった。巨石文化はブリテン諸島の新石器時代に千数百年も続いてきたものだ。従来の年代設定では、青銅器文化が入ってきて社会構造が大きく変わってから、過去最大の巨石建造物がつくられたことになり、どこか不自然さがつきまとったからだ。ところでこうして中石器時代、新石器時代、青銅器時代と、年表に線を引くようにして書いているが、それぞれの移行期、社会の変化はどのように起き、進んでいったのだろうか。これについては議論が多く未だに定まった見方はないようだ。

農耕文化の伝搬

狩猟採集社会から農耕と家畜の社会へ、打製石器から磨製石器へ、石器から銅器、青銅器、さらには鉄器へ、という直線的な歴史観がかつては支配的だった。優れた技術、生活様式を獲得した集団がその影響力を広げ、他を凌駕していくことで、歴史は発展し、社会は進歩してきたのだと。

イギリスの場合、ローマの支配を受けた後にアングル人、サクソン人に支配され、デーン人（ヴァイキング）の侵入と支配を経験し、ノルマン人による征服を経験し、と、歴史を通して外部からの侵攻と支配を経験してきた。こうしたモデルを先史時代にまでさかのぼって適用すると、狩猟採集社会は大陸から来た農耕民によって解体され、次には青銅器とともに到来したビーカー人に圧倒され、さらには鉄器とともにやってきたケルト人に支配される、という、外来人による優勝劣敗の歴史観になりがちだ。これは帝国主義時代、世界を支配してきたイギリスの強者の論理とどこかパラレルなものだったともいえるかもしれない。

だが、こうした見方は二〇世紀終盤から見直されるようになっていく。そんな、ざっくりした目盛しかついていない定規を乱暴に過去に当てはめていいのか、それぞれの変動期に「古い社会」を圧倒するような大規模な人的流入の痕跡が本当にあるのか、むしろ文化的伝搬としてとらえるべきなのではないかと。ブリテン島への農耕文化の伝搬に関しても、新石器時代の始まり、つまり植物の栽培と家畜の飼育を主とする生活様式の獲得を「革命」と呼び、劇的変化として捉えられてきた時代があるが、さまざまに見直されているようだ。

ブリテン島の新石器時代が紀元前四〇〇〇年頃から、大陸からの農耕民の到来とともに始まるのは間違いないが、初期の移民がどの程度のものだったかについては議論がある。ごく少数の血縁集団を中心とするグループだったのではという考えがある一方、それではブリテン島内での広がりのスピードが説明できないという反論もある。南東イングランドへの移住が最初期のものだという考えとアイルランド海周辺に複数のルーツをもつ集団が別々に移住したのでは、という説も対立している。

農耕は世界のいくつかの場所で個別に始まったが、ヨーロッパの農耕文化のルーツは紀元前一万一〇〇〇年頃、現シリア、レバノン、イスラエル付近、かつてレバントと呼ばれた地域で始まったものとされている。これが現トルコの地中海沿岸地域に広がり、さらにヨーロッパ各地に広がっていくのだが、そのルートは大きく二つの流れに分けられるという。ひとつは中央ヨーロッパを北上していくもので、もうひとつは地中海を通ってイベリア半島、フランスへというものだ。これまでブリテン島への移住の主体は中央ヨーロッパから北上してきた流れをくむ人たちであると考えられてきたが、二〇一九年、ＤＮＡサンプルの比較によって、むしろイベリア半島経由の人たちとつながりが深いことがわかり、大きな話題になった。

巨石文化の伝搬という視点からすると、この、地中海、イベリア半島、フランスのブルターニュと

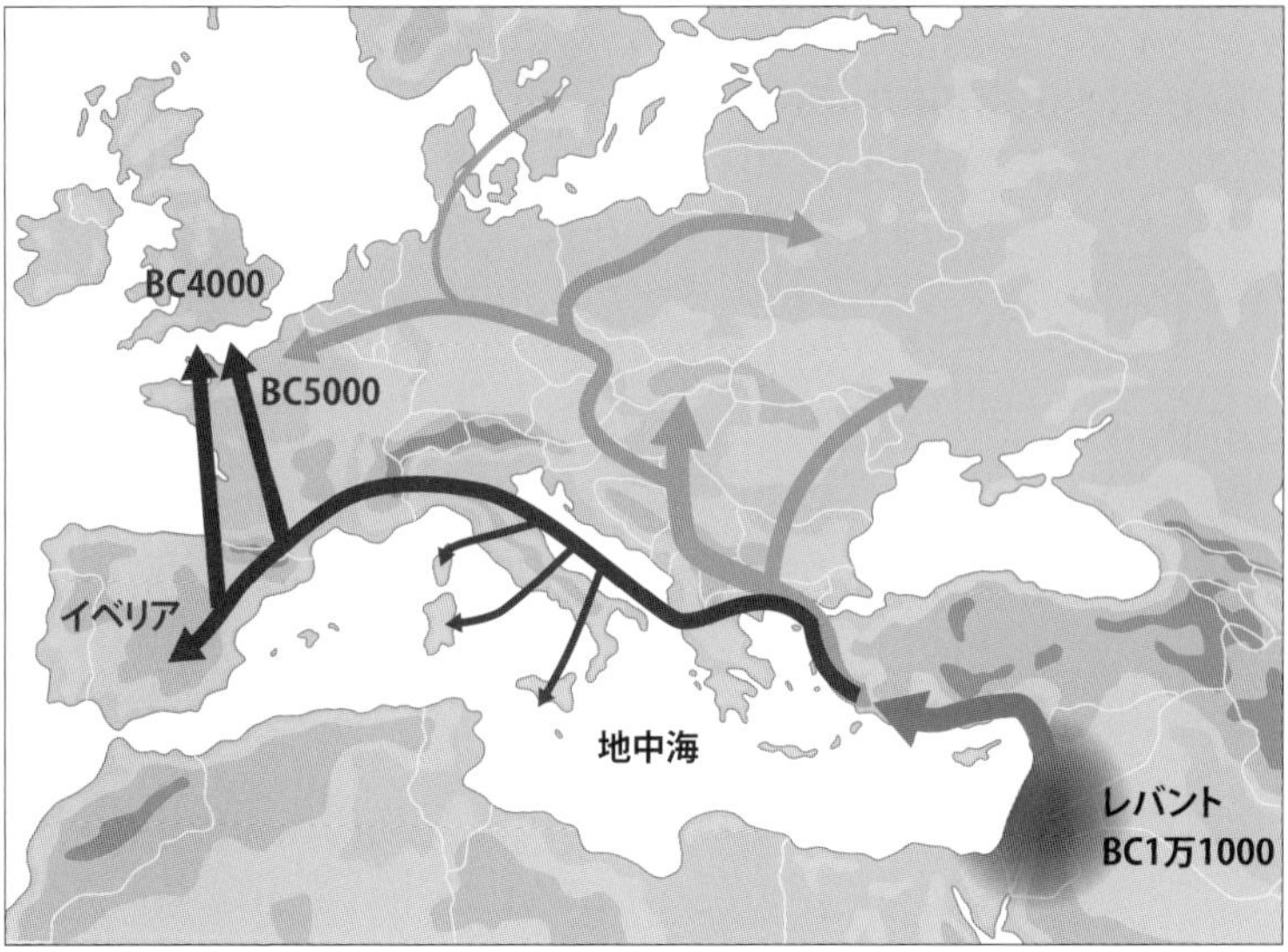

ヨーロッパにおける農耕の伝搬のルート。ブリテン島へはイベリア半島経由の流れをくむ人たちが多く入っていったことが遺伝的調査でわかった。

いう流れは以前から指摘されてきたものでもある。地中海のマルタ島、サルディーニャ島、スペインのアンテケラの巨石墳墓や（写真64〜68）、ブルターニュの巨石の列カルナックやガヴリニス島の墳墓など（写真73〜78）、ブリテン島の巨石文化と親和性がある遺跡がこのルート上に数多く見られるのだ。ブリテン島の北部で多く見られるカップ・アンド・リング・マークという独特な線刻画と同じものも点在している（写真69〜72）。

一方で、巨石を組み上げたドルメンは黒海沿岸やデンマーク、オランダなどにブリテン島のそれと似たものがある。また、ブリテン島のロング・バローはデンマークのそれと似ているが、土器の様式に共通点がないということもあるようで、農耕民の移住に関しては謎が多いようだ。

対岸のフランス北部には紀元前五〇〇〇年過ぎには農耕文化が定着していたが、これがブリテン島に渡った痕跡があるのは、その一〇〇〇年、少なくとも七〇〇〇年後だ。このかなり長いタイムラグをどう考えるかについても、まだ定まった見方はない。フランスのカレーとブリテン島のドーヴァーは泳いで渡る人がいるほどの近さだが、それであっても、ひとつの集団が家畜や農作物の種や家財道具を持って海を越えるのは大変なことだっただろう。現在でもボートでドーヴァー海峡を渡る移民のグループが命を落とす事故が度々起きていることを考えれば、リスクは決して少なくなかったはずだ。故郷を離れて新天地を目指す集団には、それを促す何らかの圧力や強い動機があったはずだ。

チェダーマンと狩猟採集社会

新石器時代の前、ブリテン諸島の中石器時代は、氷期が終わり、温暖になる紀元前九〇〇〇年頃からとされている。ブリテン島といっても当時は大陸と陸続きで、紀元前六五〇〇年頃までブリテン島の東側には広大な陸地ドッガーランドが広がっていた。ドッガーランドは海水面の上昇とともに面積が小さくなっていき、最後は北アメリカ大陸北部の巨大な湖の決壊がもたらした津波によって一気に水没したと考えられている。

現ブリテン島エリアの中石器時代の人口は少なく見積もると五〇〇〇人程度、多くても二万人くらいだという。この時代の、とても保存状態の良いほぼ完全な人骨が残っている。「チェダーマン」の名で知られる男性の骨だ。一九〇三年にサマセット地方・チェダー渓谷のゴフス洞窟で発見された遺骸で、頭蓋骨が陥没していて、争いか処刑により殺されたと見られている。

一九九三年、チェダーマンのDNAを抽出し、周辺に住む人たちのサンプルと比較する調査が行われたところ、遺伝的つながりをもつ人が二人発見され、一人はほぼ直系の子孫といっていい人だった。彼が歴史の教師だったこともあり、「チェダーマンの子孫がすぐ近くに住んでいた。しかも歴史の先生！」と話題になった。一万年もの間、同じ場所に住み続けた人たちがいた、と。

チェダーマンについては二〇一八年にあらためて大きなニュースになる。それは遺伝的特性をもとにリアルな顔の復元模型が作られたからだ。肌は濃い褐色、眼は碧眼という姿だった。これはこの時

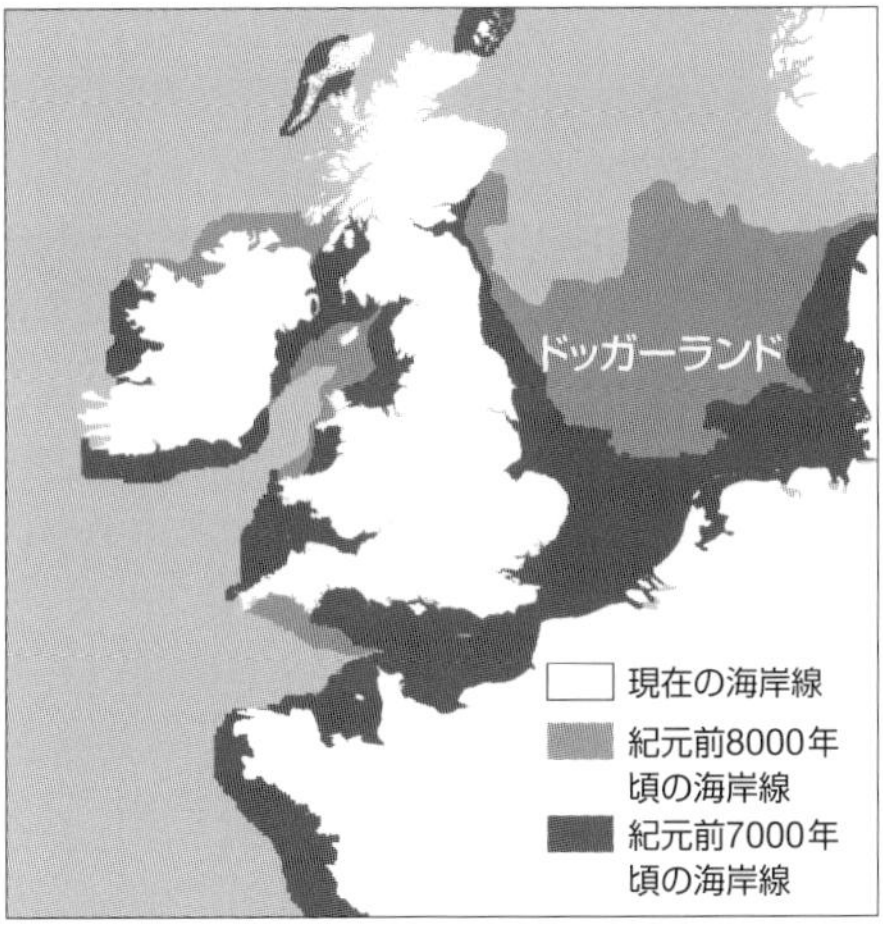

ブリテン島は広大な陸地・ドッガーランドで大陸とつながっていた。

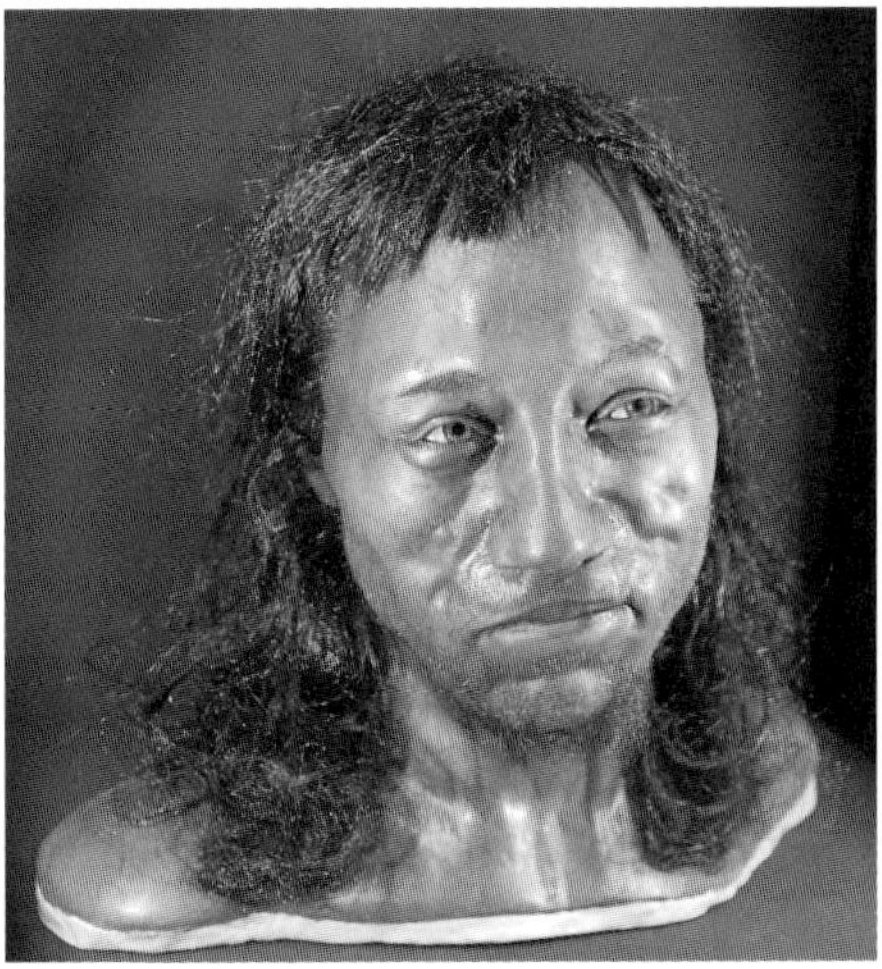

チェダーマンの顔の復元イメージ。濃褐色の肌に碧眼だったと考えられている。ヨーロッパ人が白い肌になるのは、青銅器時代以降と考えられている。

代のヨーロッパで特異なものではなく、昔は皆「有色人種」だったわけだが、そのビジュアルイメージはイギリス社会に少なからぬ驚きをあたえた。

狩猟採集民の世界は、野生動物を追い、野山で食べられる動植物を採取するとてもシンプルなものと考えられていたが、より複雑な実像がわかってきている。彼らは野生動物を家畜化することはなかったが、ブリテン島からアイルランドや離島に鹿などを持ち込んで自然繁殖させることをしていた。また舟で大陸や離島とも頻繁に行き来していた。当然、大陸での農耕や畜産について目にしていたはずだ。大陸から磨製石器を持ち帰った形跡もある。

狩猟採集民と大陸から入ってきた人たちとはどういう出会い方をしたのだろうか。それは敵対的なものだったのか、それとも彼らは進んで農耕文化を受け入れていったのだろうか。ストーンヘンジ周辺に両者の出会いを示す痕跡が見つかっている。

ストーンヘンジ周辺の景観

ストーンヘンジが立つエリアは平坦で、一見周囲には何もないように見えるが、見渡すと明らかに人工的なものとわかるこぶのような小山、起伏があちこちにあることに気づく(写真49)。上空から撮影した写真を見れば一目瞭然だが、周辺には実に三〇〇以上もの円形や細長い墳丘が集中していて、この場所が墳墓の集中する非常に特殊なエリアだったことがわかる。墳墓だけではない。今は地表のかすかな陰影でしか確認できないような新石器時代の囲い地の跡なども点在している。ブリテン島だけでなく、ヨーロッパ全体でも、これほど先史時代の遺跡が集中している場所は他にないという。

ウィリアム・ステュークリ以来、周辺の先史時代の遺跡はさまざまに調査されてきたが、直接ストーンヘンジに結びつくものは見つからなかった。ピゴットやアトキンソンなどの考古学者が地中海起源説に導かれていったのは、周囲に似たものも関連性を示すものもない、その際立った「独自性」、歴史の流れの中での唐突ともいえる登場の仕方によるところが大きかった。ストーンヘンジは石器時代の末期に忽然と現れた、孤立した施設だったのだろうか——。

こうした問いに答えうる発見が、二一世紀初頭から始まる複数の調査で相次ぐ。それはストーンヘンジそのものよりむしろ、その周辺を詳細に調べ直すプロジェクトによってもたらされたものだ。

一万年前のミッシング・リンク

一九六六年、ストーンヘンジを訪れる観光客用に新たな駐車場が増設された際、三つの穴が発見される。松の柱が立てられた穴だった。ストーンヘンジと同時代のものと思われたがそうではなかった。測定により、数千年も遡る紀元前八八二〇〜紀元前七七三〇年、紀元前七四八〇〜紀元前六五九〇年という、中石器時代の年代値が出たのだ。これは農耕民がブリテン島に到来する遥か前の、狩猟採集社会のものだ。さらに二〇年後には東側にも同じ時代の穴が二つ発見される。用途はまったくわからないが、いずれにしても、この四つの柱の穴はストーンヘンジ周辺ではとび抜けて古い人間の活動の痕跡であり、新石器時代初期の遺跡がつくられる紀元前三八〇〇年くらいまでの約四〇〇〇年間は長い間、不可解な空白、「ミッシング・リンク」とされていた。

そんななか、二一世紀に入って、この空白を一気に埋める大きな発見がストーンヘンジの東約二キロ、エイヴォン川の近くにあるブリック・ミードの泉周辺でなされる。二〇〇五年から始まる発掘作業で、中石器時代の遺物が大量に出土したのだ。出土した石器片の数は三万五〇〇〇を超えた。発掘された数多くの動物の骨の年代測定から、この場所に紀元前八〇〇〇年代前半から紀元前四〇〇〇年代の実に四〇〇〇年もの長きにわたって、くり返し人が訪れていたことがわかった。そして、最も古い二つのサンプルの年代値は、ストーンヘンジの近くの四つの木の柱が立てられた年代とほぼ一致したのだ。松の柱はこの場所にキャンプをはっていた狩猟採集民が立てたと見てほぼ間違いなさそうだ。

狩猟採集社会は固定した定住地をもたない。一定のエリア内を定期的に移動し、くり返し居住に使用する場所はあるが、これほど長きにわたって使われる場所はブリテン島だけでなく、ヨーロッパの他の地にも例がないという。さらに特異なことは、出土した石器の石や様式から、この場所を使っていたのが単独のグループではなく、距離の離れた複数の異なる地域から来た人たちだったと推測されることだ。紀元前四〇〇〇年代初期の犬の歯も出土しているが、分析により、この犬は遥か北方のヨークシャーもしくはスコットランド北部から来ていたことがわかった。

また、出土した動物の骨は、オーロックスという絶滅した巨大な野生牛のものが半数以上を占めたが、この割合の高さもまた異例のものだという。一頭で二〇〇人の胃袋を満たせると言われる動物が惜しみなく消費されていた形跡をみると、この場所が複数の集団の交流の場で、かなり規模の大きな饗宴が催されていた可能性があると、発掘を主導したバッキンガム大学教授のデヴィッド・ジャックスは述べている。

紀元前四〇〇〇年代後期は中石器時代文化の痕跡がブリテン島から消えていく時代で、新石器文化が始まる転換期でもある。この遺跡にはこの時期の遺物が多数出土していて、新石器時代を担う農耕民の遺物も発見されている。狩猟採集社会内の交流の場であっただけでなく、まったく異なる文化が出会い、交流していた可能性があり、このため、ここを「ストーンヘンジ揺籃《ようらん》の地」と呼ぶ者もいる。

大きな家と深い穴

ブリテン諸島の新石器時代の生活の痕跡で、最も古いものは、大きな家屋の柱の跡だ。大陸から渡った人たちが集まるためのものと考えられているが、ブリテン島内にいくつか見つかっている。また、こうした場所には土器片、動物の骨などを埋めた穴が見つかる。初期農耕民は狩猟採集も行い、ある程度の移動性をもっていたようだが、それでも狩猟採集社会と異なるのは、定住地をもつということだ。多くの家畜をもち、穀物や乳製品を貯蔵したり、煮炊きをするための土器も欠かせない。狩猟採集民とは持っている物の数が違うため、どこかに根を下ろさないといけない。

植物を栽培用にする、動物を家畜にすることなどをドメスティケイトと言うが、彼らが長く住むと決めた場所もまた、飼いならされた場所に、ドメスティケイトしなくてはならない。地面に穴を掘り、家畜の骨や土器片を入れるのは、そうした意味をもっているとも考えられている。

ストーンヘンジ近くではとんでもなく深い穴も見つかっている。ストーンヘンジの西南西約一・五キロの場所で一九六〇年に発掘されたウィルスフォード・シャフトの開口部の直径は約六メートル、それが深さ約六メートルのところで直径約一・八メートルと細くなり、深さ約三〇メートルまで真っ

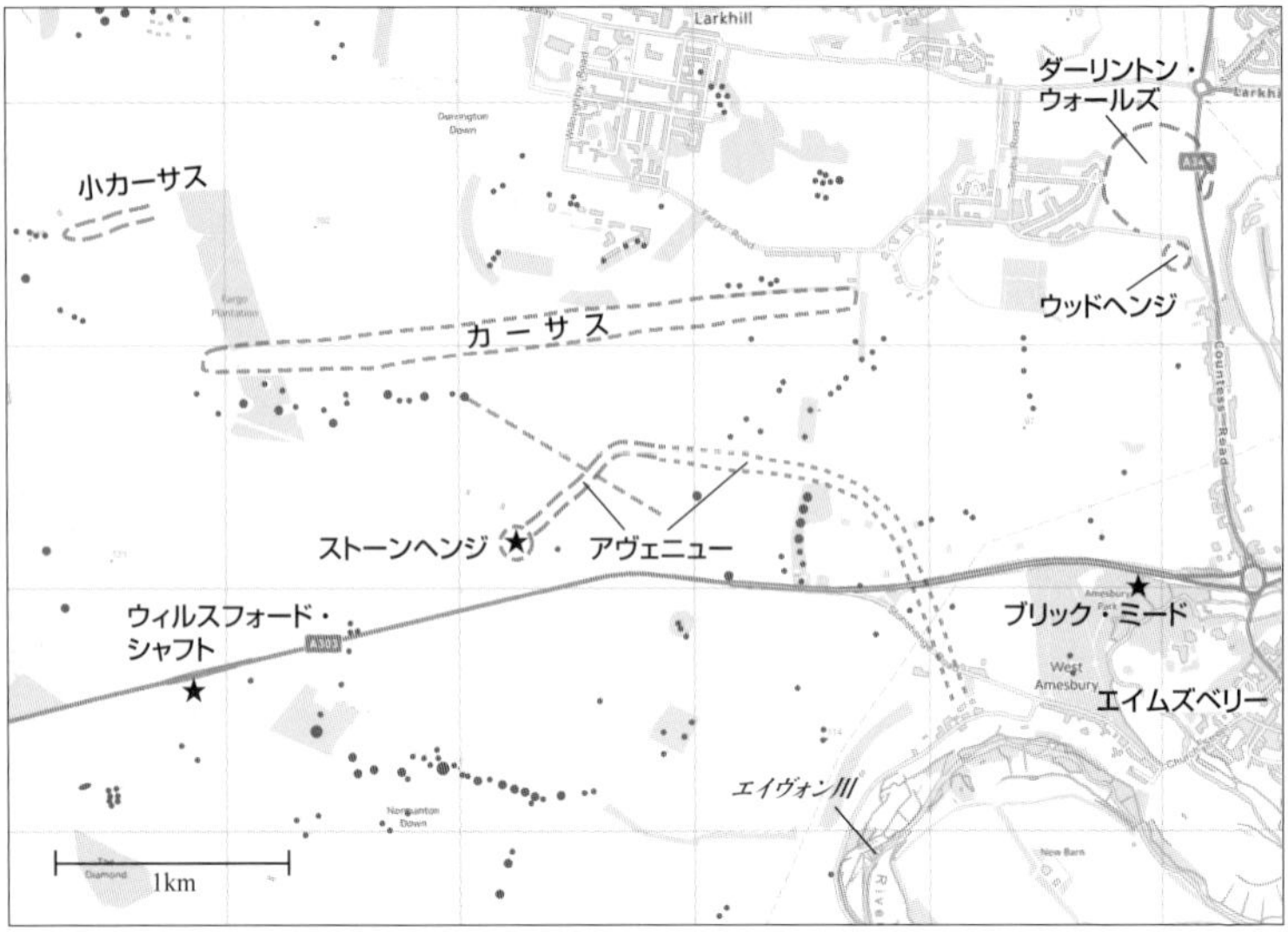

ストーンヘンジ周辺の遺跡。小さな丸い点は全て墳墓。

すぐに掘り下げられている。三〇メートルはビルの八階分に相当する。中からは動物の骨、土器片、ロープ片、木製のバケツのかけらなどが発掘されたが、人骨は出なかった。

最深部から出土したものの年代測定値からは、紀元前三六五〇〜紀元前三一〇〇年という、初期新石器時代の年代が出ている。一人か二人がようやく降りられるような狭い縦穴で、鹿の骨や石器で掘り下げたのだ。何のための穴なのか。発掘したイースト・アングリア大学の考古学者ポール・アシュビーが地下世界とのコミュニケーションを企図した宗教的な施設だという見方をしたのに対し、これが地下水脈の下まで掘られていること、出土品にロープやバケツ片があることから、井戸だろうという説もあるが、決着をみていない。ストーンヘンジ周辺では最も不可解なものの一つだ。

世界最古の家系図

新石器時代初期の大規模な建造物で最初に現れるのが、ロング・バロー（長い墳墓）と呼ばれる大きく細長いマウンド状墳墓だ。最も大きく有名なものはストーンヘンジの比較的近くにあるエイヴベリーのウエスト・ケネットのもので、ここはストーンヘンジの巨石と同じサーセン石で石室が作られている（写真51、52）。

ロング・バローはブリテン島に二〇〇〇ほど、ストーンヘンジ周辺には一五確認されている。人骨を納めたものだが、多くの場合、個人の墓ではない。数人から数十人の人間の骨が動物の骨などといっしょに納められているものもあれば、人骨が見つかっていないものもある。遺体を長期間安置し、腐って骨になってからとり出し、散骨して、骨の一部を墳墓の中に戻したと考えられている。

ロング・バローはほとんどの場合、納められた遺骨は新石器時代初期のものだ。墳墓が建設されるよりもずっと前に亡くなった人の骨もある。骨の主は集団にとって重要な祖先のグループと考えられている。造成と埋葬はごく短期間に行われ、その後はおそらく宗教的な施設として使われ続けたようだ。祖先崇拝、さらには祖霊信仰のための施設だったのではないかと考えられている。

種をまき、収穫し、翌年のための種をとっておいてまた種をまくという反復には共同作業、集団のための労働の集約が必要だ。栽培する植物と同じように、自らもまた集団の中で管理され安定的に再生産されるべき存在という面がある。新天地を求めて海を渡った集団のリーダーはいわばその地にまかれた「最初の大きな種」だったといえるだろう。ブリテン島に移住して一〇〇年、二〇〇年と経過するなか、ロング・バローの建造と骨の安置は、薄れかけていた過去を共有し、コミュニティへの帰属意識を高めるため、自分たちがその地にまかれた時の記憶を留め、語り継いでいくためのものだったのかもしれない。

選ばれた者の骨だけが安置されていることからもうかがえるように、当時の社会にはあきらかに特別な地位、家系というものが存在した。二〇二一年暮れに発表されたある研究結果が大きな話題にな

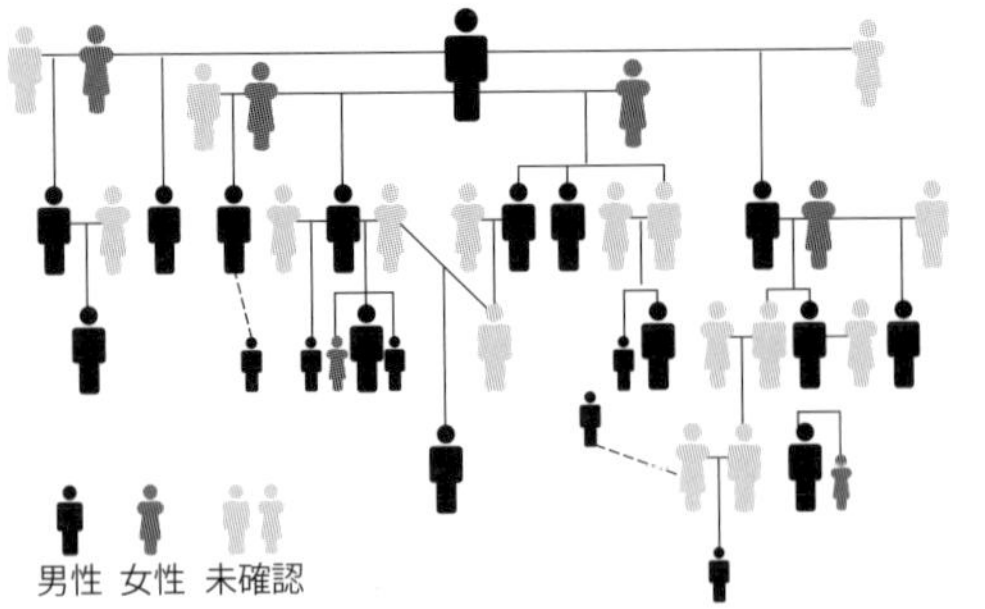

ヘイズルトン・ノース・ロング・ケアンに埋葬されていた27人の血縁関係

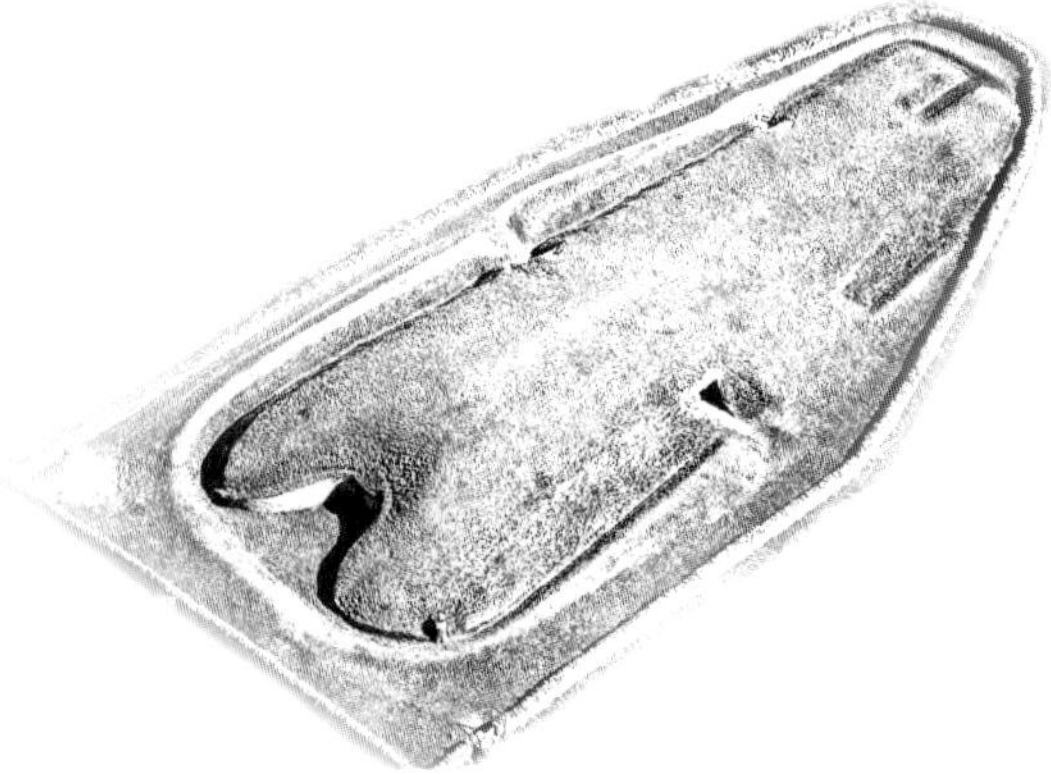

グロチェスターのベラス・ナップのロング・バロー。手前の二股にわかれている所に入口らしきものがあるが、これは様式的な「偽の入口」で、内部へは通じていない。実際は中腹の左右に石室に通じる通路がある。二股に分かれている部分は盛り上がっており、この形は女性の下腹部を模したもので、偽の出入口は再生を象徴するものと見る人もいる。

った。コッツウォルズ地方の墳墓、ヘイズルトン・ノース・ロング・ケアンに埋葬された三五体のDNA解析結果だ。紀元前三七〇〇年から紀元前三六〇〇年頃のものだが、このうち二七人が、一人の男性と結ばれた四人の女性とその子どもたちという、ひとつの家系に属する、五世代にわたる血縁者だということがわかったのだ。幼い子どもも含まれることから、これらの人たちが社会的地位よりも血筋を重視して選ばれたものだということがわかる。

ただ、ブリテン諸島の全てのコミュニティでこれほど特定の血筋が尊重されたかどうかはわからない。後述するように、アイルランドの羨道墳から出土した骨から特定の血筋が重視されていた形跡が出ている（228頁）反面、別のアイルランドの墓から出土した骨には血縁関係がみられなかったという報告もある。これから同様の解析が進み、より当時の社会が浮き彫りになっていくだろう。

集いの場と戦乱と

ロング・バローと同時期にブリテン島各地につくられた施設がコーズウェイド・エンクロージャー（通路のある囲い地）だ。堀と土手で囲まれた丸みのある囲い地で、堀と土手は一重のものから四重のものもある。フランスやドイツ、ベルギーにもみられ、ブリテン島には七〇、ストーンヘンジの近くには「ロビン・フッドの舞踏会」という名のものがあり、紀元前三六五〇年という測定値が出ている。コーズウェイド・エンクロージャーは堀と土手に囲まれているが、通路が複数あり、砦のようなものというより、巨大な集会場のようなものと考えられている。他地域から来た者たちとの交易の場だったかもしれない。また、堀からは人骨が出てくることも多く、埋葬地としても使われていた。

狩猟採集民と農耕民というと、後者は前者に比べてどこか穏健な響きがあるが、そんなことはない。新石器時代の骨を調べると、一五人に一人の割合で頭に殴られた傷があり、そのうちの半数が致命傷だという。体に鏃《やじり》が刺さっているものも少なくない。コーズウェイド・エンクロージャーにも、外部からの大規模な襲撃の痕跡が残っているものもある。テリトリーを巡る軋轢は狩猟採集時代よりも強かっただろう。出土する遺骨には戦闘で亡くなった者もある。

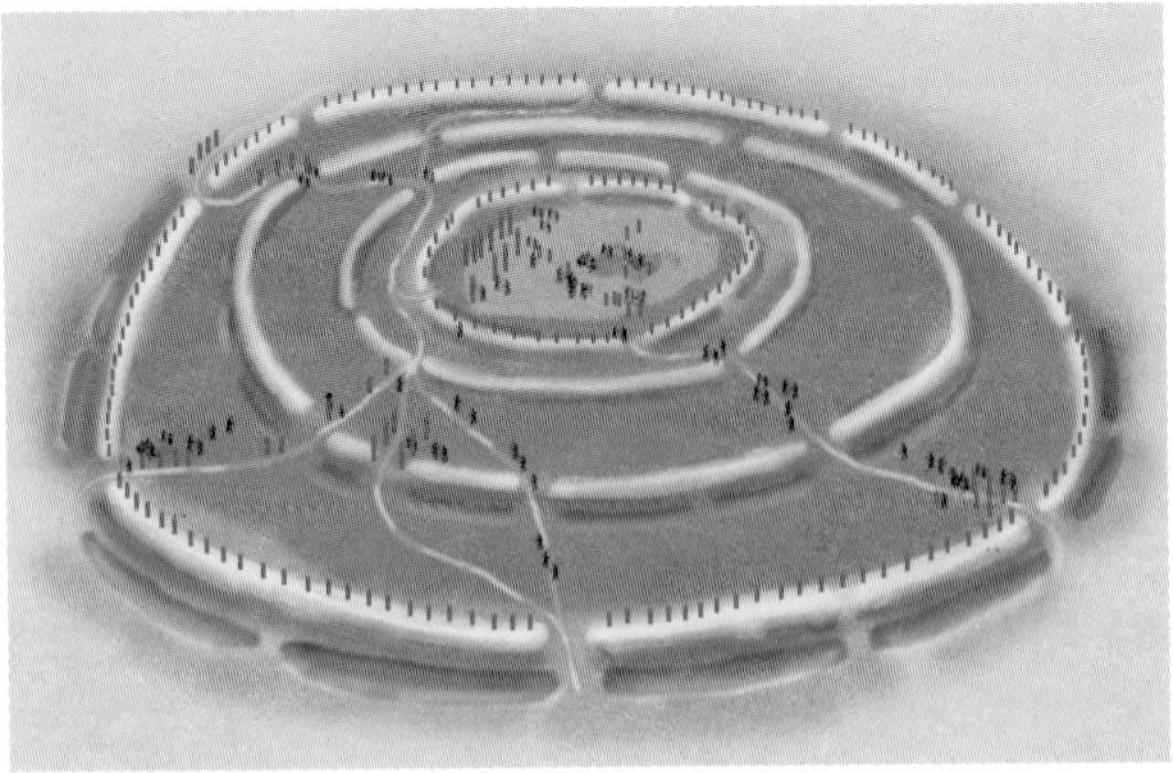

イースト・サセックスにあったコーズウェイド・エンクロージャーの復元図（イアン・デニスによる図を元に作画）。何重かの土手と堀に囲まれていたが、通路が複数あり、内部への出入りは容易な構造だったと考えられる。

また、ストーンヘンジ周辺には、用途のはっきりしない大きな囲い地もある。カーサスだ（写真50）。堀と土手に囲まれた細長いもので、内部は平坦に地ならしされている。出入口などはない。ブリテン島特有の施設で、現在までに一五〇以上発見されている。ストーンヘンジの北に大小二つのカーサスがあり、大カーサスは長さが三キロ近くある巨大な施設だ。大カーサスからは紀元前三六六〇〜紀元前三三七〇年、小カーサスからは紀元前三六〇〇〜紀元前三〇〇〇年という年代の遺物が出ている。

ストーンヘンジ北方のカーサスを発見したのはウィリアム・ステュークリだ。彼はこの場所をローマ時代に戦車によるレースが行われた場所だと誤解したため、英語の「コース」に相当するラテン名をつけたのだ。施設の目的に関しては諸説あり、結論は出ていない。

巨大な居住地

このように、周辺にはストーンヘンジの巨石部分の建造以前と以後の遺跡が多くあるが、はっきり同時期と特定されるものは見つかっていなかった。世紀を超えて行われた巨石建造物の建築には数多くの人間が関わったはずだが、彼らはどこで暮らしていたのだろうか——。その第一候補がダーリントン・ウォールズと呼ばれる囲い地だった。

ダーリントン・ウォールズはストーンヘンジの北東約三・二キロにある、巨大な囲い地、土手と堀に囲まれたヘンジ(56頁)の跡だ。現在、地上からはほとんど形はわからないし、さらには真ん中を南北に道路が貫いている。かつては直径約五〇〇メートル近くもある巨大な囲い地で、外側の土手は高さ約三メートル、幅約三〇メートル、内側の堀は深さ約五・五メートル、幅は一八メートルもあった。ヘンジは南東側に大きな出入口が開いていた。新石器時代の囲い地としてはイギリスで二番目に大きく、同時代のヨーロッパ全体でも最大規模だ。

一九六七年に発掘が行われ、囲い地の内側で、木の柱の跡が同心円状に並ぶ、ウッドサークルの痕跡とみられるものが二つ確認されていた。すぐ南にあるウッドヘンジ(139頁)よりは小さいが、似た形式のものだ。その後は発掘調査は行われず、正確な年代も定かでなかった。この施設はストーンヘンジの巨石建造よりも後代のものではないかという見方もあった。これが二一世紀初頭から始まった調査プロジェクトにより、ストーンヘンジと同時代の施設であることがわかってきたのだ。

石は死者のため、木は生者のため

ユニヴァーシティ・カレッジ・ロンドンの教授マイケル・パーカー・ピアソンを中心とした、ストーンヘンジ・リバーサイド・プロジェクトは、ストーンヘンジからエイヴォン川に延びるアヴェニュー、ダーリントン・ウォールズなどを発掘し、ストーンヘンジとの関連を調査するものだった。二〇〇三年に始まり、二〇〇九年まで行われた。

この調査プロジェクトはある仮説に基づいていた。パーカー・ピアソンは長年マダガスカルを研究していたが、調査を共にした現地の考古学者ラミリソニナをイギリスに招いた際、ストーンヘンジやエイヴベリーの巨石モニュメントに案内する。これらの施設が何のためのものか定説はないと聞いた彼は驚き、これは死者を弔うものとしか考えられないと答えたという。永遠に残る石の施設は死者、祖先のためのもので、いずれ朽ちてしまう木の施設は生者のためのものと考えるのが自然だろう、と。

マダガスカルには現インドネシアのボルネオ島南部にルーツをもつ人たちが多く住んでいて、墓に巨石を置く習慣が連綿と受け継がれている地域がある。今でもインドネシアのスマトラ島、スラウェシ島などには死者のために巨石を運んで立てる文化が残っている場所があるが、ラミリソニナ自身がそうした習慣をもつ文化圏に属し、彼の家族も親族の埋葬時に巨石を立てた経験があるのだという。

ストーンヘンジの周りは死者の領域だという見方は以前からあった。特に、アヴェニューの南側に青銅器時代の円墳が集中していることから、このアヴェニューをひとつの境界として、南を死者の世

インドネシア、スラウェシ島、タナ・トラジャの巨石。有力な家系に死者が出ると、埋葬とは別にこうした巨石を立てる習慣が続いている。

界、北は生者の世界と考えた学者もいたのだ。

ラミリソニナの言葉をきっかけとして立てられた仮説は、北東のウッドヘンジやダーリントン・ウォールズ内のウッドサークルが象徴するものが「生者の領域」であり、これと「死者の領域」であるストーンヘンジとを結ぶものがアヴェニューで、両者は対になるものとして考えられるのではないか、というものだった。

ダーリントン・ウォールズは居住地だから「生者の領域」に違いないが、ストーンヘンジは死者の領域といえるだろうか。ここでオーブリーホールから出た人骨を再調査する必要がでてきた。

小さな家、囲炉裏と飾り棚

ダーリントン・ウォールズ内の発掘では、住居跡が七つ発掘された。小さな四角い家で半地下構造、床は石灰を固めたもので作られていて、中央には丸い炉床《ろしょう》があった。（写真54～56）炉端には人がひざをついて調理したり火の面倒をみたりしたことでできた窪みも残っていたという。木製の箱のベッドの痕跡もあり、ひとつからは高い燐《りん》の数値が検出されている。赤ん坊や幼児の尿が染み込んだものではないかという。家の隅には小さな穴が二つあり、フリントの細かいかけらなどが入っていた。裸足で踏んで怪我しないように、きれいに片づけられていたことがわかる。

ブリテン諸島の新石器時代の住居といえば、北方のオークニー諸島に残るスカラ・ブレイの住居遺跡が有名だ。砂に埋まっていたものが突然嵐で地表に露出したもので、保存状態がきわめてよく、「まるで昨日まで誰かが住んでいたようだ」と言われた。ダーリントン・ウォールズの家の構造はこのスカラ・ブレイの住居七番（写真82）ととてもよく似ているという。家具の配置もそっくりで、違うのは炉床がスカラ・ブレイは四角いことと、スカラ・ブレイには貝や甲殻類の殻を入れる石の箱が二つあることだという。スカラ・ブレイにある石の棚と似た木製の棚がダーリントン・ウォールズの家にあった可能性も高いようだ。両者の距離は八八〇キロもある。

ダーリントン・ウォールズはほぼ東西南北の方向に通路が作られていて、これによって四つの区画に仕切られていた。家が建っていたのは囲い地の周辺部で、中央部分はオープンスペースになっていたとみられている（写真53）。四つの区画のそれぞれに約二五〇ほどの家があり、一軒に四人が住んでいたとすると最大四〇〇〇人が居住できる場所だったと考えることもできる。

二つのウッドサークル

ダーリントン・ウォールズの囲いの中には南北二つのウッドサークルの跡がある。北のサークルは、痕跡がはっきりしないが、中央に四角い囲みがあり、おそらくその周囲を二重の同心円状に並ぶ木の柱が囲んでいたと見られている。

南のサークルはより規模が大きく複雑な構造をしている。ストーンヘンジと同じく、いくつかの段階を経てつくられたようだが、最終的には六重の木のサークルがつくられる。木の太さは直径二〇センチから一メートル超えのものもあった。最も外側のサークルの直径は約三九メートルで、南東側に入口が作られていた。中心と入口を結ぶラインは、冬至の日の出、夏至の日没方向を結ぶ軸と一致する。この入口の両脇には太い柱が二本立っていたが、撤去されることなく朽ちるにまかされ、二〇〇年は立ち続けたとみられている。中央には火を焚いた跡があり、南東の入口の前にはフリントの破片を敷き詰めた一五メートル幅の区画があり、そこにも火を焚いた大きな穴があったようだ。

南のサークルはストーンヘンジとよく似た構造をしている。内側から二番目には馬蹄形に並んだ柱の穴があり、これはストーンヘンジの三石塔の配置と似ている。だが、馬蹄形の開いている方向はちょうどストーンヘンジと正反対で、冬至の日没方向だ。また、内側から五番目のサークルはストーンヘンジのサーセン石のリングと似ていて、穴の数も三〇と同じだ。入口の方向や馬蹄形の開いている向きの対称性をみると、南のウッドサークルはストーンヘンジと対になるものだったことをうかがわせる。だとすると、それぞれの木の柱の上はもしかするとストーンヘンジのリンテルのように横木でつながっていたかもしれないし、馬蹄形の配置になっている二番目のサークルは三石塔の木材版が立っていたかもしれない（写真59）。

南のウッドサークルもダーリントン・ウォールズのすぐ南にあるウッドヘンジも六重の構造だったことを考えると、この数には何か意味があったかもしれない。ストーンヘンジは現在四重の石のリングが立てられているが、その外側にYホール、Zホールと呼ばれる二重の穴の環が掘られたことを思い起こさずにはいられない（65頁）。これらの穴が掘られたのは巨石建造物がつくられてから数百年も後とみられてはいるが、もしこれらの穴に全て石が立てられたとしたら、ストーンヘンジもまた六重の環になっていたことになるからだ。

生者の領域と死者の領域をつなぐもの

ストーンヘンジ・リバーサイド・プロジェクトはオーブリーホール7番にまとめて埋められた人骨を再発掘・再調査した。年代測定により、これらの人骨がほぼ紀元前三〇三〇〜紀元前二八八〇年頃のものだということが確認される。まさにストーンヘンジ建造が始まった時期だ。また、パーカー・ピアソンはオーブリーホールのそれぞれにブルーストーンが立てられていたと考えている。かつてホーリーが主張するも、自ら取り下げた説だ。パーカー・ピアソンはホーリーの日記に記された穴の底の形状、発見されたブルーストーンの破片などから判断したのだが、これについては明確な証拠に欠けるとして反論も多い。いずれにしても、ストーンヘンジは火葬された人骨の埋葬地として始まり、そこに石が墓碑のように立てられていた可能性も再び浮上してきたのだ。

プロジェクトの大きな目的は、ストーンヘンジとダーリントン・ウォールズを結びつける直接的なものがないか調べることだった。それがアヴェニューの発掘だ。

ストーンヘンジの出入口から北東に延び、東にカーブしてエイヴォン川につながるアヴェニューは、そこで終わりではなく、ダーリントン・ウォールズからエイヴォン川につながるアヴェニューもあるのではないかという仮説のもと、発掘が行われた。プロジェクトの最終盤になって、予測した通り、ダーリントン・ウォールズの南東の出入口とエイヴォン川をつなぐアヴェニューの跡が見つかる。土手で縁取られ、内側はフリントの破片で舗装されていた。アヴェニューはヘンジの入口を通り、南のウッドサークルまで直線で延びていたが、その方角ははっきりと冬至の日の出と夏至の日没方向を結

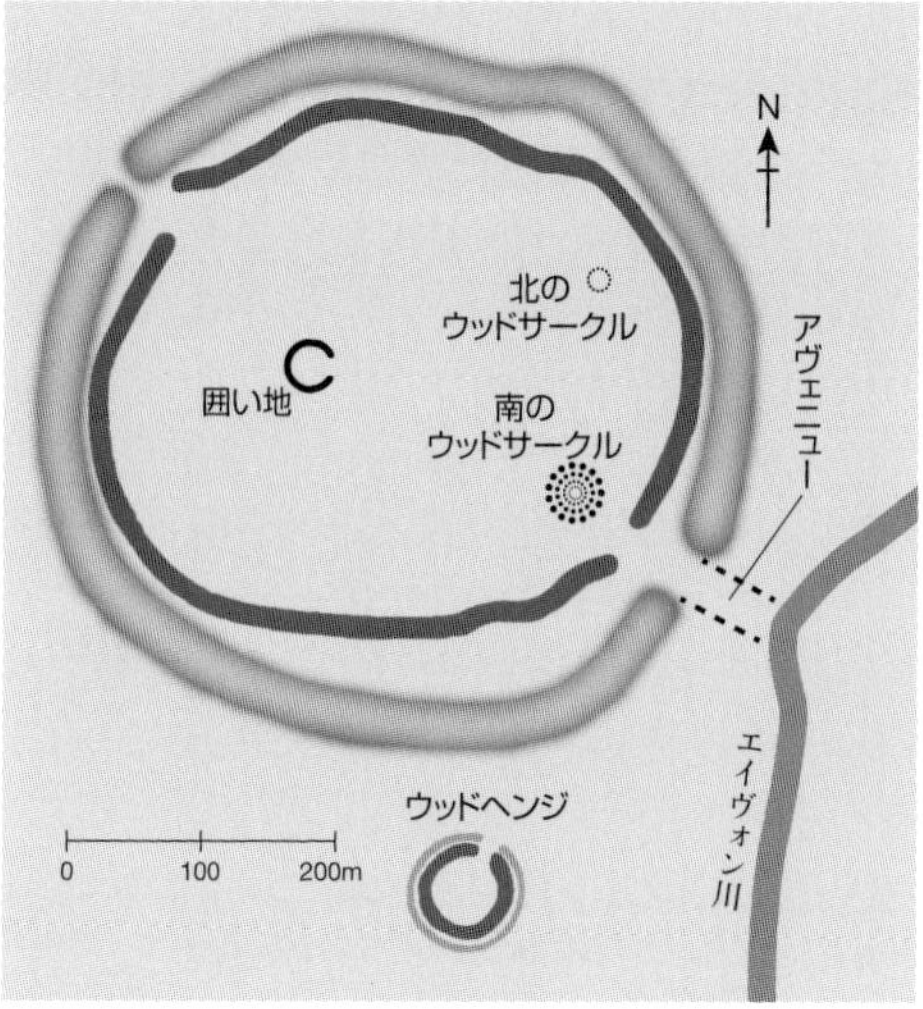

ダーリントン・ウォールズ内のウッドサークルの配置。

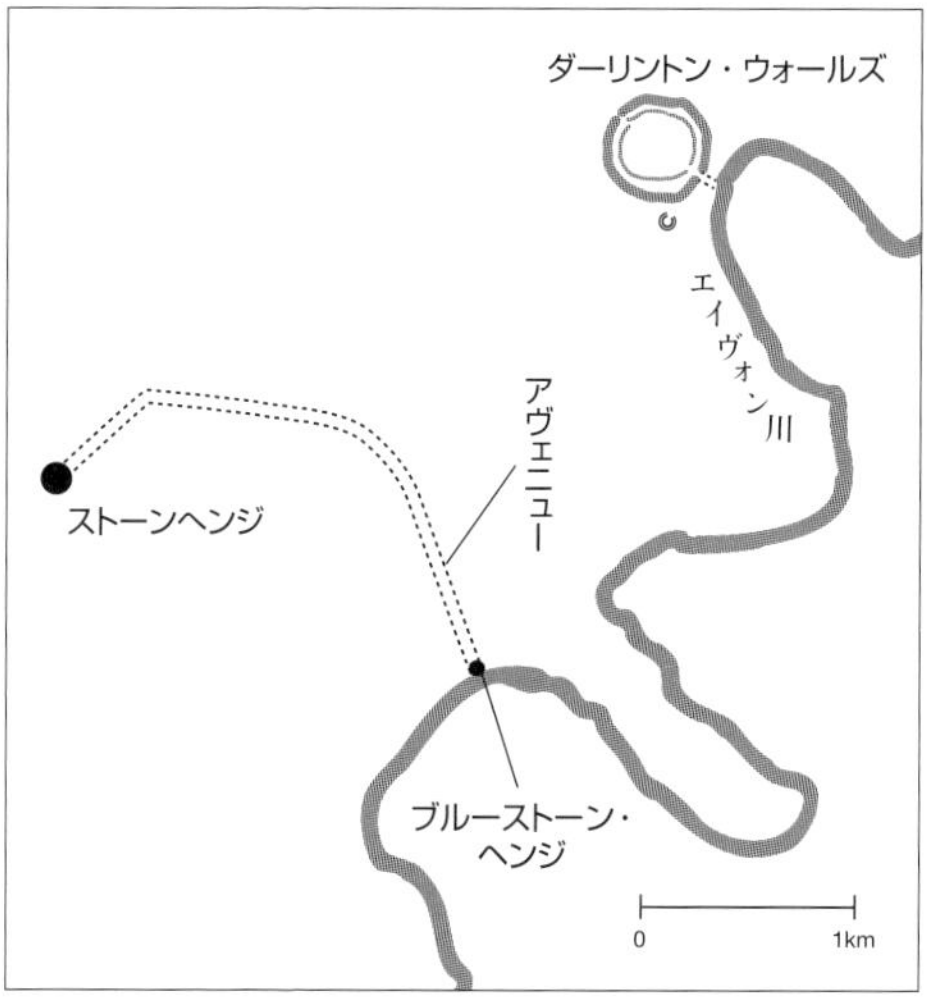

エイヴォン川とダーリントン・ウォールズ、ストーンヘンジの位置関係。

ぶ線と一致していた。ストーンヘンジの設計軸と対称をなすものだ。

また、ストーンヘンジのアヴェニューとエイヴォン川がつながる部分を発掘したところ、小規模なヘンジの跡がみつかり、その内側にはかつてストーンサークルがあったとみられる環状に並ぶ穴が発見された。パーカー・ピアソンは穴の形状からそれぞれにブルーストーンが立っていたと考え、これをブルーストーン・ヘンジと名づけた。ここに立てられていたブルーストーンも後にストーンヘンジに運ばれたのではないかと考えたのだ。これについても、明確な証拠がないという反論がある。穴の中からブルーストーンの破片が出ていないためだ。支持しない人は、ウエスト・エイムズベリー・ヘンジと呼んでいる。ただ、オーブリーホールの数五六と、新たにエイヴォン川沿いで見つかった石の穴二四～五を足すと八〇ほどになり、これは奇しくもストーンヘンジにあったと見られるブルーストーンの総数とだいたい一致する。

いずれにしても、これで、ストーンヘンジとダーリントン・ウォールズは川を介してアヴェニューでつながっていたことがはっきりした。アヴェニューはとても幅の広い道だ。仮にダーリントン・ウォールズに四〇〇〇人もの人がいたとしても、行列になって歩くことができる。この道にはどんな意味があったのか。これについても大きなヒントとなる発見があった。

冬至の大規模な饗宴

ダーリントン・ウォールズからは大量の豚の骨が出土している。多くが生後九カ月ほどのもので、この時代に豚は春先に多く出産していたことを考えると、ちょうど冬至の頃に屠られたものだとパーカー・ピアソンは考える。さらに、歯のエナメル質に残るストロンチウム同位体の分析により、豚は周辺の地域だけでなく、ブリテン島のさまざまな場所、最も遠い可能性としてはスコットランド北部からも持ち込まれていたことがわかった。

年代測定に炭素の同位体の分析が使われることは前述したが、現在、骨や歯に蓄積されているさまざまな元素の同位体が分析の対象になっている。特に歯のエナメル質に蓄積されているストロンチウム同位体は、その動物が成長期にどのような地質を流れた水を飲んでいたか、何を食べていたかなどについて多くの手がかりを与えるもので、前述のブリック・ミードの犬の歯についてもこの方法で出生地が推測された（170頁）。

また、一般的な新石器時代の居住地跡からは生後間もない子豚や子牛の骨も多く出土するが、ここではまったく出ていないことから、ここで家畜を一年中飼っていたことはなく、成長した家畜だけが食べるために持ち込まれたということがわかるという。ここは一年を通して人が暮らした場というより、何らかの催しのため、とくに冬至の頃にブリテン島各地から人が集い、大規模な祝宴が開かれる場だったのではないかというのだ（写真57）。

ストーンヘンジの中心と北東の入口、その延長線上に延びるアヴェニューは、夏至の日の出の方角と冬至の日没の方角を結ぶ軸線だ。入口も馬蹄形の三石塔の配置も北東に向かって開かれているため、夏至の日の出が重要視されてきたが、むしろ冬至のほうが重要だったのではないかという考えは従来からあった。ブリテン島の緯度は高いため、冬の日はとても短い。最も短い冬至は一年の重要なターニングポイントだったのではないか。

初期の農業は収穫量もそれほど多くない。暗く長い冬を乗り切って再び春に種をまくことができる、一年の巡りが安定して繰り返されていくという世界観なくしては成り立たないだろう。力なく弱っていった太陽が復活し、再び日が長くなっていく節目の日である冬至こそ重要な日であったと考えるのは自然ではないだろうか。前に述べたように、ストーンヘンジに先立つ巨大施設であるアイルランドのニューグレンジやオークニーのメーズ・ハウの羨道墳（223頁）は、それぞれ冬至の朝日、夕日が内部に入るように設計されていて、冬至の重要性が示されている。ただ、春分・秋分の日の出、夏至の日の出の方角に合わせた設計の小規模な墳墓もアイルランドやウェールズにある。それぞれの遺跡に方角と関連した異なる意味づけ、異なる信仰の対象のようなものがあったかもしれない。

ダーリントン・ウォールズの南のウッドサークル、アヴェニューは、ストーンヘンジと対称的な軸に沿って設計されている。冬至の前にブリテン島各地から食料を持って集った人たちが、アヴェニューからウッドサークルの真ん中に冬至の朝日が昇るのを見て、アヴェニューを通ってエイヴォン川に出て、河原を歩き、ストーンサークルのある場所で川を離れてアヴェニューを歩き、最後にストーンヘンジで日没を迎えるという行事のイメージが浮かんでくる。

パーカー・ピアソンが考える、川を介して生者の世界であるダーリントン・ウォールズと祖先が眠る死者の世界ストーンヘンジが結ばれるというイメージは、我々にとってどこか腑に落ちるものがあるが、もちろんこれは想像でしかない。ただ、年に一度、死者の世界とつながる時があるという世界観は世界各地にみられるものだ。日本のお盆、メキシコの死者の日も離れ離れになっていた家族、一族が集うのだ。また、ハロウィンはブリテン島やアイルランドの鉄器時代のサムハインという一年の節目を示す行事が元になっている。冬至とは少しずれるが、やはり冬を迎える前に年が変わり、そのとき異界と現世との境界が曖昧になる日なのだ。ストーンヘンジを死者の領域といっても、巨石建造物がつくられた時代の埋葬の痕跡はないではないかという異論もあるが、祖先の霊が眠る場所と考えれば、新石器時代初期にロング・バローがもっていた役割を異なる形、規模でつくったと考えられるかもしれない。

短命に終わった居住地

ダーリントン・ウォールズは遺物の年代測定によれば、紀元前二五〇〇〜紀元前二四六〇年頃という、わずか四〇年ほどしか使われなかったようだ。内部の住居はせいぜい一〇年ほどしか使われなかったと推測されるという。この年代はストーンヘンジにサーセン石の石組みがつくられたステージ2の末期から、ブルーストーンの配置が変えられたステージ3の初期にあたる。巨石建造物が完成し、それを見るため、そこで行事を行うためにブリテン島各地から人が集まっていたのかもしれない。

ダーリントン・ウォールズではさらなる発見も相次いでいる。二〇一五年、地中のスキャンにより円形の囲いに沿って、実に三〇〇もの深い穴が並んでいることが発見されたのだ。にわかに、巨大なストーンサークル「スーパーヘンジ」の痕跡が取り沙汰された。

現在、機器を使用した地表・地下の状態のスキャンは考古学調査に欠かせなくなっている。磁気センサー、土質や土中の水分量を電流の抵抗で調べる大地抵抗率調査、地中へのレーダー調査や上空からのレーザー照射による地表のマッピングなど、さまざまな技術が使われ、地中の埋蔵物や密度の異なる部分、地表の凹凸などが調査される。

これらの穴はその後発掘調査が行われ、石ではなく木の柱を立てた跡だと判明する。さらに、木の柱の環は短い時間で撤去され、その後に堀と土手がつくられたことがわかったのだ。いずれもこの場所が居住地としての役割を終えた後のことだった。

ダーリントン・ウォールズは、堀と土手に囲まれた居住地だったのではなく、円形にレイアウトされた居住地がわずか十数年でその役割を終え、そこを閉じるための手順として木の柱のサークルで囲み、さらに土手と堀＝ヘンジがつくられたのだという。木の柱の穴を調べると、基底部に何の補強もなく、また撤去にあたっては柱を倒すことなく、真っすぐに持ち上げた形跡があった。最初から短い間だけ木の柱で囲むように設定されていたのだ。

また、エイヴォン川とストーンヘンジへのアヴェニューとの接点にあったブルーストーン・ヘンジもまた、ストーンサークルが撤去された後にヘンジがつくられたという。ヘンジはそこが役割を終え、彼らの世界観にとって重要な場であったことを示し、そこに何かを留めておくためのものだったのかもしれない。ヘンジは内側に堀があり、外側に土手が作られている。この囲いが外から何か入ってくることを防ぐためのものであれば、ストーンヘンジの周囲のように、その順序は逆であるほうが自然だろう。これはむしろ内側にある大切なものが外に出てしまわないようにという意味で象徴的につくられたものではないか、と、複数の考古学者が考えている。

巨大な穴の列は何か

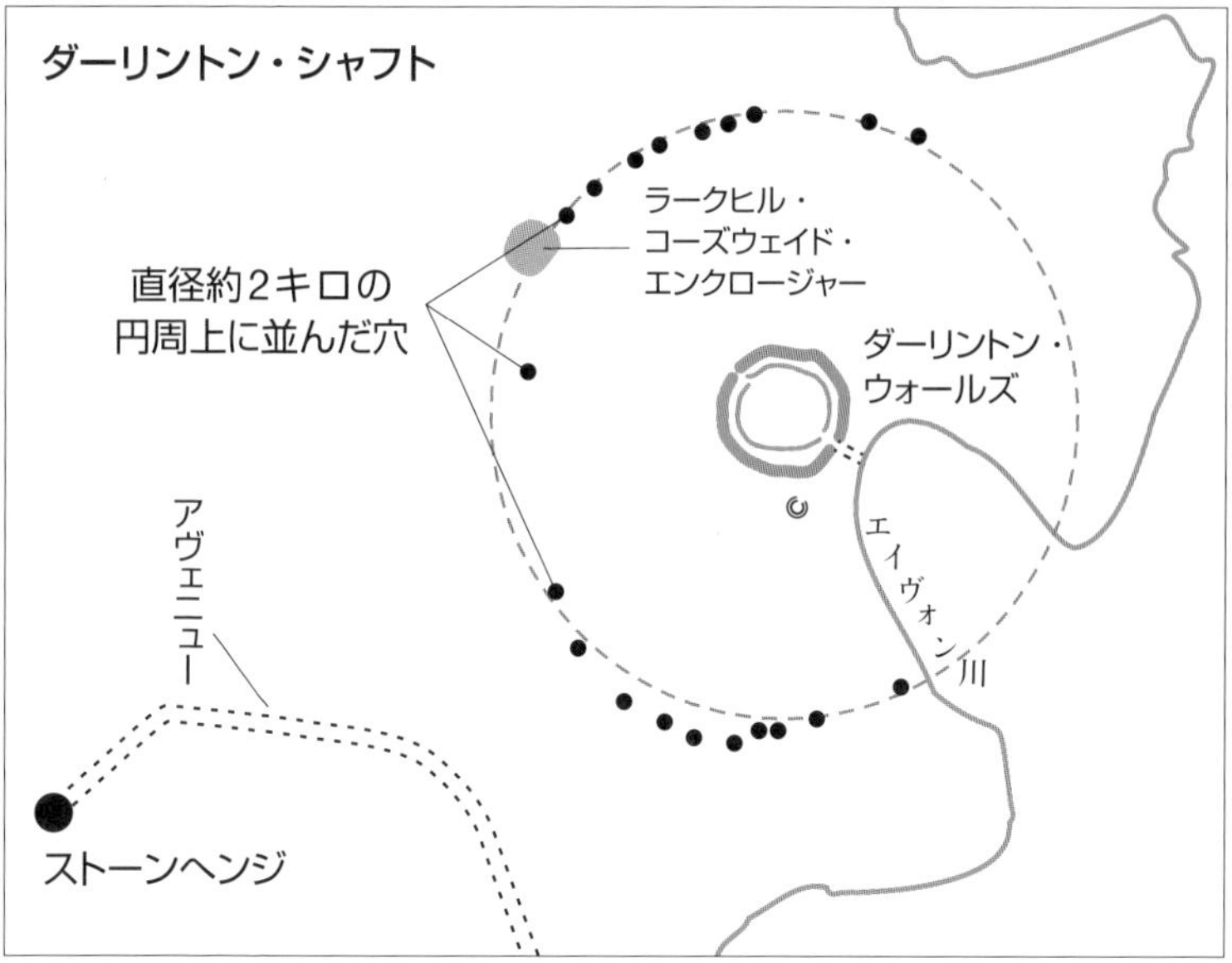

ストーンヘンジ周辺の地中探査では、さらにスケールの大きなものも発見された。ダーリントン・ウォールズを中心として、直径約二キロもの大きさで円形に近い配置で並ぶ複数の大きな穴の痕跡だ。ダーリントン・シャフトと名づけられたこれらの穴は二〇二二年時点で二〇確認されており、全体の規模も大きいが、それぞれの穴も直径が一〇メートル、深さは約五メートルと巨大なものだ。あまりに規模が大きいので、発見当初は自然に出来た穴と考える専門家もいたが、穴の大きさや形状がほぼ同じで、サンプルの年代測定値も紀元前二四六〇年〜紀元前二二〇〇年にそろっているため、現在は人工物であるという見方が大勢だ。時代はストーンヘンジにサーセン石の石組みがつくられた後、ブルーストーンの配置が変えられたりしていた時代で、ダーリントン・ウォールズが閉じられた後につ

くられたものかもしれない。

ダーリントン・ウォールズを中心にした配置のため、これらの穴は「聖域」をマーキングするためのものではないかといった仮説が提示されているが、いずれにしても本格的な発掘調査が待たれる。

このように大規模な施設の痕跡が集まっているストーンヘンジ周辺のエリアには、どういう重要性があったのだろう。ここで再び前述したブリック・ミードなどの中石器時代の遺物が意味をもってくる可能性がある。ブルーストーン・ヘンジの場所からも中石器時代の遺物が出ているのだ。

川に近い、居住に適した場所からさまざまな時代の遺物が出ることは自然なことかもしれないが、生活様式も文化も異なる集団が接触していた形跡は注目に値するだろう。デヴィッド・ジャックスによれば、ストーンヘンジから見ると、北方に浅い谷が広がっていて、そこを通過する野生動物が視認しやすく、狩り場としてはとても良い場所だったはずだという。ブリック・ミードに中石器時代のさまざまな集団が集まっていたのはこうした理由もあるかもしれない。

では、新石器時代においてもこの場所が重視されていたのはどういう理由によるのだろう。新石器時代の農耕は収穫量もそれほど多くなく、狩猟も行われていたことがわかっている。かつて多くの人がさまざまな場所から集まってきたこの場所の価値が引き継がれていったのかもしれないが、もうひとつ、この場所を特別なものにした可能性のある発見があった。それはアヴェニューの下からだった。

道はずっと前からそこにあった

ストーンヘンジ・リバーサイド・プロジェクトはアヴェニューのストーンヘンジに近い部分も一部

発掘したが、人工の道の下からまったく時代の異なる溝のようなものが発見された。地質学者の分析により、これは最終氷期にできた自然の溝だということがわかった。氷に石灰層が削られ、そこを斜面の上から水が流れて延びていった跡なのだという。このラインは一五〇メートルほど真っすぐ続いていた。アヴェニューはその上につくられたのだ。

この自然に出来た溝を、新石器時代の人たちは太陽の一年の移り変わりにとって重要な節目にあたる夏至の日の出と冬至の日没の方角を結ぶライン、天界と地上とが密接に結びつく、世界の中心のようにしてとらえ、その端にストーンヘンジを作ることを決めたのではないか、とパーカー・ピアソンらは考える。氷期に出来た溝は数千年後の新石器時代には埋もれていただろう。だが、前にも述べたように、毎年ある季節になると上に生える草の色の濃淡として現れるクロップ・マークとして、あるいは、二〇一八年に極度の乾燥によって、イギリスやアイルランド各地の地表に古代の遺跡の痕跡が次々に地面の濃淡となって現れたように、地中の湿度の差が地表に浮き出るソイル・マークとして、この道はあるとき忽然と地表に現れたのかもしれない。または、氷期の終わりとともにブリテン島に渡ってきた狩猟採集民は、この不思議なラインをよりはっきりと視認していたはずだ。このことについて、新石器時代の農耕民は彼らから何らかの言い伝えを聞いていたかもしれない――。

こうしたこともまたまったく想像の域を出ないが、アヴェニューがこの天然の道をなぞるようにしてつくられたことだけは確かで、そこには確実に何らかの意味が込められていたのだろう。

COLUMN

ストーンヘンジと音

トマス・ハーディの小説『ダーバヴィル家のテス』は、物語の最終盤でストーンヘンジが舞台になる。逃避行の果てにストーンヘンジにたどり着いたテスは、そこで「巨大な一弦のハープ」が鳴っているような響きを聞く。サーセン石の間を抜ける風が作る音なのだという。ハーディは他の小説でも「ストーンヘンジの音」という表現を比喩的に使っているが、それはおそらく自身が体験したものだったのだろう。彼は先史時代に関心が深く、ストーンヘンジを何度も訪れていた。

また、ドーセットに現在もある彼の屋敷は、建築時にサーセン石と人骨が発見され、彼はその石に「ドルイドの石」と名づけて庭に置いていた。ハーディの死後にわかったことだが、その土地は新石器時代のコーズウェイド・エンクロージャー（175頁）の一部だったのだ。彼は「ドルイドの石」の近くで背後から近づく人の影を見るが、振り返ると誰もいなかったという不思議な体験を記している。土地の来歴を考えると、そのまま幽霊譚になりそうな面白いエピソードだ。

近年になってストーンヘンジの音響について調べる試みが複数行われている。音楽や音響の専門家であるルパート・ティル教授は二〇一七年、コンピュータ・シミュレーションを用いて、ストーンヘンジの構造は内部の音が効果的に反響するように設計されているという説を提示した。風の吹き方によっては、ワイングラスの縁を指でなぞったときに出るような共鳴音が出る可能性があり、ハーディが書いたのはそうしたものだっただろうと記している。

二〇一九年には、音響学者のトレヴァー・コックスが、現存する石の正確なミニチュアを3Dプリンターで作成。かつて存在したと考えられる石も配置して、直径二・五メートルの模型を作って音響の実験をしている。結果、内部ではとても効果的な残響音が得られることが証明されたと発表している。

いまのところ、ストーンヘンジの同時代の遺跡からは楽器の出土品は見つかっていないが、円筒形のドラムを模したように見えるチョーク製の工芸品がいくつか出土している（写真92）。ストーンヘンジの中で太鼓の音が響き、歌が唄われることはあったのだろうか。新石器時代の音楽はどのようなものだっただろう。

地中海沿岸に残る巨石文化

ブリテン諸島に渡った農耕民は西アジアから地中海沿岸に広がり、イベリア半島へと至った人たちとつながりが深い。このルート上には数多くの巨石遺跡が残っている。

（→164頁）

写真64▶マルタ島には巨石神殿や巨大な地下神殿を建造した文化が紀元前3500年から紀元前2500年頃まで栄えた。写真のハジャー・イム神殿には風化しているが50トンを超える岩が使われている（165頁）

写真65（上）▶マルタ島の新石器時代のドルメン。年代不祥（165頁）。
写真66（下）▶サルディーニャ島の「巨人の墓」。様式がアイルランドの「コート・ケアン」と呼ばれるものに似ている（165頁）。

写真67（上）、写真68（下）▶スペイン南部、アンテケラの「メンガのドルメン」の入口（上）と内部（下）。成形された大きな石のブロックで建造されている。紀元前3750 〜紀元前3650年頃。夏至の太陽が向かいの山の上に出ると、遺跡の内部に光が入るよう設計されている（165頁）

写真69（上）▶サルディーニャ島の石彫のある岩。
写真70（下）▶スイス、カルシェンナの石彫。
写真71（左下）▶スペイン、ガリシア地方に残る石彫。

写真72▶スコットランド、イースト・エアシャー、バロックマイルの川沿いの岩壁に彫られたカップ・アンド・リング・マーク。カップは半球状の穴、リングは同心円を指す。同心円のモチーフは世界のさまざまな場所に見られるが、同心円の中心にカップマークがあり、そこから尻尾のように直線が延びている模様は独特な様式。

ヨーロッパ各地に残る同形の石彫

ブリテン島北部に広く分布する、カップ・アンド・リング・マークと呼ばれる石彫、
これはブリテン島にかぎらず、地中海沿岸、イベリア半島北部、
中欧、北欧とヨーロッパに広く分布している。
この図形の意味するところはわかっていない。
共通の文化的背景があるのかどうかについては議論がある（→165頁）。

写真73（上）、写真74（下）▶カルナックの列石。3000を超える数の巨石が列をなして約3キロ続いている（230頁）。

ブルターニュは巨石文化発祥の地か？

フランス、ブルターニュには世界最大規模の列石カルナックや、内部に見事な石彫を施した巨石羨道墳などが集中している。近年、ヨーロッパの巨石文化の発祥地はブルターニュであり、海上交通を介して各地に伝搬したという説を展開した考古学者もいる（→ 230 頁）。

写真75▶ガヴリニス島の羨道墳内部の石彫。ヨーロッパ先史時代美術の白眉。

写真76（上）▶ブルターニュのロクマリアケールにはかつて19もの巨大な石柱が並んでいた。現在最大のものだけが倒れて残っている。他のものは全て近隣の羨道墳などに再利用された（230頁）。
写真77（下）▶羨道墳「商人のテーブル」。かつては石室部分の石組みだけが残っていたが、1991年に復元された（230頁）。
写真78（左）▶「商人のテーブル」内部。天井の石斧の石彫のある巨石はかつて近くに立っていた19の石柱のうち、二番目に大きかったものを再利用している。正面の岩に彫られたモチーフは実って垂れる麦の穂だとも言われるが定説はない（230頁）。

北の果ての巨石の都

ブリテン島の北の海に点在するオークニー諸島は新石器時代の文化的中心地のひとつだった。巨大なストーンサークルとヘンジ、冬至の夕日が差し込む羨道墳、極めて保存状態の良い住居跡に加え、近年、巨大な石造の宗教施設と思われる建造物群の跡が発見されている。（→223頁）

写真79（上）▶オークニーからブリテン島各地に広がって行ったとみられる、グルーヴドウェアと呼ばれる土器の様式。写真はダーリントン・ウォールズから出土したもの（224頁）。
写真80（下）▶オークニー諸島本島で発見された巨大な石造建築群ネス・オブ・ブロッガーの想像図（224頁）。この複合施設は数度の改築を経ており、現在も発掘調査中だ。この姿はあくまでもイメージ。
写真81（左上）、写真82（左下）▶居住地跡、スカラ・ブレイ。住居の様式はダーリントン・ウォールズと多くの共通点がある（180頁）。

写真83（右上）▶アイルランド東部、ボイン渓谷に残る羨道墳ニューグレンジの全景（226頁）。
写真84（右中）▶ニューグレンジの壁面。白い石英質の石が使われており、背面に向かって、黒い石とグラデーションになるようにデザインされている。光と闇を表現したものとも考えられている。
写真85（右下）▶ニューグレンジの近くのナウス（中央の大きなマウンド）とその他の墳墓。ナウスのマウンドの外周には天体の運行と関わりのある石彫が彫られている（226頁）。
写真86（左）▶ニューグレンジの正面。入口の上に空いた小さな窓が明かり窓で、ここから冬至の朝日が入り、奥の石室を照らすように設計されている（226頁）。

写真87（右上）▶ニューグレンジの冬至の朝の光のイベント。通路は上り坂になっているため、入口から入った光は途中で途絶え、上の明かり窓から入る光が直接奥の石室を照らす構造になっている（226頁）。
写真88（上）▶ニューグレンジの石室。
写真89（右下）▶ニューグレンジの入口の反対側にある石に刻まれた模様。模様の左右中央のラインは、ちょうど冬至の朝日の方角とニューグレンジの中心を結ぶラインの延長線上にある。

光のイベントを演出する装置

アイルランドのニューグレンジは冬至の朝日が入るように設計されている。

アイルランドの羨道墳に埋葬された人たちは特定の血族に属することがわかってきた。太陽や月の動きに関する深い知識をもった支配者、あるいは宗教的権威をもつ人たちの姿が浮かび上がってきている（→ 226 頁）。

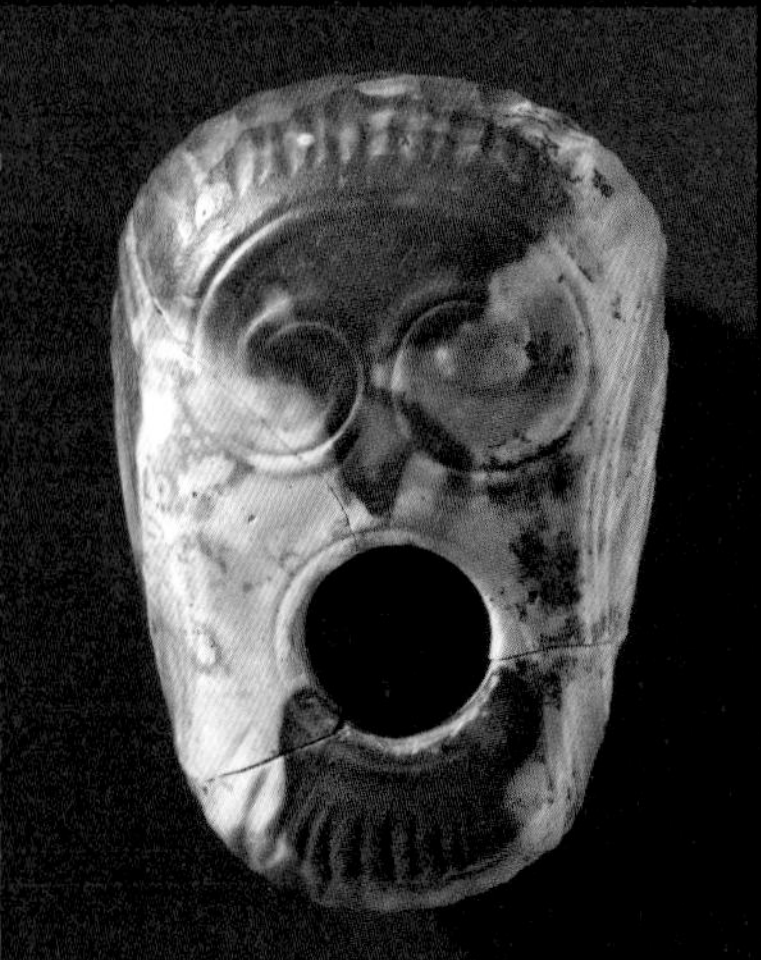

権力・権威の象徴

ブリテン諸島の新石器時代の社会は
格差の少ない、比較的平等な社会と
考えられてきたが、
近年の遺伝子解析などにより、
特定の血筋・家系が力をもっていたことも
うかがわれるようになってきた（→ 228 頁）。

写真90（左上）、写真91（右上）▶スコットランド北部で発見される彫刻を施された石球。一種の祭具のようなものと考えられている（229頁）。

写真92（右下）▶ヨークシャー、バートン・アグネスで出土したチョーク製のドラム。（紀元前3005 ～ 紀元前2890年頃）。

写真93（左下）▶ナウスで発見されたフリント製の職杖の頭部。ストーンヘンジでも同様のものが発掘されており、権威・権力の象徴とみられる（229頁）。

COLUMN

パワースポット、レイライン、癒やしの力

●パワーが溢れる場所?

　ストーンサークルを訪れると、石に手をあててじっと瞑想しているような人、中央で半裸で大の字になって寝ている人などに遭遇する。後者は珍しいが、前者はとても多い。おそらく、彼らはみな、石とその場所の「パワー」を感じ、さらには自らの内にとり入れようとしているのだろう。

ロールライト・ストーンズのキング・ストーン。お守りとして削り取っていく者が多かったため、下の方が細くなっている。

「パワースポット」という言葉が現在広く使われている。「大地のパワー」「癒やしの力」「気のエネルギー」が強い場所、といった説明がされているが、多くに共通しているのは、古代遺跡や聖地など、近代以前の文化で尊重されていた場所という点だ。巨石モニュメントはそうした場所だと考える人が増えている。

　石に特別な力があるという考えは昔からあったようだ。たとえば、巨石遺跡の石を削って持っているとお守りになると考え、第一次大戦時にはロールライト・ストーンズ（157頁）のキング・ストーンを削りとって戦地に赴く兵士が多く、石はすっかり形が変わってしまった。前述したように、ストーンヘンジの石にも水を浄化する力があると言われていた（97頁）。

　また、石には生き物の生を圧倒する、長大な時間を生きる生命力があるのだという考えは世界各地にみられる。日本で大きな岩を神の降りる場所、磐座《いわくら》とみて神聖視するのもその一例と言えるかもしれない。岩石や鉱物の生成や風化のプロセスを考えると、確かに石には誕生、成長、変容と消滅という万年単位の生があると考えることもできる。水を飲みに動いていく巨石の話（158頁）が各地にあるのも、石は生きているとい

うイメージから生まれているのだろう。

ただ、現在よく使われている「パワー」は、石だけでなく、場所に深くかかわるもので、そこには地球をひとつの生命体ととらえ、ヨーガなどでいう生体のエネルギーが出入りする場所「チャクラ」や、鍼灸・気功などの「経穴（ツボ）」のように見る態度がある。

こうした見方は一九世紀の神秘主義者から始まり、インド思想などに傾倒した一九六〇年代のヒッピー・カルチャーによって拡散し、現在はニューエイジと総称される神秘主義に受け継がれている。

この「パワー」や「エネルギー」は、文化的・思想的なものにとどまらず、実体をともなったものとして考えられることが多いが、それを科学的にとらえようとする試みも行われた。ポール・デヴローはその代表的な人物で、ブリテン諸島各地のストーンサークルで、電磁波、放射能などを計測する「ドラゴン・プロジェクト」を一九九〇年代に指揮した。いくつかの場所で地磁気の強さなどに特異なものが見られると報告しているが、全ての場所に共通した特徴を示す、「これがパワーだ」といった明確な結果は出ていない。

彼はストーンヘンジは鉄琴のように共振を起こす音響装置だという考えも発表していて（192頁）、音楽のバイブレーションと大地のパワーという考えには、一九六〇年代文化を謳歌した世代らしさが感じられる。

●レイラインとは何か

デヴローや他の「パワー論者」が依拠する考えのひとつに「レイライン」というものがある。最初にこれを提唱したのは、イギリス人事業家・写真家アルフレッド・ワトキンズだ。彼が一九二一年に発表した書籍『古い直線路』は、古代遺跡、十字路、山の頂上、古い教会のある場所などを結ぶと不思議と直線上に並ぶことが多いことを指摘した。彼はこれを先史時代に存在した道のネットワークの痕跡と考え、レイラインと名づける。この本は大きな話題を呼び、地図上で直線を探す「レイ・ハンター」たちが、ブリテン島地図を直線で埋め尽くしていくことになる。

ワトキンズは古代遺跡のフィールドワークをしていたわけではなく、地図を眺めていて、その「特別なライン」に気づいたという。第一次大戦を経て、本格的な航空機の時代が到来した時期だ。また、安価な民生用の地図が一気に普及した時でもある。自らが住む世界の詳細を上空から見た平面でとらえる眼差しはここで生まれた。地点間の最短距離を直線で結ぶという発想も、航空機の時代ならではのものといえる。

ロールライト・ストーンズでダウジングをする人。ダウジングはヨーロッパで古くから使われてきた、振り子やL字形の棒を持って、その動きで地下にある水脈や鉱脈が探れるとする方法。パワースポットのパワーは地磁気であると考える人は、金属の棒がそれに反応して動く、あるいは人体に作用して手の筋肉に微妙な反応を起こして棒を動かすと考える。

世界を平面として把握するようになる前、たとえば、険しい山に隔てられた二つの谷沿いの集落に住む人たちにとっては、山の反対側にある互いの集落よりも、同じ谷筋上にある離れた集落のほうが、より「近い」場所として認識されていたかもしれない。長く川を下っていった先にある海辺よりも、近くにある深い森の奥のほうが、自分たちの生活圏と乖離《かいり》した遠い世界だったかもしれない。もし古代人の「意識の中の地図」というものを図像化できたとしたら、彼らの身体感覚や世界観を反映したものになるだろう。それは狩猟採集社会と農耕社会でもそれぞれ異なった姿になるはずだ。世界を平面に落とし込んだ地図で考え、そこに引いた線を古代の道と見ることには、どこか現代人の視線を過去に投影するような転倒が感じられる。

ワトキンズは直線網を「古代のネットワーク」と考えたのだが、これは後に、地のエネルギー、パワーが走る経路、あるいはよりオカルト寄りに霊《スピリチュアル》的な力に溢れた場所のネットワークととらえる流れになっていく。こうなると、世界をどうとらえるかという問題から離れて、エネルギーがあるかないかという話になってしまうので、判断のしようがない。

●新石器時代の巡礼地説

ストーンヘンジは古代の人たちにとっても一種の「パワースポット」だったと考える考古学者たちもいる。二〇〇八年にストーンヘンジ内で発掘を行ったティモシー・ダーヴィルとジェフリー・ウェインライトは、ブルーストーンを西ウェールズから運んだのは、病気や怪我を癒やす力があると考えられていたからだと主張する。このため、ストーンヘンジはルルドの泉のように、ブリテン島各地、さらには大陸からも巡礼する者がいたのだと。ストーンヘンジ周辺にある青銅器時代の墳墓から出土する人骨に大きな怪我や障害を示すものが多く、アルプス地方から来たと考えられる「エイムズベリーの射手」(240頁)も頭や膝に大きな怪我を負っていたことも例示している。

この主張の支えとしては、プレセリ丘陵の南側、ブルーストーンの産地の近くに中世から治癒の力があるとされてきた聖なる泉があること、石と泉に治癒力があるという民間伝承はウェールズやイングランド西部などに広くみられること、ジェフリー・オブ・モンマスの『ブリタニア列王史』(75頁)に、ストーンヘンジは巨人が体を癒やすためにアフリカから運んだものだという話が紹介されていることなどが挙げられている。ローマ時代や中世期にもブルーストーンを壊して持ち去った形跡があるのは、この治癒の力という伝承が長く伝えられていたからだろうというのだ。『ブリタニア列王史』が、現在まで考古学者たちに強い影響力をもっていることに驚く。

二人はストーンヘンジの石組みは紀元前二五〇〇年頃のブルーストーンの二重のサークルの配置が最初であり、サーセン石は二〇〇年ほど後に持ち込まれたものとしているが、年代測定値はその後変更され、サーセン石の石組みとブルーストーンの二重のサークルは同時期と判明している。また、このことからストーンヘンジの建造と周辺の青銅器時代の墳墓とは時代的にズレが生じている。さらに、彼らがブルーストーンの採掘地と考えたプレセリ丘陵の南面は主要な産地ではないことがわかり(215頁)、そうなるとその近くにある聖なる泉との関連を強調する根拠が弱くなる——といった点で彼らの説は修正を余儀なくされている。

ちなみに、この仮説の影響で、パワーストーンの店がこぞってブルーストーンを商品化し、本書にも石の写真(写真8)を掲載できたことをつけ加えておく。

第五章

始まりの地から終末へ

西ウェールズから運ばれた遺骨

ストーンヘンジは一〇〇人以上分の骨の埋葬から始まっていた。埋葬されたのはどういう人たちだったのだろう。

オーブリーホールから再発掘された骨は、歯のエナメル質が火葬によって破壊されてしまっているため、その者が成長期に過ごしていた環境はわからない。だが、燃焼した骨のストロンチウム同位体を調べることで、歯のそれとは対照的に死の前の約一〇年にどういう水を飲み、どういうものを食べていたかがわかるという。分析にかけた二五体のうち、少なくとも一〇体は最期の約一〇年の多くを西ウェールズで過ごした人間のものという結果が出た。つまり、西ウェールズで亡くなって火葬された骨を運んできたか、西ウェールズからストーンヘンジ周辺に来て間もなく亡くなったかのいずれかということになる。全てが後者であるとは考えにくい。

さらに興味深いのは、これらの骨の性別だ。ユニヴァーシティ・カレッジ・ロンドンのクリスティー・ウィリスの分析で、性別が判明した二三体のうち、九体が男性、一四体が女性という結果が出ている。全体で二〇〇人は埋葬されただろうとされる中のほんの一部の分析結果なので、この比率が全てにあてはまるとはいえないが、これほど女性の比率が高いのは異例だという。ただ、前述したコッツウォルズの墓の骨が一人の男性を元にした家系に属するものだった例を考えると、少数の特別な男性とその複数の配偶者、さらに子どもや孫たち、ということも考えられるかもしれない。火葬された骨からはＤＮＡは抽出できないので、確認する方法はないのだが。

分析できたサンプルは一部だが、西ウェールズから祖先の古い骨とともに移動した人たちがストーンヘンジの建造にかかわったことは確かなようだ。西ウェールズはブルーストーンの故郷だ。この二つのことが無関係とは思えない。

ブルーストーンの故郷へ

ブルーストーンは、ストーンヘンジから二〇〇キロ以上も離れているウェールズ西部のプレセリ丘陵で産する、斑状の（大きな鉱物粒子が入った）ドレライトが最も多いことは前に述べた。産地はプレセリ丘陵南部のカーン・メイニが最有力候補とされていたが、二〇一一年からの地質学者ロブ・イクサー、リチャード・ベヴィンスによる調査で、具体的な産地が次々に明らかになっていく。

まず流紋岩《りゅうもんがん》のブルーストーンの産地のひとつがプレセリ丘陵の北端、クレイグ・ロズ・イ・ヴェリンと特定された。紀元前三六二〇年から紀元前二九一〇年の間に採石が行われていた痕跡が現れ、露頭の中でも石の組成が完全にマッチする場所に、ちょうど石塊を切り出した跡も発見された。

二〇一四年にはストーンヘンジの斑状のドレライトのうち一二のサンプルが分析され、産地の候補が三つにしぼられた。最も大きな候補は従来考えられていたプレセリ丘陵の南面ではなく、北面のカーン・ゴイドグだった。パーカー・ピアソンらによる二年間の考古学調査が入り、この場所からも新石器時代の活動の痕跡が数多く発見される。石の亀裂の間にくさびを打ち込んだ跡、平らな石を敷いてつくられたプラットホームも発見された。切り出された石はプラットホームの上でソリに乗せられて、北の斜面を降ろされたと考えられている。

ブルーストーンの産地のひとつ、カーン・ゴイドグの露頭。石は石柱状に割れる節理をもっている。

出土した木片などの年代測定では、先史時代のもののほとんどが、紀元前三三五〇年から紀元前三〇〇〇年頃を示した。新石器時代後期の年代は出ていない。新石器時代の採石は、ちょうどストーンヘンジの建造が始まる紀元前三〇〇〇年頃には終わっていたようなのだ。周辺には丘の上に立つペントレ・アイヴァンのドルメン（写真26）をはじめ、数多くの新石器時代の巨石モニュメントがあるが、いずれも紀元前三〇〇〇年以前、新石器時代初期のものだ。ウェールズ西部にはストーンヘンジなどと同時代の新石器時代後期のものはほとんどみられないという。このエリアでの活動は何らかの事情で終わったのだ。

また、採石が紀元前三三〇〇年代から二〇〇年ほどの幅をもって行われているということは、これがストーンヘンジ建造のために短期的に行われたものではなく、一定の期間他の用途に使われていた可能性を強く示している。このことに答えを与えうるかもしれないものが一部発見された。カーン・ゴイドグの西北西約五キロ弱の場所、ワイン・マウンだ(219頁地図参照)。

ストーンヘンジの前身か

ワイン・マウンはプレセリ丘陵の北の斜面にひろがる平坦な地で、四本の斑状でないドレライトの列石がある。三本は倒れている。四本は直線ではなく、弧を描くように配置されていて、大きなストーンサークルの名残である可能性が以前から指摘されていた。

二〇一八年、四つの石の配置からサークルのスケールが仮定され、パーカー・ピアソンらによって部分的な発掘が行われた。石の柱の跡らしきものが複数発見され、ひとつからは斑状でないドレライトの破片が出土している。その穴の底に残る石柱の跡の形状が、ストーンヘンジの同じ種類のブルーストーン62番とよく似ていると、パーカー・ピアソンは論文に書いている。また彼は、ストーンサークルの直径がストーンヘンジの外周の堀の直径とほぼ同じ一〇〇メートルで、ストーンヘンジと同じ北東側に入口があったこと、このストーンサークルの建造も石が抜き取られたのも新石器時代初期〜中期で、ストーンヘンジ建造の前という年代測定値が出ていることについても言及している。

こうしたことから、パーカー・ピアソンは、ここにあったストーンサークルのブルーストーンの多くがストーンヘンジに運ばれたという仮説を展開し、大きなニュースとなった。ただし、これについては少なからず異論も出ている。ワイン・マウンに現在残っている四つの石は、ストーンヘンジで使われている同種の石と組成が一致しないこと、発掘で得られたものは、ここが大きなストーンサークルであったという証拠としては不十分であること、石が立てられていたとされる穴の大きさはオーブリーホールのそれと比べて細く、浅く、違いが大きすぎる、といった点が指摘されている。全面的に発掘すれば多くのことが明らかになるだろうが、ワイン・マウンは保護の対象になっており、部分的な発掘しか許可されていないため、二〇二二年現在、論争に決着がつく目処はたっていない。

海路説、陸路説に決着はつくか

ストーンヘンジ唯一の砂岩「祭壇石」も、産地が特定された。これまではプレセリ丘陵の南西、港町ミルフォード・ヘヴン近郊のものと考えられていた。ミルフォード・ヘヴンはブルーストーン運搬の海路説では、石が筏や舟に乗せられたとされる最有力候補地だ。だが、遥か東のブレコン・ビーコンズ地方から来たものだとわかった。これは第一章でも言及した陸路運搬説のルート（55頁）にとても近い位置にある。こうしたことをうけて、現在陸路説を支持する専門家が増えているようだ。

海路でも陸路でも、実際に石を運んだ形跡を見つけるのは難しいだろう。以前は海路説を裏付ける証拠かと思われていたものがあった。一九七〇年代にダイバーがミルフォード・ヘヴンの海底で見た三つのブロック状の岩だ。今世紀に入ってから再び特定されて引き上げられたが、調べたところこれらは石灰岩で、人が切り出したものではなかった。

海路説に否定的な陸路説や氷河説支持者に共通しているのは、西ウェールズの入り組んだ海岸で頼りない筏や舟に石を乗せて流れの速いブリストル海峡を渡るなんて、あまりに非合理だ、というものだ。パーカー・ピアソンは講演で「カミカゼ作戦のようなものだ」と言う。だが、農耕民の祖先は大

ブルーストーンの産地

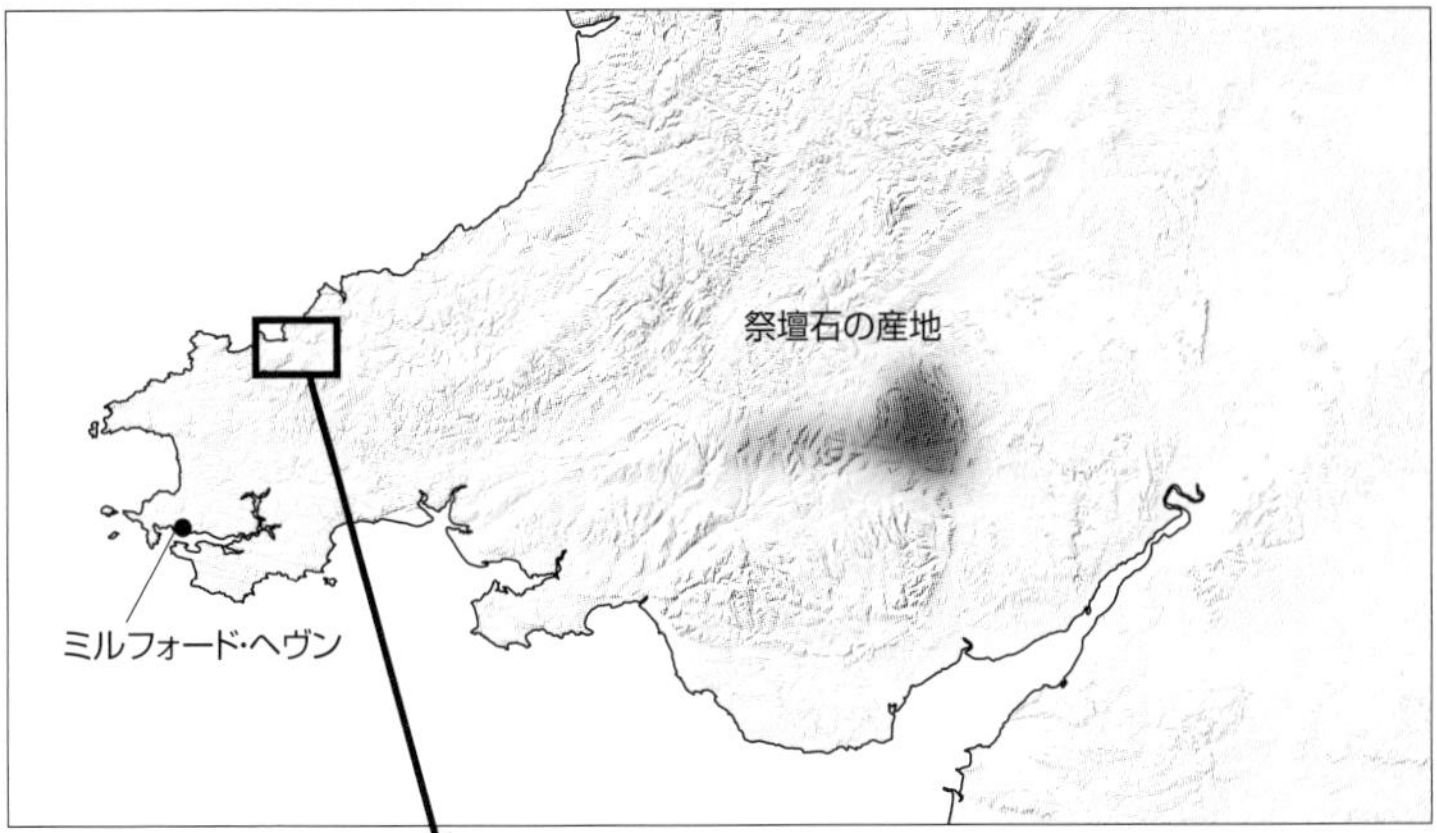
祭壇石の産地
ミルフォード・ヘヴン

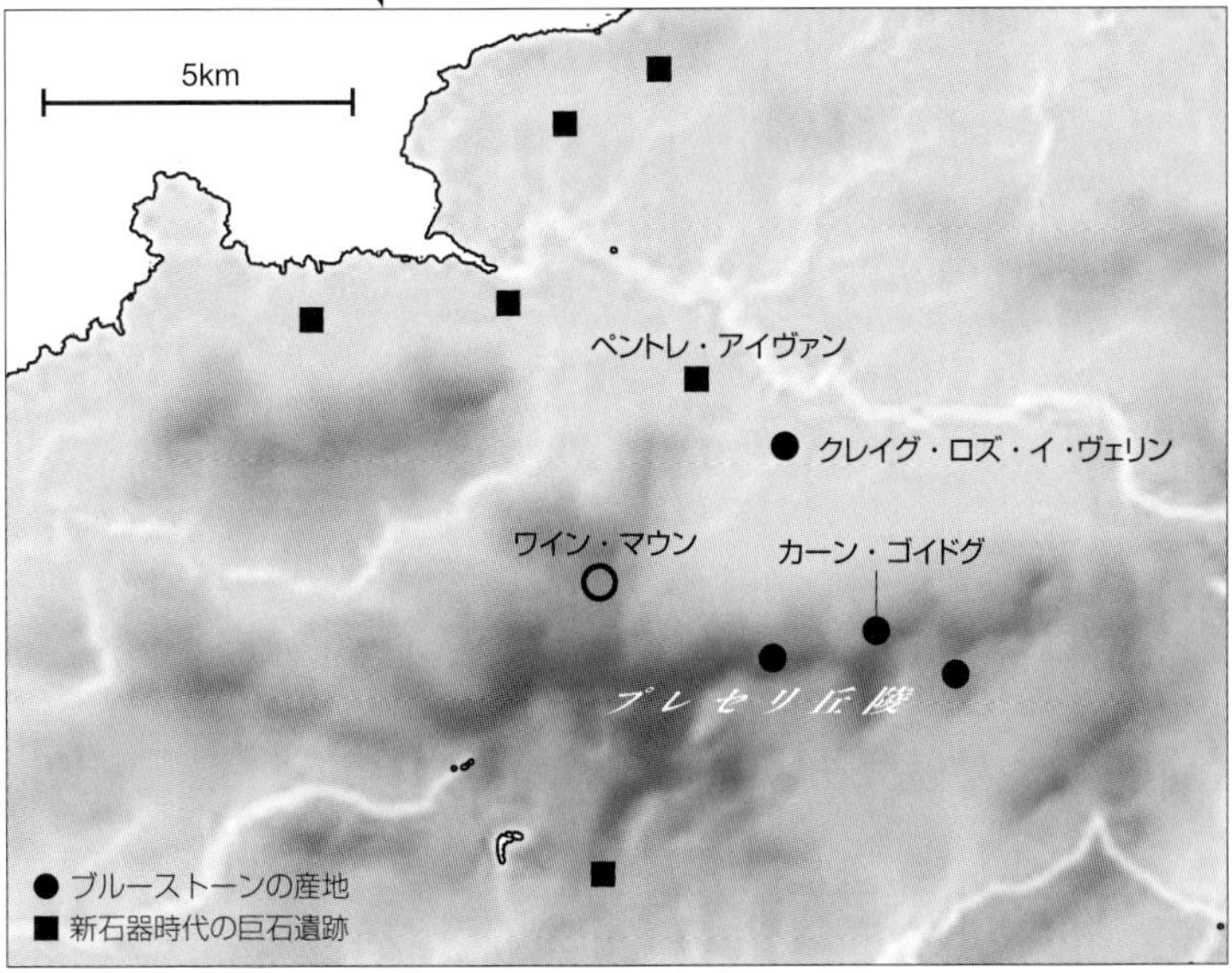
5km
ペントレ・アイヴァン
クレイグ・ロズ・イ・ヴェリン
ワイン・マウン
カーン・ゴイドグ
プレセリ丘陵
● ブルーストーンの産地
■ 新石器時代の巨石遺跡

陸からその「頼りない」筏や舟で牛や羊などの家畜をたくさん乗せて渡った人たちではなかったのか。中石器時代も、舟に乗って遠くオークニー諸島やシシリー諸島と交易している形跡がある。どういう方法が理にかなっているのかいないのか、なかなか判断は難しい。

いずれにしても、ストーンヘンジのブルーストーンは多くの産地が特定され、プレセリ丘陵の北面という狭いエリアに集中していることがわかった。そして、ストーンヘンジはまさに西ウェールズにルーツをもつ人たちによってつくられた可能性が高くなっている。彼らは祖先の骨を携えて移動し、おそらく西ウェールズとソールズベリー平原を何度も往復して、故郷の石を自ら運んだのだ。石は彼らの祖先、文化的ルーツと深くかかわるもので、それでなくてはならない特別なものだったに違いない。この大きな人と石の移動を促したものは何だったのだろうか。

新石器の暗黒時代？

ブリテン諸島の新石器時代にはいくつかのターニングポイントがある。まず、農耕が始まって四世紀ほど経った紀元前三六〇〇年代くらいからブリテン島各地で明らかに穀物栽培の痕跡が減っていき、紀元前三三〇〇年頃には確認しにくいくらい形跡がなくなっている場所が増えている。これを新石器時代の危機ととらえ、急速に増えた人口も大きく減っていったのではないかという見方がある。

農業の衰えに関しては、土壌の質の低下、害虫や穀物の病気など、いろんな可能性が提示されてきた。また、近年の気候変動の研究によると、急激な寒冷化が農業崩壊の引きがねになった可能性も示唆されている。従来、最終氷期後の気候変動は比較的緩やかなものと考えられてきたが、短期間の急激な変化を何度も経験していることがわかってきた。ブリテン島で農耕が崩壊しはじめる時期には、急激な平均気温低下の形跡があるという。

この時期にはブリテン島の各地でロング・バローの入口が閉じられ、放棄されている。また、コーズウェイド・エンクロージャーに戦乱の跡が多く見られるのもこの時代だ。複数の通路があった囲い地を、入口をひとつにして砦のように防御壁を加えるなど、作りかえられたものもある。コーズウェイド・エンクロージャーは紀元前三三〇〇年頃から急速に放棄され、その一〇〇年後にはほぼ完全に使われなくなった。

ストーンサークルの研究者であるオーブリー・バールはこの時代を「新石器の暗黒時代」とし、長期の天候不順により農業が崩壊し、飢餓、戦乱があり、劇的な社会的・文化的枠組みの変化があったのではと考えた。長期にわたって農作物の収穫が大きく落ち込み、長くコミュニティの支えであった祖霊崇拝が力を失ったのではないかと。暗い石室の中で祖先と対話するロング・バローが閉じられ、天候を左右する太陽に強い関心をもつ新たな信仰のもとで、オープンエアのストーンサークルが作られたのではないかという考えだ。

人口減とコミュニティ崩壊説には反論もある。より効率よく栄養を摂取できる牧畜への傾斜が農業離れを生んだのであって、この時期には新しい建造物も多くつくられていて、人口が激減していたとは考えられないというものだ。土器に残る成分の分析からも、家畜由来のものが多く出ていて、牛と豚の肉、乳製品への依存の高さがみられるようだ。ストーンヘンジの堀に古い牛の顎の骨が埋められたのも、牧畜の重要性と、彼らが拠りどころとした牛の血統の重要性をも示しているのではないかと。

だが、この時期には狩猟採集時代に多く消費され、農耕が始まってからは消費量がかなり減っていたヘーゼルナッツを再び多く食べるようになった痕跡や（飼料にした可能性もあるが）、より環境の悪化に強い大麦の栽培の比率が高くなった形跡などがあり、やはり、農耕をめぐる環境が悪化したことがうかがわれるという研究結果がある。

また近年、遺物の放射性炭素年代データを集積し、年代の頻度を統計的にみることで人口の増減を推察する方法が用いられ始めている。新石器時代の北ヨーロッパの炭素年代の分布をみると、農業の急激な減衰がみられる時期に、あきらかに急激な人口減の形跡があるという。ユニヴァーシティ・カレッジ・ロンドンのスー・コレッジらの研究も発表されている。これによると、一度大きく減った人口はその後数世紀ほとんど増えることなく、青銅器時代の始まりとともに再び増加に転じるという。

新たな文化の始まり

「危機の時代」があり、コミュニティが壊れたかどうかは議論があるが、この時期にブリテン諸島が大きな文化的変化を経験したことははっきりしている。ブリテン諸島の初期新石器時代には、土器は地域ごとにさまざまな様式をもっていたが、紀元前三四〇〇年から紀元前二八〇〇年頃にはピーターバラウェアと呼ばれる様式にまとまっていく。また、新しいタイプの施設カーサスが各地でつくられるようになる。混乱の時期を経て、大きな文化的共通性が生まれた形跡があるのだ。それを促したのは、規模の大きな人的移動と新たな枠組みのコミュニティの形成だったかもしれない。西ウェールズからソールズベリー平原まで人間とブルーストーンが移動し、彼らが後にした故郷での活動が以後ほ

ピーターバラウェア様式の土器。上部にくびれがある。

とんど痕跡をなくしたのはこの時代なのだ。

また、紀元前三〇〇〇年を過ぎると新しいタイプのモニュメントがブリテン諸島に広がっていく。石を環状に並べたストーンサークル、円形の堀と土手の囲い地ヘンジだ。ストーンサークルは大小さまざまだが、現在確認されているものだけでも、一三〇〇以上ある。バールはかつては四〇〇〇はあったのではと記している。ストーンサークルの歴史は一五〇〇年以上におよぶと考えられているが、これほどの熱意をもってつくられた背景はどういうものだったのだろうか。

ストーンサークルとヘンジはブリテン諸島特有のものだが、そのルーツはアイルランドやオークニー諸島で羨道墳と呼ばれる入口から中央の玄室まで狭い通路が続く円形の墳墓をつくった人たちの文化だったのではないか、という見方がある。アイルランドの羨道墓には円形の周縁に沿って石を環状に配置しているものが多い。この、中央に石室、円形のマウンドの周囲に石の環という形状が、一種の抽象化をされることでストーンサークルになったのでは、という考えだ。

北の果ての巨石の都

オークニー諸島、アイルランドには、紀元前三三〇〇年頃から巨大な施設を建造した文化が花開いている、ちょうどブリテン島の多くの場所で社会的変動があり、古い施設が放棄された時期だ。

ブリテン島の北の外れにあるオークニー諸島の本島には、冬至の夕日が細い通路を通って内部を照らす大きな羨道墳メーズ・ハウがあり、リング・オブ・ブロッガー（写真23〜25）、ストーンズ・オブ・ステネス（写真22）の二つの大きなヘンジに囲まれたストーンサークルがある。ステネスのサークルとヘンジはブリテン諸島最古のものかもしれないと言われている。これだけでも、狭いエリアにブリテン諸島最大規模の遺跡が集まる場所だったのだが、二〇〇三年になってさらに巨大な新石器時代の石造建造物が並ぶ複合施設の跡が発見された。

ネス・オブ・ブロッガーと名づけられたこの複合施設は紀元前三三〇〇年頃から建設が始まり、数度の作り替えが行われるが、紀元前二九〇〇年頃に建設された最大の建造物は、二〇×一九メートル、石壁の厚さは四メートルもあり、住居でも墓でもない、一種の宗教施設と考えられている（写真80）。この大きな建物は、紀元前二四〇〇年から二二〇〇年頃、新石器時代の終焉とともに、牛を数百頭も屠って行われた儀式と饗宴とともに閉じられている。一度にそれだけの牛を屠る儀式にいったいどれだけ多くの人が集まったのだろう。

もうひとつ、オークニーがブリテン諸島に及ぼした大きな影響を示すものがある。グルーヴドウェアと呼ばれる様式の土器だ（写真79）。ブリテン島にピーターバラウェアと呼ばれる土器の様式が広まったあと、この新しい様式の土器が各地で受容されていく。これはストーンサークルとヘンジの建造の普及と軌を一にしているのだ。グルーヴドウェアの土器に刻まれた線刻模様にはさまざまなパターンがあるが、アイルランドの羨道墳やオークニーで発見された石彫と明らかに様式的な関連がみられる。土器は単なる道具ではなく、新たに広まっていったストーンサークル、ヘンジといった施設にむすびつく儀礼や世界観にかかわるものとも考えられている。

上：オークニー諸島本島にある羨道墳メーズ・ハウ。冬至の夕日が入口から入り、奥の部屋を照らす構造になっている。
下：メーズ・ハウの内部の構造を描いた20世紀前半の絵。オークニーには石板状に割れる岩があり、これを積み上げる形で建造されている。

ボイン渓谷の巨大施設

アイルランド東部のボイン渓谷には、ブルー・ナ・ボーニャ（ボインの宮殿）と呼ばれる大規模な遺跡群がある。最大の建造物であるニューグレンジは、白い石英質の石と暗灰色の石を組み合わせた、洗練されたデザインの外壁をもつ円形の羨道墳だ（写真83）。最大の特徴は冬至の朝日がマウンドの中心に入り、奥の石室を照らすように設計されていることだ。入口の上の小さな小窓から入る光のビームが太陽が昇ってくるにつれて通路を進み、最終的に奥の部屋に到達するイベントが仕組まれている（写真87）。冬至を知るというためだけにこんな大げさなものをつくったとは思えない。これは特別な日の陽光を祖霊を祀る施設の中に招き入れる装置と考えられている。

また、ニューグレンジの隣にある羨道墳ナウス（写真85）には入口が二つあるが、それぞれ春分・秋分の日の出・日没方向に向いている。ナウスの内部や周辺に置かれた岩塊にはさまざまな石彫が施されている（227頁）。石彫は独特で、ブリテン諸島の他の場所には見られないものがある。明らかに二九日の月齢を示したものや、太陽、月の満ち欠けと何らかの

ナウスのマウンドの基底部にぐるりと配置された石。ほぼ全てに石彫がほどこされている。

ナウスの石彫。波形の周囲に三日月形、円形、二重の円形が描かれるが全部で29あることから、月齢を示してものと考えられる。

ナウスの石彫。波形も何らかの周期を示しているように見える。この場合、その周期のある期間を示すようなラインが入れられている。

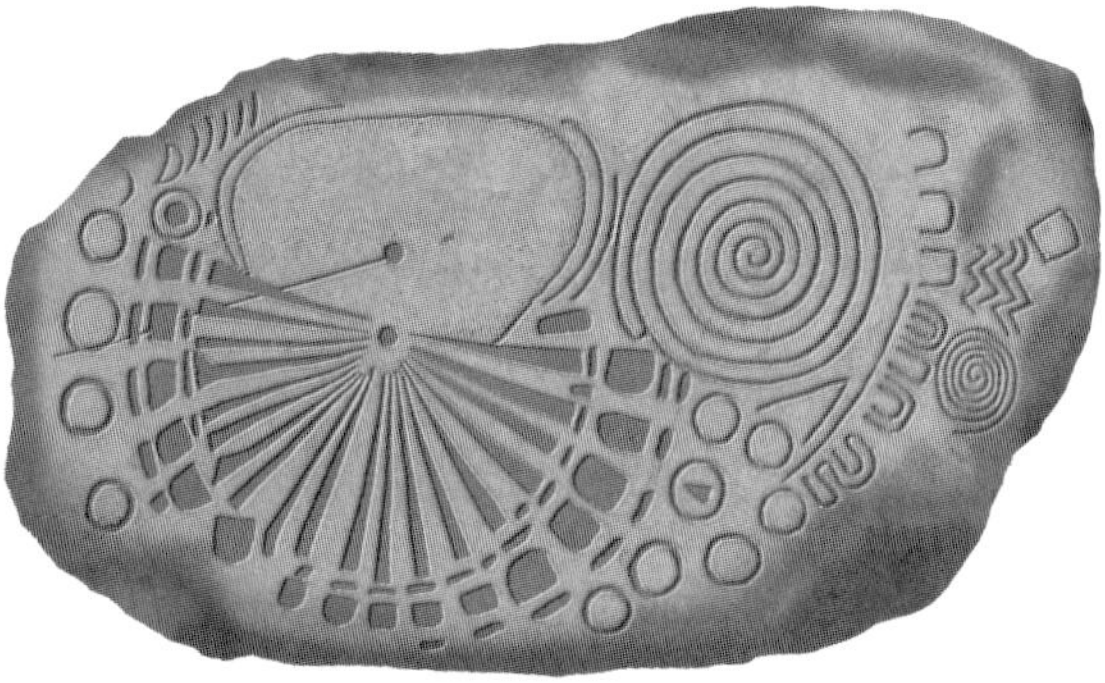

ナウスの「カレンダー石」と呼ばれている石。これもまた何らかの天体の動き、巡りを記したもののように見える。

周期、期間を図示するようなものもある。日時計のような模様の石もある。天体に関するとても強い関心、執着が感じられ、蓄積され、体系化された知識に裏付けられているように見えるのだ。ブルー・ナ・ボーニャは祖霊信仰と天体とを結びつけた宗教施設が並ぶ、密教の本山のような場所だ。

ブルー・ナ・ボーニャの巨大施設群をつくった社会は、以前は比較的格差の少ない、フラットな集団という見方があった。だが近年、強い力をもった統治者、特権的地位の存在に言及する研究者が増えている。遺跡の規模、意匠の洗練、天体（時間）に関する知識の蓄積などは、そうした存在抜きには考えられないという見方だ。スコットランド国立博物館の考古学者アリソン・シェリダンは、特別な日の陽光をモニュメントに招き入れることによって、天界、神々との結びつきを主張し、地位と権威を維持していたのではないかと主張する。石に刻まれたシンボルの理解・解釈は特権的なグループに限定されていたかもしれないし、モニュメントの大規模化は、権威の増大と、近隣の集団との競合を示しているのではないかと。

また、二〇二〇年に『ネイチャー』誌に発表されたララ・キャシディーらの研究結果によると、ニューグレンジに埋葬されていた中年男性の骨のＤＮＡを調べたところ、その人は親子か兄妹・姉弟など、とても近い近親同士の間に生まれたことがわかったという。こうした一般社会で広くタブーとされる行為が許されるのは、インカ帝国やエジプト王朝など、神格化された政治指導者の世界でしか例のない稀なことだ。また、一五〇キロ離れたアイルランド西岸の羨道墳から出土した骨の主も、同じ一族に属していることがわかり、アイルランドの羨道墳の文化が特定の血統と密接に結びついたものであることが明らかになってきている。

これらの場所では職杖の頭に付ける、装飾を施した工芸品（写真93）が出土している。スコットランド北部で発見された石の球に模様を刻んだ宗教的な祭具のようなもの（写真90・91）とならび、同時代のものとしては際立って完成度の高い工芸品だ。職杖の頭はストーンヘンジのオーブリーホールからも出土している。それが宗教的な権威、あるいは政治的な権力の象徴だったのかはわからないが、それを持つことによって一段高い場所に立つ者がいたことは確かだろう。

ブルー・ナ・ボーニャの文化は新石器時代の終わりとともに潰え、それを継承するものは見つかっていない。集団の中のごく限られた血筋の者が、神秘的なものと接触しえる存在とされ、自身もまた一種の神性を帯びた存在であると主張するような社会は、支持する民衆から多大な力を引き出すことがあるが、その拠って立つ世界観が信頼を失ったときには脆いだろう。私たちはそうした事例をいくつも知っている。天体観測を行い、複雑な暦のシステムを構築し、神と対話できる王族たちが巨大な建造物を競うように作り続けたマヤ文明の都市国家群も、環境の悪化と、最後は技術力で圧倒するスペインの入植者たちによって、ごく短期間で滅び去ってしまった。彼らの知識や世界観のほとんどは継承されることなく失われている。マヤ文明が滅んでからまだ五〇〇年ほどしか経っていないが、ボイン渓谷に巨大な施設の建設が始まった紀元前三三〇〇年頃からストーンヘンジに巨石が立てられた紀元前二五〇〇年頃まで、八〇〇年も経過している。ストーンヘンジには、土器の様式や冬至に結びついた施設の建造など、北方の文化の残響のようなものが見てとれるが、それだけの長い時間にどれだけのことがおき、人びとの生活や考え方にどんな変化があったのか、想像するのは難しい。

「フレンチ・コネクション」

アイルランド、オークニーの文化にはフランス西北部のブルターニュの文化の影響がみられる。アリソン・シェリダンらは、墳墓や土器の様式から見て、ブリテン諸島の新石器時代の始まりは、ブルターニュのいくつかのグループによる、アイルランド海周辺への数度にわたる分散した入植だったと考えている。これは従来のブリテン島南東部が「最初の地」であるという説と対立するものだ。数パターンの移住があり、アイルランドや西ウェールズにみられる年代の古いドルメンや羨道墓は、ブルターニュ地方の文化的特質を受け継いだものとして解釈されている。

ブルターニュは巨石文化のひとつの極致に至った地だ。尋常でない規模の巨石モニュメント、カルナックの列石がある。実に三〇〇〇以上もの巨石が約三キロにもわたって列をなして連なっているのだ。また、ロクマリアケールにはとんでもなく巨大な石柱が一九本も立てられていた痕跡がある。現在は最大のものだけが倒れて残っているが、高さは二〇・六メートル、重さは三三〇トンとされている。ストーンヘンジの最も大きな三石塔の石柱ですら、これらの列石と比べるとまったく見劣りするほどだ（下図）。どうかしているとしか思えないほどのスケールなのだ。

ただ、この巨大な列石は紀元前四〇〇〇年頃に最大のものを除いて全て倒され、周辺の新しいモニュメントに再利用されている。共同体のシンボルである巨大な石柱を全て引き倒すというのはよほどのことだ。集団内の出来事かもしれないし、集団間の闘争の結果なのかもしれない。環境の悪化の果てに抗争が起き、互いの集団の祖霊のシンボルであるモアイを倒

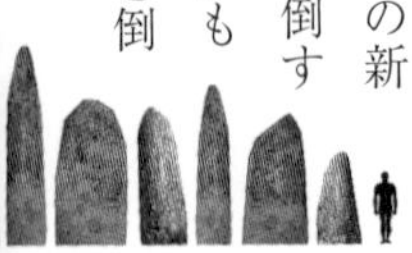

上：ロクマリアケール最大の石柱。意図的に破壊されたものと考えられているが、再利用されることなく、そのまま放置された。
下：ロクマリアケールにあった19本の石柱のイメージ図。一番左がストーンヘンジで最も背の高い三石塔の支柱。大きさの違いがわかる。

し合ったイースター島の例なども思い起こされる。
　ブルターニュで起きた社会的変動はちょうどブリテン島への移民が始まった時期と重なるため、この二つのことは関係があるかもしれない。特定の集団を外に押し出す力が働いた可能性がある。シェリダンらが最初の移民の波が及んだと考えるアイルランド海周辺エリアには、ブルーストーンの故郷西ウェールズも含まれる。ストーンヘンジに祖先の骨を埋めた西ウェールズ由来の人たちは、この最初期の移民の波をルーツにもっていたかもしれない。アイルランドで羨道墳に葬られた特別な家系は、彼らの故郷からつながるものだったのだろうか。ブルーストーンを運んだ人たちとどういう関係があったのだろう。興味は尽きないが、オーブリーホールに埋められた骨は火葬されているので、ＤＮＡを比較することはできない。

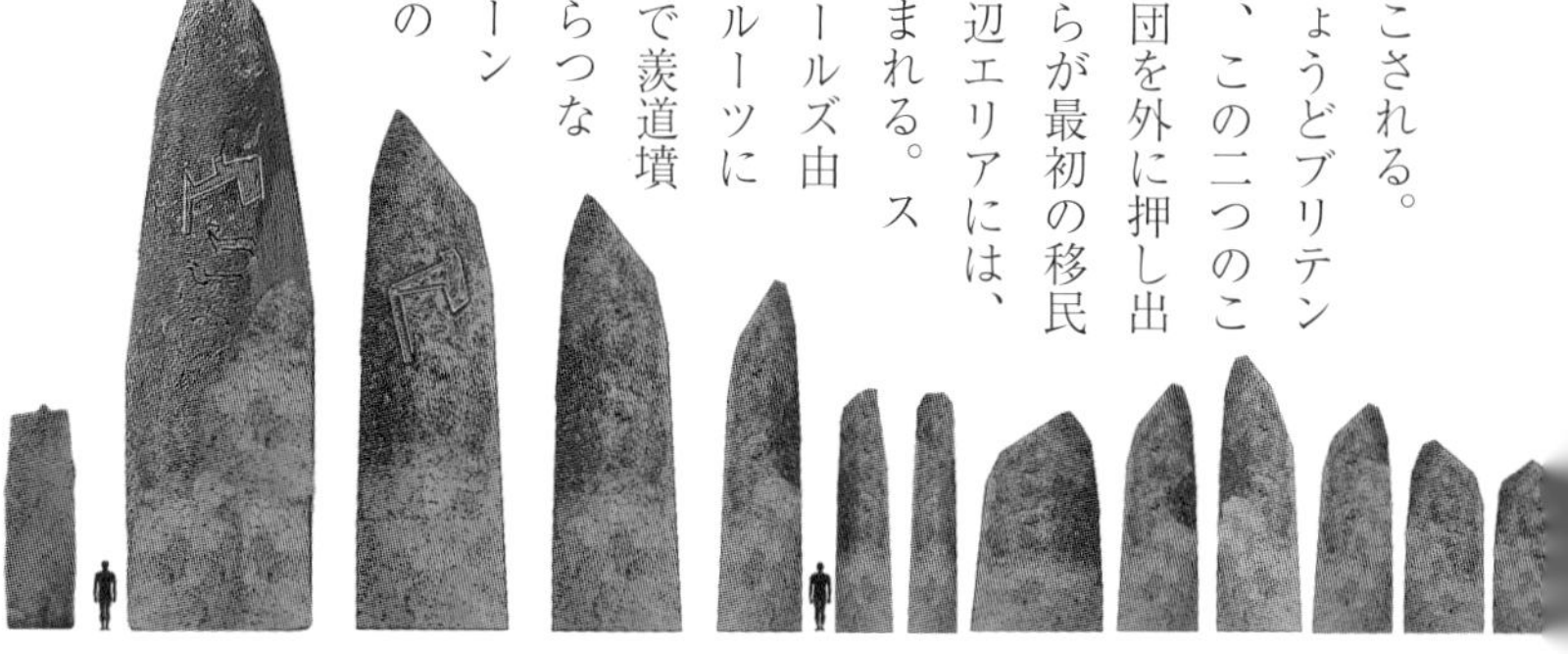

巨大なストーンサークルの時代

紀元前二〇〇〇年紀の初めから始まったストーンサークルの時代は、巨大なモニュメントの時代だ。さまざまな様式があるが、初期には内側に数千人を入れることも可能な巨大なものが多くつくられた。時代を下るにつれて小さくなり、末期には石の数が四つという、最小限の囲いをするものにまでダウンサイズされていく。明らかにブリテン島北方に多く分布していて、そのことからも「北方ルーツ」説が一定の説得力をもっているように見える。

エイヴベリーのストーンサークルの復元図。手前が南東側に延びる二重の石のアヴェニュー。もうひとつのアヴェニューは向かって左に延びているが、現在は多くの石が畑の下に埋められている。

ブリテン島にある最大のストーンサークルは、ストーンヘンジの北約二八キロにあるエイヴベリーのものだ（写真12〜15）。巨大なストーンサークルを含む巨石の複合施設だ。直径四二〇メートルを超えるヘンジに囲まれ、その内縁に立てられたサーセン石のストーンサークルとともにひとつの集落をすっぽりとのみ込んでいる。大きなストーンサークルの中には小さなサークルが二つ入っている。そのうちの一つの中央には、新石器時代の初期の長方形の建物の跡が見つかっている。農耕民が移住後間もなく建物をつくった場所にサークルがつくられ、さらにその周囲に巨大な施設がつくられた可能性がある。

さらに、この巨大なサークルを中心として、巨石を連ねた二つの石の列、アヴェニューがそれぞれ南東、南西方向に延々と続いている。南東に延びる二、三キロの長い石の列の端にはウッドサークル、のちにストーンサークルに転じたもの（サンクチュアリ）があった。これだけの規模のモニュメントをつくるのに、いったいどれだけの人がかかわり、何年かかったのか、見当もつかない。

また、エイヴベリーの西約五〇キロにも、スタントン・ドゥルーという、サーセン石を使った巨石の複合施設があった（写真18）。ジョン・ウッドがドルイドの大学跡と考えた遺跡だ（90頁）。最も大きなストーンサークルはエイヴベリーに次いでブリテン諸島第二の大きさだ。ここは地中の探査により、ストーンサークルがつくられる前、木の柱を九重の同心円状に並べたウッドサークルがあったことがわかっている。オークの柱を四〇〇も五〇〇も立てた、ブリテン諸島最大のものだ。木のサークルは生者の、石のサークルは死者の世界を示すというパーカー・ピアソンらは、ウッドサークルからストーンサークルに転じているこれらの事例をどう解釈するのか、今のところ明確ではない。

エイヴベリーもスタントン・ドゥルーも、建造年代はストーンヘンジのそれと重なる、紀元前二〇〇〇年代前半だ。これほどまでに巨大なものを比較的近いエリアで同時期につくり続けるパワーとはどういうものだったのだろう。これら巨大なモニュメントをつくった人たちが、ストーンヘンジの建造にもかかわったのだろうか。またはそれぞれ建造の主体が異なっていて、競合するようにして行われたのだろうか。

石の文化が滅びるとき

ストーンヘンジの巨石建造が行われ、ダーリントン・ウォールズに人が集まった紀元前二〇〇〇年代中頃、このエリアはどういう状況だったのだろう。依然として数世紀前から続く困難な状況の中にあったのだろうか。それとも農耕から牧畜への移行を説く考古学者たちが考えるように、巨大な建造物をいくつもつくれるほどの余裕のある状況だったのだろうか。

ひとつの見方として、新石器時代後期に彼らの社会が大きな困難に直面していたからこそ、巨大な建造物の建設に力を注いだのだ、というものがある。パーカー・ピアソンは、社会がピンチだったからこそ、それまでの血縁や氏族といった集団を超える規模の結びつきが求められ、帰属意識を喚起するための施設をつくったのではないかと言う。ストーンヘンジや周辺の発掘にもかかわった考古学者ジュリアン・リチャーズは、ジンバブエの独裁者ムガベ政権の末期、経済が崩壊しているにもかかわらず、およそ必要もないほどの大規模なスタジアムがつくられたことなどを例に挙げつつ、社会が危機的状況にあり指導者の権威が揺らぐときなど、しばしばそういうことはある、とまで語っている。

人口が減って危機的状況が続いていたか、建造を主導した権力者がいたかどうかは別にして、ストーンヘンジの巨石の建造時期はブリテン島に金属が入ってきた時期と一致しているというのは示唆的だ。それまで最強の物質であった石の地位が揺らぎ始めた時期だ。

石斧は森を切り開いて農地を作る最も力強い道具であり、力の象徴、さらにはたんなる道具を超えた神秘的な力をそなえたものとして考えられていた可能性がある。ブルターニュのロクマリアケールの巨石には石斧の石彫が彫られていた。ガヴリニス島の羨道墓の中にも石斧頭をモチーフにした造形がある。また、石斧の中には、あきらかに一種の宝物として作られたものがある。全体が見事な流線形に磨き上げられ、刃のない部分まで均質に仕上げられたものだ。一度も木の柄に装着された形跡もない。大陸からブリテン島に渡った人たちの間では、アルプス地方でとれる青緑色のヒスイ輝石で作った斧頭が宝物として扱われていた。ブリテン島の石斧は湖水地方でとれる緑色岩が珍重され、取引されていたが、色がヒスイ輝石と同じ青緑系だったからではないかともいわれている（写真61）。青緑色の石というと、ストーンヘンジのブルーストーンも思い起こさずにはいられない。

こうした物質とそれに結びつく権威が金属の登場によって受けた衝撃はどれほどのものだっただろう。外部からのストレスによって新しい形の文化表現が生まれるということは少なくないし、復古的な動きが活発になることもある。インドネシア各地に残る巨石文化の中にも、ヨーロッパ人と接触した後に発展したものがある。集団への帰属意識を高めるものとして、近隣の文化を取り入れる形で新たに巨石文化を発展させた地もある。「集団への帰属意識」は、その集団において権力をもつグループの地位を保全するという意味合いをも同時にもっている。インドネシアで巨石文化をもつ社会の多くが、独特な階級社会を構成していて、巨石を伴う埋葬は特権階級に限られたものである場合が多いのだ。

ストーンヘンジはどうだろうか。金属の導入に直面した石の文化が、最期に咲かせたあだ花のようなものなのだろうか。

権力がモニュメントを生むのか?

定住と農耕は余剰の食糧を生み、それは社会階層の複雑化、活動の専門化を生み、制度化された宗教や権力構造をつくりあげていった、というモデルは、最も広く受け入れられてきたものだ。そうして力と富の集中によって大きなモニュメントをつくる文明と呼ばれるものが誕生したのだと。私たちが「四大文明」として歴史の授業で習ってきたものは、こうしたモデルを代表するものだった。

だが近年、こうしたモデルに当てはまらないものもみつかっている。強大な力でアンデス地方を支配したインカ帝国を生んだペルー最古の文明は、紀元前三〇〇〇年頃に現在首都リマの北約一五〇キロほどの沿岸地域にカラルの宗教施設群をつくったものだ。カラルは複数のピラミッド状の建物や大きな集会場がある、巨大な複合施設だ。彼らは農耕を始めてはいたが、収穫量は決して多くなかったようで、土器も見つかっていない。住居跡も発掘されているが、特別な支配者や特権階級の存在を示すものや戦闘用の武器なども出土していないのだ。

また、トルコのアナトリア地方南東部で発見されたギョベクリ・テペなどの宗教施設群も、紀元前一万年から紀元前八〇〇〇年頃のもので、周囲から土器も見つかっていないため、農耕が始まって間もない頃のものと考えられている。大きな石のモニュメントには洗練されたタッチで動物などのレリーフが刻まれている。これらは、農耕が余剰生産物=富を生み、富が権力と社会階層、制度化された宗教を生むという文明観には馴染まない。むしろなんらかの信仰が神殿の建設を促し、その行為の継続が複雑な社会構造や制度化された宗教、権力を生んだとも考えられているのだ。

カラル遺跡。正面には大きなピラミッドがある。地震の多い環境への対策として、全てを石積みで造るのではなく、石をロープで編んだネットの中に詰めたものを建造物の内部に積み、地震の揺れを吸収するようにするなど、高い技術が使われている。手前の石柱の用途はわかっていない。

ブリテン島に農耕民が移住してから、ロング・バローには特別な者たちの骨が納められてきたし、アイルランドの羨道墳の社会は特別な血統によって率いられていた。あきらかに「選ばれた人たち」が集団の中にいたのだ。だがそれが、強大な政治権力をもって集団を支配し、エイヴベリーやストーンヘンジなどの巨大建造物をつくることを強いる存在だったかというと、今のところそうしたことを明確に示す証拠は出ていない。王の姿を刻んだ石彫もなければ、ブリテン島で採れる水晶や瑪瑙《めのう》などの宝石を纏《まと》った埋葬などもない。ダーリントン・ウォールズの住居群からも、特別に大きな家の存在などは出ておらず、ほぼ全ての住居が同じ大きさで出来ていることから、パーカー・ピアソンらは、ストーンヘンジをつくった人たちは、比較的上下関係の少ない社会だったのではないかと考えている。

壮大な共同作業

新石器時代の末期に巨大な建造物を多く遺した人たちの、最期の大規模なプロジェクトは、石のモニュメントではなく、巨大な土の山だった。エイヴベリーの近くにあるシルベリーヒルだ（写真16）。前に述べたように、アトキンソンはこれをストーンヘンジ建造を主導した外の世界から来た強大な権力者の墓と見たが、発掘してみると中には何もなかった。土の山以外のなにものでもなかったのだ。この建造にはストーンヘンジの巨石建造よりもずっと多くの労力を必要としたという見方がある。石器と鹿の角のピックだけで土を掘り、運び、延々と積み上げたのだ。シルベリーヒル以外にも二つ、同じようなものが見つかっている。

単なる土の山などありえない、何か特別な機能があったはずだと考える人たちはいる。巨石文化の宇宙人起源説を唱える人たちもいて、政府が何かを隠していると考えたオランダ人の男性が、深夜立入禁止になっているシルベリーヒルに上り、発掘で空けられた深い縦穴に転落してしまった。合成樹脂製の詰め物がされていたため、命に別状はなかったが、翌日ヘリコプターで救出されている。

彼にかぎらず、シルベリーヒルもストーンヘンジにも、何か私たちが知らない特別な有用性があったはずだ、と考える人は少なくない。こうした見方は、高度な天体観測所説、石のパワーの場説、未知の地のエネルギーを引き出す施設説、巨大な音響施設説、UFOと関係ある説などにもつながり、それは現在テレビ番組や書籍やネットサイトで広められている情報で圧倒的多数を占める。

もちろん、建造者自身が何の役にもたたないと思うものをつくるはずはないだろう。ただ、人間がつくったのであれば、労力にみあった具体的な有用性がないといけないという考えは、とても現代的なものだ。「未知のエネルギー」といった考えはその最たるものだといっていい。働いたのだからそれにみあったリターンがあってしかるべきで、それが「具体的に役にたつ」ということであれば、人間がこれまでに残してきたいろんなものが説明できない。人がつくってきたものはそんなにわかりやすく理にかなったものばかりではないだろう。

私の両親の郷里、信州の諏訪では満六年ごとに御柱祭《おんばしらさい》という神事が行われる。モミの巨木を切り出し、枝をはらい、皮を剝ぎ、山の上から急斜面を滑り落とし、川を越え、長い道を周辺の住民が大勢で引き、最後は四つある神社にそれぞれ四本、合計一六本立てるのだ。柱は神霊の依り代《よりしろ》とも大きな社殿の柱を象徴するものとも言われるが、定期的に更新しなくてはならない。

斜面を滑り落とすときには怖いもの知らずの男たちが上に乗り、振り落とされ、ときには下敷きになって命を落とす場合もある。神社に立てる際にも転落して亡くなる人がいる、危険な祭りだ。

なぜそこまでしてこの祭を続けるのか――。命にかえても成し遂げたいというほど信心深いのかといえば、そうとは思えない。普通の暮らしをしている普通の現代人たちだ。続けるのは、それが先祖代々ずっと行われてきたから、諏訪湖周辺のコミュニティの自意識に深くかかわってきたからだ。祭を通して住民が力を合わせ、年配の世代と若い世代が、新しく入ってきた人と地元の人が、交流し、過去の一部を共有するまたとない機会ともなるからだ。そして、なんといっても、非日常の刺激に満ちたものだからにほかならないだろう。木がとんでもなく大きく、重く、それが危なっかしい催しだからこそ、わくわくする人たちがいる。人の文化の奥底には不可解な情動が横たわっているのだ。

現在でも死者のために巨大なドルメンをつくっているインドネシア、スンバ島の石の運搬に関する文化人類学者のレポートがある。大きな石板を石切り場から運び出すのは一種の儀式で、およそ一〇〇人が関わったが、それは力自慢の男性ばかりではなく、子どもも老人も岩を滑らせるための丸太を置いたり、それぞれの役割を演じている。「巨大な石板が大きく動き始めると歓喜の声があがり、横では布やパラン（剣）を振って男女が熱狂的なダンスを踊るのだ」と。ストーンヘンジの石の切り出し、運搬もこうした祝祭の高揚に満ちたものであったかもしれない。ダーリントン・ウォールズに残る冬至の前の饗宴の跡らしきものを考えると、そうしたイメージもまた浮かび上がってくるのだ。

大陸から来た男

大規模な共同作業は青銅器時代の始まりとともに終わりを迎える。青銅器を携えて来た人たちは、その平底の土器の形状から「ビーカー人」と呼ばれているが、彼らの到来とともに、社会は大きく変わっていった。ストーンヘンジのすぐ近くで、象徴的とも言える大きな発見があった。

二〇〇二年、青銅器時代の墓がストーンヘンジの東のエイムズベリーで発掘された。埋葬されていたのは推定年齢三五から四五歳の男性だった。複数の鐘状ビーカー型土器も出土する。「ビーカー人」だ。多くの副葬品とともに葬られていたが、特に目を引いたのは精巧に作られた一対の金製のイヤリング、もしくは髪飾りで、これはブリテン島で見つかった最も古い金製品となった。射手が使用する革製の手首当てや鏃《やじり》などもあり、「エイムズベリーの射手」と呼ばれるようになる。さらにすぐ近くからも同様の金の装飾品をもった若い男性の人骨が発掘された。二体は足の骨に特徴があり、近しい親族とみられ、どちらの埋葬も紀元前二三〇〇年前後と鑑定された。副葬品が、同時代の墓でも最上級のものであったため、かなり社会的地位の高い人物と考えられている。
歯のエナメル質の分析により、年長の男性はブリテン島でなく、大陸、おそらくアルプス地方で育った人物である可能性が示され、その後のDNA分析によって、彼が中央ヨーロッパと東のステップ地方にルーツをもつ人たちの子孫であることがわかっている。装飾品の金もヨーロッパ産で、さらに副葬品の銅製ナイフにはスペインと西フランス産の銅が使われていた。

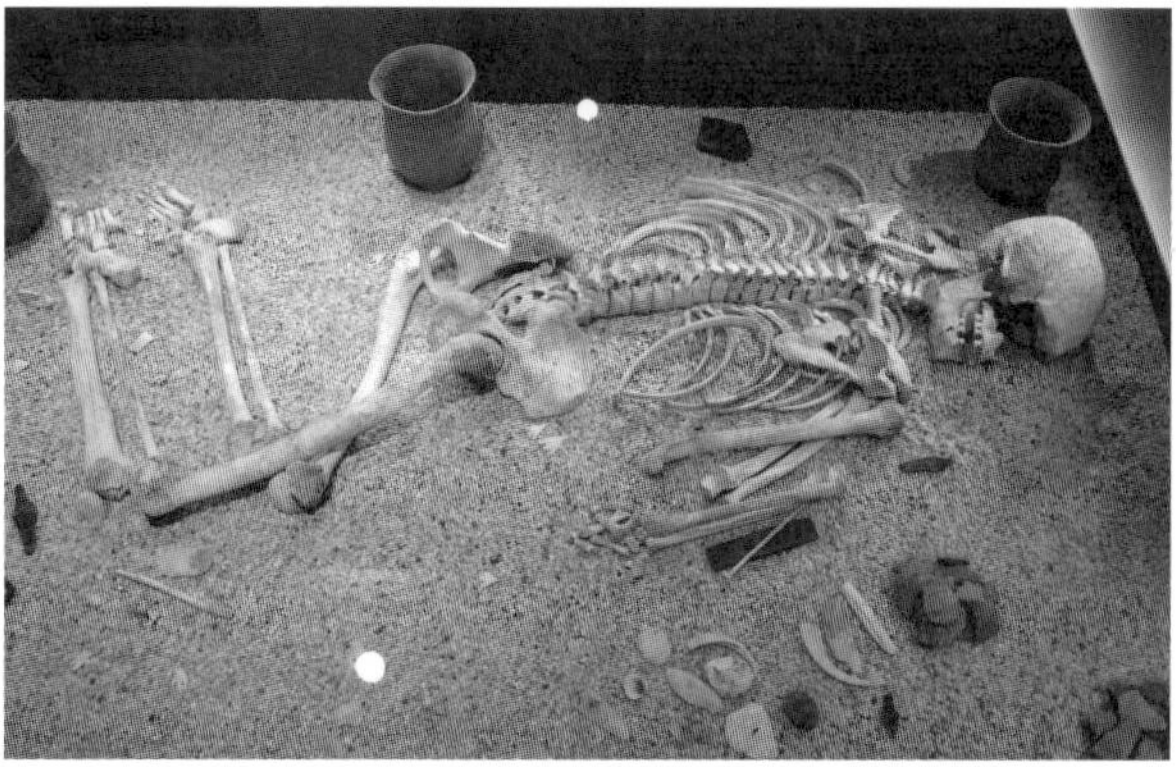

「エイムズベリーの射手」の埋葬の様子。鐘状ビーカー型の土器があることからも、「ビーカー人」と呼ばれる人たちの一人だったことがわかる。足に重い障害があり、杖無しでは歩けなかったと考えられている。

発掘が行われた二〇〇二年の段階では、ストーンヘンジにサーセン石の石組みがつくられたのはちょうど紀元前二三〇〇年頃と考えられていたため、これらの人物とはまさに同時代ということになる。ストーンヘンジの巨石建造は、大陸から先進的な冶金技術とともに来訪した人たちの指導、統治のもとに行なわれたのではないか、「エイムズベリーの射手はストーンヘンジの王か？」――といった見出しがタブロイド紙に躍った。だが、数年後に建造の年代は二〇〇年も前に修正され、彼の時代ではないことがわかった。アトキンソンが考えたように、外部から「優れた技術」とともにやってきた権力者のもとで大規模な建造物がつくられることはなく、かわりに彼ら自身のための豪華な墓だけが遺されたことが明らかになったのだ。ビーカー人の到来以降、ストーンヘンジ周辺には、個人やその家族など、ごく少数を副葬品とともに埋葬した小規模な墓だけがつくられることになる。

大きな爆弾

最後に、前段であえて書かなかったが、新石器時代のブリテン島人がイベリア半島の人と遺伝的特徴が近いことを示した研究発表には、もうひとつ重要な報告が含まれていた。中石器時代にブリテン島に生きた人たちの遺伝情報は新石器時代の人たちの中にはほとんど残っていない、というものだ。大陸の農耕文化はそれぞれの地の狩猟採集民の社会と交わりながら広がっていったことが遺伝情報からも見てとれるが、特にブリテン諸島西部にはそうした形跡がとても薄いのだという。チェダーマンの直系の子孫の話はごく例外的なものらしい。

また、二〇一七年には、一部の研究者が「大きな爆弾」と呼ぶような論文が『ネイチャー』誌に発表された。現在ブリテン島に住んでいる人たちの中には、新石器時代の人たち、つまりストーンヘンジをつくった人たちの遺伝情報はごくわずかにしか残っておらず、青銅器文化を広めたビーカー人由来のものが圧倒している、という。しかも、新石器時代末期から青銅器時代のわずか数百年の間にストーンヘンジやエイヴベリーの巨石を遺した人たちの九割が「消えてしまった」というのだ。これは本当に「爆弾」というにふさわしい話だ。

分析をした研究者たちはこの「九割減」について原因を特定はしていない。研究に参加した考古学者イアン・アーミットは語っている。「それは必ずしも暴力的な征服の話ではない。人口が減少し森林面積が増加したという証拠があり、農業が衰退していたことを示唆している。気候変動に目を向けることもできるし、新たに持ち込まれた病原菌にブリテン島民が抵抗力を持っていなかったと見ることもできる」と。

前章で歴史観の再検討の話を書いておいて、最後にこんな話もないだろうと思うかもしれないが、この分析については考古学者からサンプルの数、選び方などについて異論も出ている。いずれにしても今後さらなる検証が行われていくだろう。だが、今のところ、狩猟採集民と農耕民が共に場を共有した痕跡のあるブリック・ミードやその他の遺跡の存在、また、ストーンヘンジが青銅器時代以降も破壊されることなく残り続けたこと、青銅器時代に入っても、ブリテン諸島のあちこちでストーンサークルがつくられ続けたことをみると、新しく入ってきた人間たちが、先住民とその文化を全て暴力的に根絶やしにしたとも考えにくい。

＊

ストーンヘンジはどういう施設なのか、それをその後の人たちがどう考えてきたのか、新しい調査で何がわかってきたかを書いてきたが、結局、核心の部分はわからないことばかりだ。石組みの形にはどういう意味があるのか、オークニーやブルー・ナ・ボーニャの文化と具体的につながりがあったのか、オーブリーホールに骨を埋めた人たちの子孫は、巨石建造物の建設にも関わったのか、そもそもストーンヘンジは完成されたのか――。疑問は尽きない。

今後遺伝子の解析などが進み、さらに多くのことがわかるだろう。ここで書いていることもおそらく改訂されるべきものが多く出てくるにちがいない。だが、ストーンヘンジがどういう情念から生まれ、どういう使われ方をしたものなのか、全てがつまびらかになることは決してないだろう。私たちはすぐ隣の国に住んでいる人たちの文化も簡単には理解できない。何千年も前に生きた人たちの心のありようなど、なかなかわかるはずもないのだ。一二世紀のヘンリー・オブ・ハンティンドンが「誰ひとり知る者はいない」と書いたように、一八世紀にコルト・ホーアが「なんと不可解！」と結んだように、あるいは二〇世紀初頭にウィリアム・ホーリーが長く孤独な発掘作業の最後に記したように、「わかったことはとても少ない」と、再び書く人がいるにちがいない。

わからないけれど、これは宇宙人でもアトランティスの末裔でもなく、我々と同じ人間がつくったものだ。同じ人間がつくったものだからこそ、この不可解さに人びとは、そして私はひきつけられる。

さまざまな場面で引用してきたが、民俗学者・五来重《ごらいしげる》の言葉で結びたい。

「自然界の謎を石が背負っているように、石は人の心の謎を背負っている」のだと。

COLUMN

巨石時代の芸術とシンボル

ブリテン諸島の巨石時代の芸術で、現在私たちが目にするのは、石塊や岩盤、チョークの板などに刻まれた線刻画、土器の意匠、職杖の頭や石のボールの造形など、朽ちることなく残る材質のものに限られている。だが、ウッドサークルの柱にも彫刻が施されていた可能性はあるし、人も刺青《いれずみ》をしていたかもしれない。こうしたものは残っていないので、当時の視覚芸術の全体像はわからない。今のところ具象的な彫刻などは確認されていないが、そういう表現が存在しなかったかどうかは定かでない。

写真90の石球に刻まれた紋様。渦巻きを主要なモチーフとしている。同じような石球が多くみつかっているが、造形はさまざまだ。

現在残っている巨石時代の芸術の白眉は、やはりニューグレンジの石、または石球や職杖の頭に刻まれた渦巻きなどの造形だ（写真86〜93）。これらは単なる装飾ではなく、それぞれのモチーフは、意味のある何らかのシンボルだった可能性があるが、解釈は難しい。ナウスの墳丘の周囲に置かれた石には明らかに月の満ち欠けなどの天体と関係があるものがあるが（226頁）、だからといって、ブリテン諸島各地に残る線刻画が全て同じ文脈で使われているかどうかはわからない。一見似て見える線刻画にも違いがある。

ブリテン諸島で最も広範囲に残っているのは、カップ・アンド・リング・マークと呼ばれる線刻画で、写真69〜72で示したように、地中海沿岸やイタリア北部、イベリア半島などにまったく同じタイプのものがあり、文化的つながりが示唆される。この線刻画は新石器時代の末期から青銅器時代にかけて彫られたと考えられている。これらはナウスのものとも少し違うし、なぜかブルターニュには見られない。

　カップ・アンド・リング・マークは大きな岩盤に広い面積で彫られているものが多いため、これを一種の天体図と解釈して、スバルなどの星の配列と合致するものはないか探す人もいる。日食や月食などのイベントのあった日の星の配置、流星群を写したものなのではないかというのだ。丸いモチーフが出てくるとどうしてもそういう連想をしたくなるが、そうとは限らない。たとえば、同心円や波形などの組み合わせの多い、オーストラリア先住民の描く絵は、同心円はキャンプサイトや水場、同心円の周りに光芒のような筋がついているものは人が集う場所、波形の重なりは水の流れ、もしくは彼らが慣例として行う野焼きの境界を示していたりする。シンボルを配置することで、祖先の旅の物語や自分たちの住む世界の環境を表現している。これは図の形だけ見てもなかなかわからないことだ。ブリテン島の新石器時代の絵にも同様の機能があった可能性もあるだろう。ブリテン島の農耕民が空ばかり見ていたと考えるのは、偏りが過ぎるかもしれない。

イギリス、ノーサンバーランド、ケトリー・クラッグズの岩陰に刻まれた典型的なカップ・アンド・リング・マーク。

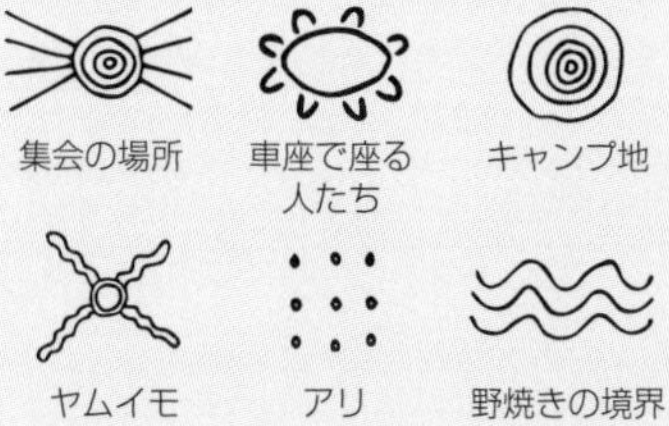

オーストラリア先住民の絵に使われるシンボルの一例。天体現象のシンボルのように見えるが、ほぼ地上のものや場所を示したもの。

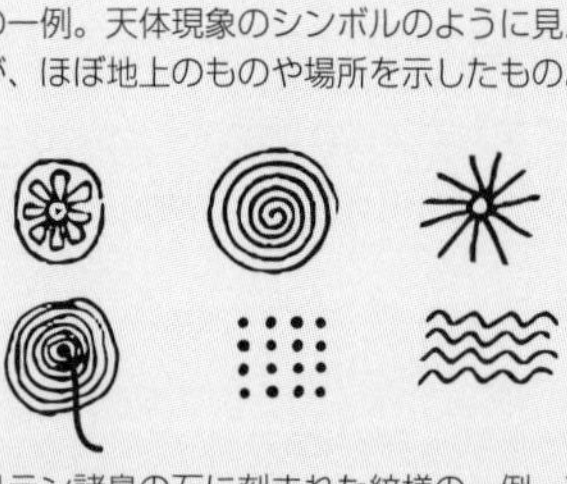

ブリテン諸島の石に刻まれた紋様の一例。春分や秋分の陽の光が当たる場所にあるものなど、天体と関係があるとみられるものはあるが、全てがそうとはかぎらない。

あとがき

二五年くらい前から数年間、ブリテン諸島の巨石モニュメントを巡る旅をくり返していた。先史時代の遺跡に興味があり、様々な地を訪れてきたが、これほどひとつの文化にひきこまれたことはない。全体が見渡せないくらい大きなストーンサークルから、それと言われなければ気づかないような小さな石組みまで、一〇〇以上の遺跡を巡った。

二〇〇六年、旅の締めくくりとして、訪れた主な遺跡の写真に文章をそえて『巨石――イギリス・アイルランドの古代を歩く』（早川書房）という大判の本にまとめた。新しい研究成果もふまえたものになったと思ったが、タイミング悪く、ちょうどストーンヘンジに関する大規模な調査が始まったばかりで、以後定説を覆すような新発見が次々と発表される。年代は大幅に改訂され、石の産地は改められ、周辺の遺跡との関連が具体的に示された。骨や遺伝子の解析では驚くべき結果が出た。

私は『巨石』で、巨石時代の人たちは現在のイギリス人の祖先のひとつであり、ビーカー人の大規模な流入があったかどうかはわからない、と書いている。これは当時広く共有されていた考えだった。それが最近の研究発表では、ビーカー人の流入とともに巨石時代の人の大半が短期間に消え、現在のイギリス人には遺伝的にほとんど受け継がれていないというではないか。これは衝撃だった。新しい発見や研究発表をふまえて、『巨石』に書いたことを改訂したいという思いがあったが、こうして機会を得ることができた。ただこれは、考古学者ジュリアン・リチャーズの本のサブタイトル同様、「the story so far＝これまでにわかった話」だ。今後もまた新たな発見があり、巨石の歴史も修正されていくだろう。

「はじめに」に書いたように、私は「巨石にまつわる全てが巨石文化だ」と考えている。巨人伝説、アーサー王やドルイド、妖精やゴブリン、アトランティス人、アダムやノアから宇宙人まで、これほど多種多様な想念・イメージが投影された先史時代の遺物は他にない。こうしたイメージの堆積は巨石を覆う地衣類のように石そのものと分かちがたい――として、『巨石』では遺跡の描写に加え、考古学的情報、文化史や遺跡にまつわる伝説や事件など、できるかぎり様々な要素を盛り込んだ。そうした雑多なものを楽しみながら本づくりができるのはアマチュアの「メガリソマニア（巨石マニア）」の特権だと思っていた。

本書の執筆もこうした立場で臨んだが、考古学的記述の比重がかなり高くなった。ストーンヘンジに関して、日本では一九八〇年代以降まとまった形での考古学的解説書が出ていない。この長い空白をきちんと埋めたいという思いがあった。また、最近の新発見、研究発表は、相互に関連し合いながら大きな歴史像を浮かび上がらせていくプロセスの中にあり、それはテレビやネットで盛んに流布されている超古代文明や宇宙からの来訪者の話よりもずっとスリリングで好奇心を刺激されるものなのだ。

考古学の本を一度も土を掘ったこともない者が書くのか、と言われれば、多少の気後れはある。だが同時に、私ほど牛の糞を踏み、泥炭地に足をとられ、荒野で迷いながらブリテン諸島の隅々まで巨石を訪ねた物好きな日本人はいないだろうという自負（？）もある。蛮勇と思われるかもしれないが、執筆にあたっては慎重に、できるだけバランス良く新しい論文、研究者の講演などにあたったつもりだ。

私の部屋に娘が六歳のときに描いてくれた絵が貼ってある。ちょうど『巨石』の原稿を書いていた時の私の姿だ。カメラをぶら下げ、背景にはストーンヘンジの三石塔が描かれている。

巨石巡りの旅のほとんどが家族旅行だった。この前年にもイギリスとアイルランドを訪れたが、本のために多くの遺跡を撮影しようとかなり無茶な日程だった。午前中にスコットランド西岸近くの河岸を走り回って遺跡を探し、午後に東岸まで移動して真っ暗になるまで写真を撮った。すぐ近くまで行ってくるからとウェールズの山に車を停めて家族を待たせ、濃霧の中で迷って二時間以上戻らなかったこともある。つき合わされるほうもたまったものではなかっただろう。家族には「どの口が言うか」と言われるかもしれないが、次に巨石を訪れるときはゆっくり過ごしてみたい。

作家ヘンリー・ジェイムズはイギリスに移住し、ストーンヘンジを何度も訪れていた。夏の日がな一日、巨石の傍らに座って石の影が長くなったり短くなったりするのを眺めるのもいいものだ、と書いている。灰色の石柱がまとう長大な時間——人の一生が経験する僅かな時間など問題にならないような時の厚みを前にすると、なんとも気持ちが落ち着くのだ、と。

巨石巡りの旅を続けていたとき、考古学的な興味もあったが、なにより「巨石のある風景」を眺めるのが好きだった。その気持ちはこのジェイムズの言葉にも近いものだったように思う。

本書は、『奇妙で美しい石の世界』に続いて編集部の河内卓さんに担当していただき、構成などについて多くのアドバイスをいただいた。また、校正の中島光さんにも人名や地名の表記などに関して的確な指摘をしていただいた。末筆ながらお二人に感謝申し上げたい。

二〇二二年一二月

山田英春

Publications Ltd, 2022, pp.1-15.
John, Brian. Waun Mawn and the Search for "Proto-Stonehenge", *Greencroft Working Paper* 4, 2022.
Mayewski, Paul A. et al. Holocene Climate Variability, *Quaternary Research* 62, Cambridge University Press, 2004, pp.243-255.
Milligan, Max. *Circles of Stone: The Prehistoric Rings of Britain and Ireland*, The Harvill Press, 1999.
O'Kelly, Michael J. *Newgrange*, Thames & Hudson, 1982.
Olalde, Iñigo. et al. The Beaker Phenomenon and the Genomic Transformation of Northwest Europe, *Nature* 555, Nature Research, 2018, pp.190-196.
Parker Pearson, Mike. et al. Craig Rhos-y-felin: A Welsh Bluestone Megalith Quarry for Stonehenge, *Antiquity* 89, Antiquity Publications Ltd, 2015, pp.1331-1352.
Parker Pearson, Mike. et al. How Waun Mawn Stone Circle was Designed and Built, and When the Bluestones Arrived at Stonehenge: A Response to Darvill, *Antiquity*, Antiquity Publications Ltd, 2022, pp.1-8.
Parker Pearson, Mike, et al. Megalith Quarries for Stonehenge's Bluestones, *Antiquity* 93, Antiquity Publications Ltd, 2019, pp.45-62.
Parker Pearson, Mike et al. The Original Stonehenge? A Dismantled Stone Circle in the Preseli Hills of West Wales, *Antiquity* 95, Antiquity Publications Ltd, 2021, pp.85-103.
Paulsson, B. Schulz. Radiocarbon Dates and Bayesian Modeling Support Maritime Diffusion Model for Megaliths in Europe, *The Proceedings of the National Academy of Sciences (PNAS)* 116, National Academy of Sciences, 2019, pp.3460-3465.
Scarre, Chris, Leonardo García Sanjuán, David Wheatley. Exploring Time and Matter in Prehistoric Monuments: Absolute Chronology and Rare Rocks in European Megaliths. *Menga. Andalusian Prehistory Magazine*, Junta de Andalucía, 2011, pp.11-23.
Sheridan, Alison. Megaliths and Megalomania: An Account, and Interpretation, of the Development of Passage Tombs in Ireland, *The Journal of Irish Archaeology* 3, Institute of Archaeologists of Ireland, 1985/1986, pp.17-30.
Sheridan, Alison. The Neolithization of Britain and Ireland: The 'Big Picture', Bill Finlayson, Graeme Warren. eds. *Landscapes in Transition*, Oxbow Books, 2010, pp.89-105.
Snoeck, Christophe. et al. Strontium Isotope Analysis on Cremated Human Remains from Stonehenge Support Links with West Wales, *Scientific Reports* 8, Nature, 2018.
Steimer-Herbet, Tara. *Indonesian Megaliths: A Forgotten Cultural Heritage*, Archaeopress Publishing LTD, 2018.
Timpson, Adrian. et al. Reconstructing Regional Population Fluctuations in the European Neolithic Using Radiocarbon Dates, *Journal of Archaeological Science* 52, Elsevier, 2014, pp.549-557.
Tipping, Richard. et al. Moments of Crisis: Climate Change in Scottish Prehistory, *Proceedings of the Society of Antiquaries of Scotland* 142, Society of Antiquaries of Scotland, 2013, pp.9-25.
Willis, Christie. et al. The Dead of Stonehenge, *Antiquity* 90, Antiquity Publications Ltd, 2016, pp.337-356.
Worley, Fay. et al. Understanding Middle Neolithic Food and Farming in and Around the Stonehenge World Heritage Site, *Journal of Archaeological Science: Reports* 26, Elsevier, 2019.

第四章

スコット、ジェームズ・C『反穀物の人類史――国家誕生のディープヒストリー』立木勝訳、みすず書房、2019年。

ハーディ、トマス『テス（上・下）』井上宗次・石田英二訳、岩波文庫、1960年。

服部研二「ストーンヘンジと文明」、比較文明学会30周年記念出版編集委員会編『文明の未来』所収、東海大学出版部、2014年。

ヒッチング、フランシス『謎の巨石文明』吉岡景昭訳、白揚社、1980年。

松木武彦『縄文とケルト――辺境の比較考古学』ちくま新書、2017年。

Devereux, Paul. *Places of Power: Secret Energies at Ancient Sites : A Guide to Observed or Measured Phenomena*, Blandford, 1990.

Jacques, David, Tom Phillips, Tom Lyons. *Blick Mead: Exploring the 'First Place' in the Stonehenge Landscape*, Peter Lang Ltd, International Academic Publishers, 2018.

Parker Pearson, Mike, Josh Pollard, Colin Richards, Julian Stewart Thomas. The Stonehenge Riverside Project: Exploring the Neolithic Landscape of Stonehenge. *Documenta Praehistorica* 35, 2008, pp.153-166.

Ray, Keith, Julian Thomas, *Neolithic Britain: The Transformation of Social Worlds*, Oxford University Press, 2018.

Steimer-Herbet, Tara. *Indonesian Megaliths: A Forgotten Cultural Heritage*, Archaeopress Publishing LTD, 2018.

Invasion, Colonisation or Imitation? Debating How and Why Britain Joined 'The Neolithic Club', *Current Archaeology*, May 2, 2014.

第五章

大貫良夫・加藤泰建・関雄二編『古代アンデス――神殿から始まる文明』朝日選書、2010年。

スコット、ジェームズ・C『反穀物の人類史――国家誕生のディープヒストリー』立木勝訳、みすず書房、2019年。

関雄二編『古代文明アンデスと西アジア――神殿と権力の生成』朝日選書、2015年。

西田正規『人類史のなかの定住革命』講談社学術文庫、2007年。

Banton, Simon, Mark Bowden, Tim Daw, Damian Grady, Sharon Soutar. Parchmarks at Stonehenge, July 2013, *Antiquity* 88, Antiquity Publications Ltd, 2014, pp.733-739.

Bayliss, Alex. et al. Islands of History: The Late Neolithic Timescape of Orkney, *Antiquity* 91, Antiquity Publications Ltd, 2017, pp.1171-1188.

Bevan, Andrew. et al. Holocene Fluctuations in Human Population Demonstrate Repeated Links to Food Production and Climate, *Proceedings of the National Academy of Sciences* 114, 2017, pp.E10524-E10531.

Brace, Selina. et al. Ancient Genomes Indicate Population Replacement in Early Neolithic Britain, *Nature Ecology & Evolution* 3, 2019, pp.765-771.

Brennan, Martin. *The Stars and the Stones*, Thames and Hudson, 1983.

Cassidy, Lara M. et al. A Dynastic Elite in Monumental Neolithic Society, *Nature* 582, Nature Research, 2020, pp.384-388.

Colledge, Sue. et al. Neolithic Population Crash in Northwest Europe Associated with Agricultural Crisis, *Quaternary Research* 92, Cambridge University Press, 2019, pp.686-707.

Darvill, Timothy. Mythical Rings? Waun Mawn and Stonehenge Stage 1, *Antiquity*, Antiquity

ゴオー、ガブリエル『地質学の歴史』菅谷暁訳、みすず書房、1997年。
ジェフリー・オヴ・モンマス『ブリタニア列王史――アーサー王ロマンス原拠の書』瀬谷幸男訳、南雲堂フェニックス、2007年。
タキトゥス『年代記　上・下』国原吉之助訳、岩波文庫、1981年。
谷川渥『廃墟の美学』集英社新書、集英社、2003年。
ディオドロス『神代地誌』飯尾都人訳、龍溪書舎、1999年。
中島俊郎『英国流旅の作法』講談社学術文庫、2020年。
ニコルソン、M・H『暗い山と栄光の山』小黒和子訳、国書刊行会、1989年。
バーク、エドマンド『エドマンド・バーク著作集1――現代の不満の原因・崇高と美の観念の起原』中野好之訳、みすず書房、1973年。
ピゴット、スチュアート『ケルトの賢者「ドルイド」』鶴岡真弓訳、講談社、2000年。
プリニウス『プリニウスの博物誌〈3〉』中野定雄・中野里美・中野美代訳、雄山閣、1986年。
ホイル、フレッド『ストーンヘンジ――天文学と考古学』荒井喬訳、みすず書房、1983年。
ホーキンズ、G・S『ストーンヘンジの謎は解かれた』竹内均訳、新潮選書、新潮社、1983年。
ホッブズ、トマス『リヴァイアサン 1』改訳版、水田洋訳、岩波文庫、1992年。
森野聡子・森野和弥『ピクチャレスク・ウェールズの創造と変容』青山社、2007年。
渡部潤一『古代文明と星空の謎』ちくまプリマー新書、筑摩書房、2021年。
Burl, Aubrey. *John Aubrey & Stone Circles: Britain's First Archaeologist, from Avebury to Stonehenge*, Amberley Publishing, 2013.
Darvill, Timothy. Keeping Time at Stonehenge, *Antiquity* 96, Antiquity Publications Ltd, 2022, pp.319-335.
Defoe, Daniel. *A Tour Thro' the Whole Island of Great Britain*, 1724-26.
Jones, Inigo, John Webb. *The Most Notable Antiquity of Great Britain, Vulgarly Called Stone-Heng, on Salisbury Plain*, 1655.
Michell, John. *Megalithomania*, Thames & Hudson, 1982.
Rowlands, Henry. *Mona Antiqua Restaurata: An Archæological Discourse on the Antiquities, Natural and Historical, of the Isle of Anglesey, the Antient Seat of the British Druids*, London, 1766.
Sammes, Aylett. *Britannia Antiqua Illustrata: Or, the Antiquities of Ancient Britain*, Roycroft, 1676.
Stukeley, William. *Abury: A Temple of the British Druids, With Some Others, Described*, London, 1743.
Stukeley, William. *Stonehenge: A Temple Restor'd to the British Druids*, London, 1740.

第三章

カンブレンシス、ギラルドゥス『アイルランド地誌』有光秀行訳、青土社、1996年。
モエン、ジャン-ピエール『巨石文化の謎』蔵持不三也監修、後藤淳一・南條郁子訳、創元社、2000年。
Corio, David, Lai Ngan Corio. *Megaliths*, Jonathan Cape, 2003.
Petrie, William Matthew Flinders. *Stonehenge: Plans, Description, and Theories*, Edward Stanford, 1880.
Richards, Julian. *Stonehenge : A History in Photographs*, English Heritage, 2004.
Sikes, Wirt. *British Goblins: Welsh Folk-lore, Fairy Mythology, Legends and Traditions*, James R. Osgood and Company, 1881.

参考文献

全体

アトキンソン、R・J・C『ストーンヘンジ』服部研二訳、中公文庫、中央公論社、1986年。
山田英春『巨石——イギリス・アイルランドの古代を歩く』早川書房、2006年。
Burl, Aubrey. *A Brief History of Stonehenge*, Robinson Publishing, 2007.
Burl, Aubrey. *Great Stone Circles*, Yale University Press, 1999.
Burl, Aubrey. *The Stone Circles of Britain, Ireland and Brittany*, Yale University Press, 2000.
Chippindale, Christopher. *Stonehenge Complete*, Third Edition, Thames & Hudson, 2004.
Darvill, Timothy. *Stonehenge: The Biography of a Landscape,* Tempus, 2007.
Garrow, Duncan, Neil Wilkin. *The World of Stonehenge*, British Museum Press, 2022.
Parker Pearson, Mike. *Stonehenge–A New Understanding : Solving the Mysteries of the Greatest Stone Age Monument*, The Experiment, LLC, 2013.
Parker Pearson, Mike and the Stonehenge Riverside Project, *Stonehenge: Making Sense of a Prehistoric Mystery*, Council for British Archeology, 2016.
Parker Pearson, Mike, Joshua Pollard, Colin Richards, Julian Thomas, Chris Tilley, Kate Welham. *Stonehenge for the Ancestors: Landscape and Monuments*, Sidestone Press, 2020.
Richards, Julian. *Stonehenge: The Story So Far*, Second Edition, Historic England, 2017.

ウェブサイト：
English Heritage : https://www.english-heritage.org.uk/
The Stones of Stonehenge : http://www.stonesofstonehenge.org.uk/

第一章

Darvill, Timothy, Geoffrey Wainwright. Stonehenge Excavations 2008, *The Antiquaries Journal* 89, Cambridge University Press, 2009, pp.1-19.
Darvill, Timothy, Peter Marshall, Mike Parker Pearson, Geoff Wainwright. Stonehenge Remodelled, *Antiquity* 86 Antiquity Publications Ltd, 2012.
Pitts, Mike. *How to Build Stonehenge*, Thames & Hudson, 2022.
Richards, Julian, Mark Whitby. The Engineering of Stonehenge, Barry Cunliffe, Colin Renfrew. eds. *Science and Stonehenge*, The British Academy, 1997, pp.231-256.
Souden, David. *Stonehenge: Mysteries of the Stones and Landscape*, Collins & Brown, 1997.

第二章

相澤照明『共感・ピクチャレスク・ポイエーシス——18世紀イギリス美学の諸相』鳥影社、2020年。

今村隆男『ピクチャレスクとイギリス近代』音羽書房鶴見書店、2021年。

カエサル『ガリア戦記』石垣憲一訳、平凡社ライブラリー、平凡社、2009年。

ギルピン、ウィリアム「詩論Ⅰ：ピクチャレスク美について——『ピクチャレスクに関する三つの詩論』より」江﨑義彦訳、西南学院大学学術研究所・英語英文学論集・第56巻第1号、2015年、27-61頁。

グリーン、ミランダ・J『図説ドルイド』井村君江監訳、大出健訳、東京書籍、2000年。

桑島秀樹『崇高の美学』講談社選書メチエ、講談社、2008年。

図版出典一覧

（PDと表記されているものは、public domain＝パブリックドメインであることを示す）

下記以外の写真・図版は全て著者撮影・制作・所蔵。

●カラー頁（数字は写真番号）

02: Alexey Fedorenko/Shutterstock, **03**: Wayne Hilton Shakell/Shutterstock, **07**: inigofotografia/iStock, **12**: stocker1970/Shutterstock, **16**: Kevin Standage/Shutterstock, **24**: PD, **30**: British Library, **31-45**: PD, **46**: Wiltshire Museum, **47**: Source Historic England Archive, **48**: ©Historic England Archive, with kind permission of The Salisbury Museum, **49**: Arcaid Images/Alamy Stock Photo, **51**: ©Historic England Archive, **53**: ©Historic England Archive, **54**: AndiGrafie/Shutterstock, **55-56**: Claudio Divizia/Shutterstock, **57**: Heritage Image Partnership Ltd/Alamy Stock Photo, **58**: ©Crown Copyright. Historic England Archive, **59**: Ian Leonard/Alamy Stock Photo, **61左**: Anna Tyacke/Wikimedia Commons, **61中**: BabelStone/Wikimedia Commons, **61右**: JMiall/Wikimedia Commons, **62**: PD, **63**: ©Historic England Archive, with kind permission of The Salisbury Museum, **66**: Stefano Ember/Shutterstock, **67**: Eduardo Estellez/Shutterstock, **68**: Maria Jose Blazquez/Shutterstock, **69**: Raffaele Graziano Ballore/Wikimedia Commons, **70**: Ruparch/Wikimedia Commons, **71**: Froaringus/Wikimedia Commons, **73**: yggdrasill/Shutterstock, **74**: Alla Khananashvili/Shutterstock, **75**: robertharding/Alamy Stock Photo, **76**: S.Möller/Wikimedia Commons, **77**: Philippe PATERNOLLI/Shutterstock, **78**: Myrabella/Wikimedia Commons, **79**: The Salisbury Museum, **80**: Will MacNeil（2012年のBBCのテレビ番組「A History of Ancient Britain」より）, **84**: Al Kelly/Shutterstock, **85**: Michael Fox, **87**, **88**: Department of Housing, Local Government and Heritage, Ireland, **89**: Hanging Bear Media/Shutterstock, **90**, **91**: The National Museum of Scotland, **92**: Chris Trebble, courtesy of British Museum, **93**: Department of Housing, Local Government and Heritage, Ireland

●本文図版

p.44: Nicholas Grey/Shutterstock, **p.45**: Drone Explorer/Shutterstock, **p.48**: Adwo/Shutterstock, **p.71上**: Vineyard Perspective/Shutterstock, **p.71中・下**: PD, **p.75**: Bibliothèque nationale de France, **p.79, 83, 85, 89, 91上**: PD, **p.91下**: Alexey Fedorenko/Shutterstock, **p.96**, **102**: PD, **p.106**: Wiltshire Museum, **p.110**: Dbachmann/Wikimedia Commons, **p.131, 132, 135, 137**: PD, **p.147上・下**, **149**: Source historic England Archive, **p.154**: Izabela Miszczak/Shutterstock, **p.157上・中・下**, **159**: PD, **p.167下**: Susie Kearley/Alamy Stock Photo, **p.216**: Drew Buckley/Alamy Stock Photo, **p.225下**: PD, **p.231上**: AlvaroMP/Shutterstock, **p.231下**: Kenny Arne Lang Antonsen/Wikimedia Commons, **p.232**: PD, **p.241**: Richard Avery/Wikimedia Commons, **p.245**: PD, **p.246**: Kevin Standage/Shutterstock

山田英春 やまだ・ひではる
一九六二年東京生まれ。国際基督教大学卒。ブックデザイナー。古代遺跡・先史時代の壁画の撮影を続けている。石の蒐集家でもある。著書に『巨石――イギリス・アイルランドの古代を歩く』（早川書房、二〇〇六年）、『不思議で美しい石の図鑑』（創元社、二〇一二年）、『石の卵――たくさんのふしぎ傑作集』（福音館書店、二〇一四年）、『インサイド・ザ・ストーン』（創元社、二〇一五年）、『奇妙で美しい石の世界』（ちくま新書、二〇一七年）、『風景の石パエジナ』（創元社、二〇一九年）、編書に『美しいアンティーク鉱物画の本』（創元社、二〇一六年）、『奇岩の世界』（創元社、二〇一八年）などがある。
website: https://www.lithos-graphics.com/

筑摩選書 0246

ストーンヘンジ
巨石文化《きょせきぶんか》の歴史《れきし》と謎《なぞ》

二〇二三年一月一五日　初版第一刷発行

著者　山田《やまだ》英春《ひではる》
発行者　喜入冬子
発行所　株式会社筑摩書房
東京都台東区蔵前二-五-三　郵便番号 一一一-八七五五
電話番号　〇三-五六八七-二六〇一（代表）
装幀者　神田昇和
印刷 製本　中央精版印刷株式会社

ISBN978-4-480-01763-5 C0320